21世纪会计系列规划教材

Accounting Training

致用型

刘艳萍 主编

姚宏 张悦玫 副主编

会计学综合实验教程

东北财经大学出版社
Dongbei University of Finance & Economics Press

大连

ⓒ 刘艳萍 2012

图书在版编目（CIP）数据

会计学综合实验教程／刘艳萍主编 . 一大连 ： 东北财经大学出版社，2012.9
（21 世纪会计系列规划教材·致用型）
ISBN 978-7-5654-0918-9

Ⅰ. 会… Ⅱ. 刘… Ⅲ. 会计学-高等学校-教材 Ⅳ. F230

中国版本图书馆 CIP 数据核字（2012）第 170518 号

东北财经大学出版社出版
（大连市黑石礁尖山街 217 号 邮政编码 116025）
教学支持：（0411）84710309
营 销 部：（0411）84710711
总 编 室：（0411）84710523
网 址：http：//www.dufep.cn
读者信箱：dufep＠dufe.edu.cn

大连华伟印刷有限公司印刷 东北财经大学出版社发行
幅面尺寸：170mm×240mm 字数：275 千字 印张：13 1/2
2012 年 9 月第 1 版 2012 年 9 月第 1 次印刷

责任编辑：王莹 李栋 吴茜 高铭 周慧 责任校对：毛 杰
封面设计：冀贵收 版式设计：钟福建

ISBN 978-7-5654-0918-9
定价：28.00 元

前　　言

本书的编写定位于非会计学专业的经济、管理类本科生的会计实验教学。会计学是一门实践性很强的学科，只有将会计的基础理论学习与实验教学相结合，才能取得较好的教学效果。在我国，很多高校针对非会计学专业的经济、管理类本科生通常只开设 1～3 门会计课程，学时有限。要想在有限的教学时间里将会计学知识融会贯通，并灵活应用到管理实践中，教学难度非常大。为此，本书编者根据多年来的教学经验，尝试探索"课内理论教学、课外实验自学"的教学方式，由学生在课外将会计实验教学环节自主完成，这样既节省了授课学时，又保障了会计实验环节，增强了学生的实践能力。

针对非会计学专业学生会计课程学时少的特点，本书把基础会计、中级财务会计、管理会计、财务分析的教学实验内容融为一体，以利于读者在最少的学时内掌握会计的基本理论和操作技巧，并提高运用会计信息进行决策的能力。

本书分为基础会计实验、财务会计实验、综合会计实验三大部分。第一部分为基础会计实验（第 1～2 章），主要介绍会计核算方法，模拟演练会计学基础知识；第二部分为财务会计实验（第 3～11 章），基于商品化会计软件模拟会计业务，有助于读者掌握会计循环的主要内容；第三部分为综合会计实验（第 12～18 章），针对管理实践中对会计信息的需求，设计了成本核算、财务报表分析、预算管理等综合性实验，模拟演练企业管理人员读取财务信息并制定管理决策。特别需要指出的是，本书三个部分在内容深度上循序渐进，但每个部分的实验资料是独立的，因此各部分可以单独组织教学。

本书在编写中力求体现如下特色：

（1）针对性强，适合于非会计学专业的经济、管理类本科生的会计教学使用。对于非会计学专业学生而言，会计学的教学目标立足于通过"懂会计"达到"用会计"的目的。鉴于会计本身的专业技术性强，知识内容较多，本教材内容从基本理论入手，循序渐进，从易到难，逐步扩展到财务分析，着重于培养经济、管理类学生利用会计信息进行科学决策的能力。

（2）以学生为主，注重培养学生的主动思考和决策能力。本教材基于 Excel 平台和金蝶 K/3 系统设计会计与财务系统，操作平台简单，学生在普通的电脑中就可得以实践，方便学生在课余时间练习，充分发挥学生的主动性。同时，教师可以根据需要自行设计企业经济业务的情景模拟，这将使实验内容更加具有灵活性。

（3）基于教学目标合理安排内容，有的放矢，重点突出。本教材将会计实验教学目标分解为若干内容，根据学生认知规律，由浅入深制定合理的分阶段目标。会计基础实验侧重会计循环的模拟演练，会计综合实验则侧重培养学生的财务分析与决策能力。

（4）教材内容新颖，联系实际，具有思想性。在选择模拟实验的案例时，通过启发性的案例引导学生思考和讨论。案例以真实公司的真实资料为主，引起学生对现实事件的思考，扩展学生的思维空间。

（5）为了方便教学，本书提供了两种实验载体：一是金蝶 K/3 系统（教学演示版）光碟，有助于学生掌握会计电算化；二是基于 Excel 平台的仿真会计凭证与仿真账簿，主要用于模拟会计的手工实验。另外，本书还为选用本教材的教师提供配套的教学参考资料。仿真会计凭证与账簿及教师用参考资料请登录东北财经大学出版社的网站（www. dufep. cn）下载。

本书可以作为高等院校非会计学专业的本科会计实验教材，也可以作为会计人员培训教材和自学用书，还适合于作为对会计感兴趣的实务界人士学习与了解会计知识的参考用书。

本书由刘艳萍担任主编，由姚宏、张悦玫担任副主编。全书共分 18 章，其中第 1～11 章由刘艳萍编写，第 12～14 章由张悦玫编写，第 15～18 章由姚宏编写。同时，大连理工大学工商管理学院的研究生刘建华、王玉坤、朱艳、李艺纬、韩耀伟、梁译凡等在资料搜集、实验模拟、习题解答、文字校正等方面做了大量的工作，在此表示感谢。

在本书编写过程中，我们参阅和借鉴了国内外的相关论著和教材，并得到了金蝶软件（中国）有限公司的大力支持，在此深表感谢！

在本书出版过程中，我们得到了大连理工大学本科教改项目的支持，也得到了东北财经大学出版社的支持，在此表示衷心的感谢！

在编写过程中，我们尽可能地做了诸多努力，但是书中难免存在疏漏之处，敬请广大读者批评指正，以使本书渐臻完善（电子邮箱：sylyp008@ dlut. edu. cn）。

编　者

2012 年 6 月

目　录

第一篇　基础会计实验

第二篇　财务会计实验

第一篇

基础会计实验

第 1 章

实验基础知识

● 1.1 会计核算方法体系

1.1.1 会计系统与簿记基础

1. 会计系统

会计系统，即对影响企业经营业绩和财务状况的事件进行日常处理的一整套记录、程序和设施。会计系统一般包括：

（1）会计信息收集系统——采集财务活动信息的过程，是会计核算工作的第一步。其主要手段是设置账户、填制与审核会计凭证。

（2）信息储存系统——归集、储存和积累财务活动信息的过程。其主要手段是登记会计账簿。

（3）信息输出系统——加工、输出财务活动信息的过程。其主要手段是编制和报送财务会计报告。

2. 簿记基础

规范的簿记对于企业的持续和发展很重要。缺少它，你将遭遇资金流转困难、浪费钱财和错失扩展良机的风险。当设计或修改簿记流程时，牢记簿记的目的是帮助你管理企业并使税务部门能够评估你的业务活动。只要簿记达到了这些目标，它可以而且应当尽可能的简单。

除了规模较小的企业，绝大多数企业的簿记工作都是通过电脑完成的。但是，会计核算工作用计算机操作只代替了用手工操作的手段，会计核算工作的程序、要求及其原理是相同的。由于电脑记录过分详细地描述了交易事项的细节，从而使正在发生的事项变得模糊不清，因此我们假定会计记录由手工完成，集中考察一下正在发生的交易事项。

（1）会计科目。会计科目是对会计要素进行分类核算的项目，习惯上也称其为账户。

（2）分类账。分类账是各种账户的集合。在手工会计系统中，分类账可能是一本封面上印有"总分类账"字样的簿籍，里面是一页一页的账册，每一个账户预留一页或者几页。这样一本账簿可以包括小企业的全部账户。当然，分类账并不一定必须是一本装有封面的账簿，它也可以是一沓活页纸，或者在电脑会计系统中，是一组磁盘或磁带上的电信号。

（3）借贷记账法。我国于 1993 年实施的基本会计准则就已经明确规定，境内所有企业在进行会计核算时，必须统一采用借贷记账法。借贷记账法是以"借"和"贷"作为记账符号的一种复式记账法。在这种记账法下，任何账户都分为借、贷两方，账户的左方称为"借方"，账户的右方称为"贷方"。但哪一方登记增加，哪一方登记减少，则可以从会计要素的静态恒等式"资产＝负债＋所有者权益"及动态平衡方程"资产＋费用＝负债＋所有者权益＋收入"来分析。

1.1.2　主要会计科目

我国企业的会计科目是由财政部在企业会计准则应用指南中以会计科目表的形式发布的，但允许企业根据需要做适当的增减。企业会计科目名称和编号列示见表 1—1。

表 1—1　　　　　　　　　　　主要会计科目表

顺序号	编号	会计科目名称	顺序号	编号	会计科目名称
		一、资产类	80	2202	应付账款
1	1001	库存现金	81	2203	预收账款
2	1002	银行存款	82	2211	应付职工薪酬
3	1003	存放中央银行款项	83	2221	应交税费
4	1011	存放同业	84	2231	应付利息
5	1012	其他货币资金	85	2232	应付股利
6	1021	结算备付金	86	2241	其他应付款
7	1031	存出保证金	87	2251	应付保单红利
8	1101	交易性金融资产	88	2261	应付分保账款
9	1111	买入返售金融资产	89	2311	代理买卖证券款
10	1121	应收票据	90	2312	代理承销证券款
11	1122	应收账款	91	2313	代理兑付证券款
12	1123	预付账款	92	2314	代理业务负债
13	1131	应收股利	93	2401	递延收益
14	1132	应收利息	94	2501	长期借款
15	1201	应收代位追偿款	95	2502	应付债券
16	1211	应收分保账款	96	2601	未到期责任准备金

顺序号	编号	会计科目名称	顺序号	编号	会计科目名称
17	1212	应收分保合同准备金	97	2602	保险责任准备金
18	1221	其他应收款	98	2611	保户储金
19	1231	坏账准备	99	2621	独立账户负债
20	1301	贴现资产	100	2701	长期应付款
21	1302	拆出资金	101	2702	未确认融资费用
22	1303	贷款	102	2711	专项应付款
23	1304	贷款损失准备	103	2801	预计负债
24	1311	代理兑付证券	104	2901	递延所得税负债
25	1321	代理业务资产			三、共同类
26	1401	材料采购	105	3001	清算资金往来
27	1402	在途物资	106	3002	货币兑换
28	1403	原材料	107	3101	衍生工具
29	1404	材料成本差异	108	3201	套期工具
30	1405	库存商品	109	3202	被套期项目
31	1406	发出商品			四、所有者权益类
32	1407	商品进销差价	110	4001	实收资本
33	1408	委托加工物资	111	4002	资本公积
34	1411	周转材料	112	4101	盈余公积
35	1421	消耗性生物资产	113	4102	一般风险准备
36	1431	贵金属	114	4103	本年利润
37	1441	抵债资产	115	4104	利润分配
38	1451	损余物资	116	4201	库存股
39	1461	融资租赁资产			五、成本类
40	1471	存货跌价准备	117	5001	生产成本
41	1501	持有至到期投资	118	5101	制造费用
42	1502	持有至到期投资减值准备	119	5201	劳务成本
43	1503	可供出售金融资产	120	5301	研发支出
44	1511	长期股权投资	121	5401	工程施工
45	1512	长期股权投资减值准备	122	5402	工程结算
46	1521	投资性房地产	123	5403	机械作业

顺序号	编号	会计科目名称	顺序号	编号	会计科目名称
47	1531	长期应收款			六、损益类
48	1532	未实现融资收益	124	6001	主营业务收入
49	1541	存出资本保证金	125	6011	利息收入
50	1601	固定资产	126	6021	手续费及佣金收入
51	1602	累计折旧	127	6031	保费收入
52	1603	固定资产减值准备	128	6041	租赁收入
53	1604	在建工程	129	6051	其他业务收入
54	1605	工程物资	130	6061	汇兑损益
55	1606	固定资产清理	131	6101	公允价值变动损益
56	1611	未担保余值	132	6111	投资收益
57	1621	生产性生物资产	133	6201	摊回保险责任准备金
58	1622	生产性生物资产累计折旧	134	6202	摊回赔付支出
59	1623	公益性生物资产	135	6203	摊回分保费用
60	1631	油气资产	136	6301	营业外收入
61	1632	累计折耗	137	6401	主营业务成本
62	1701	无形资产	138	6402	其他业务成本
63	1702	累计摊销	139	6403	营业税金及附加
64	1703	无形资产减值准备	140	6411	利息支出
65	1711	商誉	141	6421	手续费及佣金支出
66	1801	长期待摊费用	142	6501	提取未到期责任准备金
67	1811	递延所得税资产	143	6502	提取保险责任准备金
68	1821	独立账户资产	144	6511	赔付支出
69	1901	待处理财产损溢	145	6521	保单红利支出
		二、负债类	146	6531	退保金
70	2001	短期借款	147	6541	分出保费
71	2002	存入保证金	148	6542	分保费用
72	2003	拆入资金	149	6601	销售费用
73	2004	向中央银行借款	150	6602	管理费用
74	2011	吸收存款	151	6603	财务费用
75	2012	同业存放	152	6604	勘探费用

顺序号	编号	会计科目名称	顺序号	编号	会计科目名称
76	2021	贴现负债	153	6701	资产减值损失
77	2101	交易性金融负债	154	6711	营业外支出
78	2111	卖出回购金融资产款	155	6801	所得税费用
79	2201	应付票据	156	6901	以前年度损益调整

注：① 共同类项目的特点是其项目既可能是资产也可能是负债。它在某些条件下是一项权利，形成经济利益的流入，这时就是资产；在某些条件下是一项义务，将导致经济利益流出企业，这时就是负债。

② 损益类项目的特点是其项目是形成利润的要素。如反映收益类科目，例如"主营业务收入"；如反映费用类科目，例如"主营业务成本"。

为了反映会计信息的不同详细程度，企业会计制度中除规范了一级科目外，还规范了部分二级科目。企业还可根据不同的需要设置多级科目。如"应收账款"下可按具体单位设二级科目；"固定资产"下可设到五级，如"固定资产——生产用固定资产——二车间——机器设备——XKA5032A 型机床"，根据五级账设固定资产卡片；而"库存现金"等一级科目一般就不必再分级了。一级科目也叫总分类科目，简称总账科目，用于提供有关指标的总括信息；二级及以下科目统称为明细分类科目，简称明细科目，用于提供有关指标的详细和具体的信息。总账科目对其下属的明细科目具有逐级统驭的关系。

1.1.3　各账户借贷记账法

1. 资产类账户

由于借贷记账法"借"在左方，"贷"在右方，因此可确定会计要素平衡等式的左边借方记录资产增加，反之其减少就一律登记在贷方。其形式如图 1—1 所示。

借方	资产类账户	贷方
期初余额		
本期增加发生额	本期减少发生额	
本期发生额合计	本期发生额合计	
期末余额		

图 1—1　资产类账户

该账户的发生额和余额之间的关系表示为：

资产类账户期末余额＝借方期初余额＋本期借方发生额－本期贷方发生额

2. 负债及所有者权益类账户

由于负债及所有者权益与资产分别处于等式的两边，为了保持会计恒等式的平衡，等式右边贷方记录负债及所有者权益的增加，反之其减少就一律登记在借方。其形式如图 1—2 所示。

借方	负债及所有者权益类账户	贷方
	期初余额	
本期减少发生额	本期增加发生额	
本期发生额合计	本期发生额合计	
	期末余额	

图 1—2　负债及所有者权益类账户

该账户的发生额和余额之间的关系表示为：

负债及所有者权益类账户期末余额＝贷方期初余额＋本期贷方发生额－本期借方发生额

3. 成本费用类账户

企业在生产经营过程中要有各种耗费，有成本费用发生，在成本费用抵销收入以前，可以将其看做一种资产。如"生产成本"归集在生产过程中某产品所发生的所有耗费，但在尚未完工结转入库前，其反映企业在产品这项资产的金额。同时，成本费用与资产同处于等式的左方，因此其结构与资产类账户的结构基本相同，只是由于借方记录的成本费用增加额一般都要通过贷方转出，所以账户通常没有期末余额。如果因某种情况有余额，也表现为借方余额。其形式如图 1—3 所示。

借方	成本费用类账户	贷方
本期增加发生额	本期减少发生额	
本期发生额合计	本期发生额合计	
（一般期末无余额）		

图 1—3　成本费用类账户

4. 收入类账户

收入类账户的结构则与负债及所有者权益的结构一样，收入增加额记入账户的贷方，收入转出（减少额）则应记入账户的借方，由于贷方记录的收入增加额一般要通过借方转出，所以该类账户通常也没有期末余额。其形式如图 1—4 所示。

借方	收入类账户	贷方
本期减少或转销发生额	本期增加发生额	
本期发生额合计	本期发生额合计	
	（一般期末无余额）	

图 1—4　收入类账户

为了总括说明借贷记账法下各类账户的结构，我们用图 1—5 概括如下：

借方	账户	贷方
资产类账户增加		资产类账户减少
负债及所有者权益类账户减少		负债及所有者权益类账户增加
成本费用类账户增加		成本费用类账户减少
收入类账户减少		收入类账户增加

图1—5　各类账户结构

1.1.4　交易事项分析

为了保证账户记录的正确性，在把经济业务记入账户之前，应先根据原始凭证编制会计分录。所谓会计分录，就是在记账凭证中指明某项经济业务应登记的账户名称、记账的借贷方向和金额的一种记录。编制会计分录，必须根据经济业务的内容确定应借、应贷的账户及其金额。会计分录是账户记录的依据，会计分录的正确与否直接影响到账户的记录，乃至影响到会计信息的质量。

编制会计分录，一般经过以下步骤：

（1）分析经济业务的内容涉及哪些对应账户，确定该经济业务应记入的对应账户名称及账户性质。

（2）根据该项经济业务引起的会计要素的增减变化和借贷记账法的账户结构，确定对应账户的记账方向（记借方还是记贷方）。

（3）根据会计要素增减变化的数量确定对应账户应登记的金额。

（4）根据借贷记账法"有借必有贷，借贷必相等"的记账规则，检查会计分录借贷是否平衡，有无差错。

● 1.2　会计核算组织程序

1.2.1　会计循环

会计循环是指一个会计主体在一定的会计期间内，从经济业务发生取得或填制会计凭证起，到登记账簿、编制会计报表止的一系列处理程序。它是按照划分的会计期间，周而复始进行的会计核算工作的内容。

概括起来，可把会计循环的基本流程表述如图1—6所示。

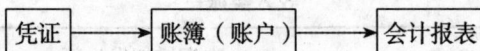

凭证　→　账簿（账户）　→　会计报表

图1—6　会计循环基本流程图

以上会计循环的基本流程表明两点：第一点，会计循环的基本流程由凭证、账簿、会计报表三个因素构成；第二点，会计工作要有一定的顺序，必须依次按顺序进行，即先取得凭证，然后分析经济业务对会计要素产生的影响，做出会计分录，记入账簿（账户），待期末，汇集账簿（账户）中的资料，编制会计报表。

会计分期这一前提，把延续不断的时间，划分为会计期间（月、季、年度）。会计期间规定了会计工作的时间范围。在每一个会计期间内，会计工作都依据上述顺序进行，循环往复，周而复始。会计循环的基本流程可用图1—7表示。

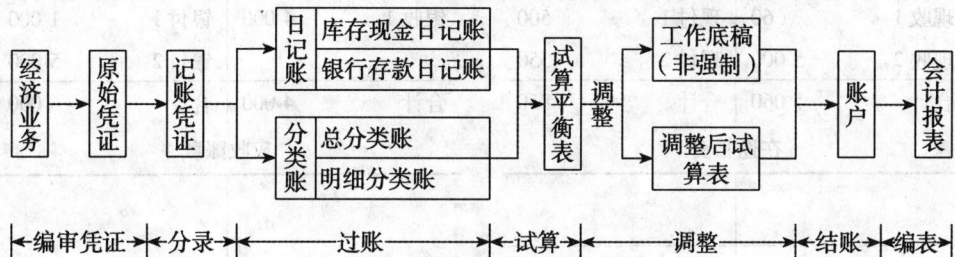

图1—7 会计循环的基本流程

1.2.2 记账程序

记账程序即账务处理程序，是指以账簿为中心，将凭证、账簿和会计报表有机结合的组织方式。各种记账程序的区别在于总账的登记依据不同。总账可以直接根据记账凭证的会计分录登记，称为记账凭证记账程序。对于大中型企业来说，多采用科目汇总表记账程序，即先把记账凭证汇总（10天、20天或1个月汇总），通过科目汇总表，汇总出各个账户的本期借方和贷方发生额，再据以登记总账。这样，既可试算平衡，又能极大地节省总账的登记工作量。科目汇总表的一般格式见表1—2。

表1—2   **科目汇总表**

20××年×月×日   第×号

会计科目	本期发生额		总账页数
	借方	贷方	
库存现金			
银行存款			
……			
合计			

1.2.3 科目汇总表的编制

科目汇总表是根据记账凭证汇总编制而成的。基本的编制方法是：将根据一定会计期间编制的全部记账凭证，按照相同会计科目进行分类，定期分别汇总每一个账户的借、贷双方的发生额，并将其填列在科目汇总表的相应栏内，借以反映全部账户的借、贷双方的发生额。

在一定期间内的记账凭证中，编制的会计分录涉及了很多会计科目。在对这些会计科目汇总时可采用编制的科目汇总表工作底稿法进行。科目汇总表工作底稿的格式见表1—3。

表1—3 科目汇总表工作底稿

20××年×月×日

库存现金				银行存款			
现收1	60	现付1	500	银收1	4 000	银付1	1 000
现收2	5 000	现付2	350			银付2	5 000
合计	5 060	合计	850	合计	4 000	合计	6 000
在途物资				应收账款			

应注意的是：科目汇总表工作底稿中采用的汇总形式从表面上看酷似"T"形账户，但并不是"T"形账户。运用这种形式的目的是对各个会计科目的发生额（不包括余额）进行汇总，以便编制科目汇总表。

1.2.4 科目汇总表记账程序的基本步骤

在科目汇总表记账程序下，对经济业务进行账务处理的程序大体要经过以下七个步骤：

（1）经济业务发生后，根据原始凭证或原始凭证汇总表填制各种记账凭证（收款凭证、付款凭证和转账凭证）；

（2）根据收款凭证和付款凭证逐笔登记库存现金日记账和银行存款日记账；

（3）根据记账凭证并参考原始凭证或原始凭证汇总表，逐笔登记各种明细账；

（4）根据各种记账凭证汇总编制科目汇总表；

（5）根据科目汇总表汇总数字登记总账；

（6）月末，将日记账、明细账的余额与总账中相应账户的余额进行核对；

（7）月末，根据总账和明细账的记录编制会计报表。

科目汇总表记账程序的基本步骤如图1—8所示。

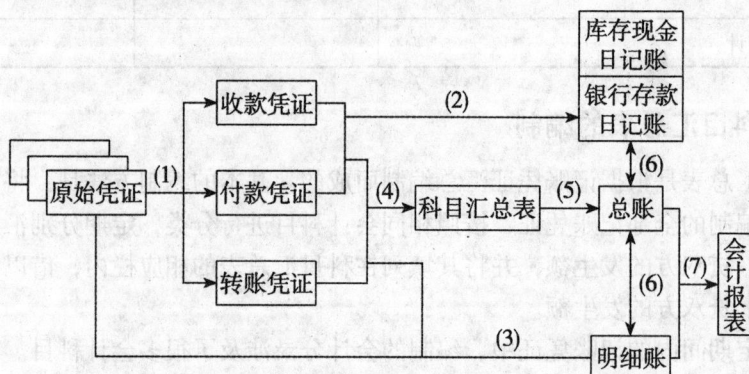

图1—8 科目汇总表记账程序的账务处理步骤示意图

● 1.3　原始凭证填制与审核

1.3.1　原始凭证的填制

原始凭证是在经济业务发生时取得或填制的、用于证明经济业务已经发生或正在执行并作为编制记账凭证的最初书面文件。按其取得来源不同可分为外来原始凭证和自制原始凭证，前者如购货发票、运单等，后者如领料单、借据等。

无论何种原始凭证，都必须具备以下要素：①原始凭证的名称；②原始凭证的日期和编号；③接受凭证的单位或个人；④经济业务的内容摘要；⑤数量、单价和金额；⑥填制单位的名称、公章和有关责任人员的签章。

1.3.2　原始凭证的审核

原始凭证审核的主要内容包括：①形式上的审核，主要看凭证要素是否齐全、有无计算错误或涂改现象等；②实质性审核，主要看经济业务内容的合法性、合理性和真实性。发现不合要求和不合法的原始凭证，会计人员有权拒绝受理，必要时还应提出书面报告，提请追究有关人员的责任，否则，财会人员应负连带责任。

表 1—4 至表 1—6 是比较常见的原始凭证。

表 1—4　　　　　　　　　　　　　　**专用发票**

发票联　　　　　　　　　　　　　　　　(2012)

付款单位：_____　　　　　　　　　　　　　支票号：_____

编号	商品名称	规格	单位	数量	单价	金额								
						百	十	万	千	百	十	元	角	分
小写金额合计														
大写金额合计		佰		拾	万	仟		佰		元		角		分

收款单位（盖章）　　　　　　　　开票人　　　　　　　　年　　月　　日

表1—5　　　　　　　　　　　　　　领料单

领料部门：　　　　　　　　　　　　　　　　　　　　　　　凭证编号：

用　途：　　　　　　　　年　月　日　　　　　　收料仓库：

材料编号	材料规格及名称	计量单位	数量		价格	
			请领	实领	单价	金额
备注					合计	

记账：　　　　　　发料：　　　　　　审批：　　　　　　　领料：

表1—6　　　　　　　　　　　　**产品入库单**

凭证编号：

交库单位：　　　　　　　　　　年　月　日　　　　收料仓库：

产品编号	产品名称	规格	计量单位	交付数量	检验结果		实收数量	单价	金额
					合格	不合格			
备注							合计		

主管：　　　　　会计：　　　　　质检员：　　　　　保管员：　　　　　经手人：

● 1.4　记账凭证填制与审核

1.4.1　记账凭证的填制

记账凭证是根据原始凭证或原始凭证汇总表做成经济业务的会计分录，并作为记账直接依据的书面文件。按经济业务是否涉及货币资金可分为收款凭证、付款凭证和转账凭证三种，前两者分别用于记录货币资金的收入和付出业务，不涉及货币资金收付的业务填制转账凭证。在经济业务较少、规模较小的企业，也可仅编一种通用的记账凭证，西方称之为普通日记账，其格式见表1—7。

1.4.2　**记账凭证的审核**

记账凭证的审核的主要内容为：①记账凭证与其所附原始凭证的内容是否相符、张数是否一致；②分录是否正确、金额有无差错；③有关人员的签章；④重新复核并进行实质性审查。经审核无误后，才能据以登记账簿。

表 1—7　　　　　　　　　　　　　　　　记账凭证

年　　月　　日　　　　　　　　　　　　　　　　第　　号

摘要	一级科目	明细科目	借方金额	贷方金额	记账
合计					

会计主管：　　　　记账：　　　　出纳：　　　　审核：　　　　制单：

● 1.5　账簿的设置与登记

1.5.1　会计账簿及其分类

　　会计账簿按其用途分为序时账、分类账和备查簿。序时账也叫日记账，是指按经济业务发生的时间先后顺序逐日逐笔登记的账簿，企业一般设库存现金日记账和银行存款日记账等；分类账是指对全部经济业务按照总分类账户和明细分类账户进行分类登记的账簿，包括总账和明细；备查簿是指对某些在序时账和分类账中未能记载的经济业务事项进行补充登记的账簿，它提供报表之外必要的参考资料，如租入固定资产登记簿、应收账款核销登记簿等。

　　会计账簿按其外表形式可分为订本账、活页账和卡片账。订本账是账页连续编号装订成册的账簿，以防止撕毁和篡改账页，适用于总账和序时账；明细账一般用活页式或卡片式，活页账年终时应订本归档。

　　会计账簿按账页格式不同可分为三栏式账簿、多栏式账簿和数量金额式账簿。总账和反映债权债务关系的明细账一般用三栏式（借方、贷方、余额）；有关收入、费用的明细账用多栏式；存货明细账多用数量金额式。

1.5.2　账簿的设置

　　每一个会计主体需要设置哪些账簿，应当根据经济业务的特点和管理上的需要来确定。设置账簿应当符合以下要求：

　　(1) 满足需要。企业所设置的账簿应能全面反映经济活动内容和财务收支情况，满足经济管理的需要。对于企业在经营管理中需要考核的指标，如产品产量、品种、资金、成本和利润等，都应当在账簿上及时反映。对于企业的每一笔财务收支情况，都应在账簿中及时记录，严密控制各项财产物资的增减变动，满足企业财产管理的需要。

　　(2) 结合实际。账簿设置要从实际出发，有利于会计工作分工和加强岗位责任制，要考虑本单位经济活动的特点、规模大小、会计机构和会计人员配置等具体情况进行账簿的设置。

（3）精简灵便。设置账簿应在保证会计记录系统、完整、准确的前提下力求精简，以节约人力、物力和财力，提高工作效率。账簿中账页的格式要简洁明了，账本册数不宜过多，以满足会计核算需要为原则设置。账页不宜过大，应便于日常使用，也便于存档保管。

（4）组织严密。设置账簿时应做到组织严密，避免记录重复或遗漏。各种账簿记录的内容既要有明确的划分，又要有密切的联系。有关账簿之间还应体现统驭与被统驭、控制与被控制的制约关系，保证账簿记录的系统、完整和准确，正确地提供经济管理所需要的各种指标。

1.5.3 账簿的登记

1. 日记账的设置和登记

为了加强对货币资金的管理，企事业单位都应设置库存现金日记账和银行存款日记账。用以逐日核算与监督库存现金和银行存款的收入、付出和结存情况。

库存现金日记账是用来登记库存现金每天收入、支出和结余情况的账簿，库存现金日记账一般采用三栏式。在同一张账页上分记"收入"、"付出"和"余额"三栏。其格式见表1—8。

表1—8　　　　　　　　　　　　　　　**库存现金日记账**

2012 年		凭证号数		摘要	对方科目	收入	付出	余额
月	日	字	号数					
3	1			期初余额				4 200
	9	现付	1	支付管理部门水电费	管理费用		600	3 600
	12	银付	2	从银行提取现金备用	银行存款	1 000		4 600
3	31			本期发生额及余额		1 000	600	4 600

库存现金日记账的登记方法：库存现金日记账一般由出纳人员根据现金收款凭证、现金付款凭证直接逐日逐笔登记，填明业务日期、凭证号数、摘要、对方科目、收入或付出金额，当日账当日清，不得数日合并登记。但从银行提取现金收入数，由于只编银行存款付款凭证不再编现金收款凭证，因而应根据银行存款付款凭证登记。

银行存款日记账的格式和登记方法同库存现金日记账。

2. 分类账的设置和登记

（1）总分类账

总分类账，采用三栏式结构，在账页中分设"借方金额"、"贷方金额"、"余额"三栏。总分类账的登记依据取决于所采用的会计核算形式，可直接根据记账凭证登记，也可根据汇总记账凭证或科目汇总表登记。其一般格式见表1—9。

表 1—9 　　　　　　　　　　　　　**总分类账**

会计科目 　库存商品

2012 年		凭证		摘要	借方金额	贷方金额	借或贷	余额
月	日	字	号					
2	1			期初余额			借	3 000
	5	转账	1	生产领用		2 400	借	600
	6	银付	1	购进材料	1 200		借	1 800
	10	银付	2	购进材料	2 400		借	4 200
	28			本期发生额及余额	3 600	2 400	借	4 200

（2）明细分类账

明细分类账，是用来分类登记某一类经济业务的账簿。常用的明细分类账的格式主要有三栏式、多栏式或数量金额式。

三栏式明细分类账在账页中只设有"借方金额"、"贷方金额"、"余额"三个金额栏，不设数量栏，适用于那些只需进行金额核算而不需要进行数量核算的债权债务结算账户，如"应收账款"、"应付账款"等。其一般格式见表 1—10。

表 1—10 　　　　　　　　　　　　　**应付账款明细账**

2012 年		凭证		摘要	借方金额	贷方金额	借或贷	余额
月	日	字	号					
2	1			期初余额			贷	2 000
	6	银付	1	购进材料		1 200	贷	3 200
	10	银付	2	购进材料		2 400	贷	5 600
	13	银付	3	偿还货款	3 400		贷	2 200
1	28			本期发生额及余额	3 400	3 600	贷	2 200

多栏式明细分类账，是根据各项业务的经济内容和提供资料的要求，在账页上按明细项目分设专栏，以提供这类经济业务的详细资料，适用于只记金额不记数量，而且在管理上需要了解其构成内容的费用、收入、利润的明细核算，如"制造费用"、"管理费用"、"营业收入"、"本年利润"等。其一般格式见表 1—11。

数量金额式明细分类账在账页中的"收入"、"发出"、"结存"栏内设有数量、单价、金额三栏，适用于既要进行金额核算，又要进行实物数量核算的各种财产物资的核算，如"原材料"、"产成品"等的明细核算。其一般格式见表 1—12。

（3）总分类账户和明细分类账户的平行登记

总分类账户和明细分类账户的平行登记，是指对所发生的每项经济业务事项，都要以会计凭证为依据，一方面记入有关总分类账户，另一方面记入有关总分类账户所属明细分类账户的方法。

表1—11   生产成本明细账

产品名称或类别：

2012 年		摘要	借方（成本项目）				贷方金额	借或贷	余额
月	日		直接材料	直接人工	制造费用	合计			

表1—12   材料明细分类账

材料名称：甲材料

2012 年		凭证		摘要	收入			发出			结存		
月	日	字	号		数量	单价	金额	数量	单价	金额	数量	单价	金额
2	1			期初余额							5 000	0.60	3 000
	5	转账	1	生产领用				4 000	0.60	2 400	1 000	0.60	600
	6	银付	1	购进材料	2 000	0.60	1 200				3 000	0.60	1 800
	10	银付	2	购进材料	4 000	0.60	2 400				7 000	0.60	4 200
	28			本期发生额及余额	6 000	0.60	3 600	4 000	0.60	2 400	7 000	0.60	4 200

平行登记的要点如下：

①所依据会计凭证相同。

②借贷方向相同。

③所属会计期间相同，即一项经济业务发生后，必须在记入总分类账户进行总括登记的同一会计期间，在其所属明细分类账户进行明细分类登记。

④计入总分类账户的金额与计入明细分类账户的合计金额相等，即：

总分类账户本期借方发生额＝其所属明细分类账户本期借方发生额合计

总分类账户本期贷方发生额＝其所属明细分类账户本期贷方发生额合计

总分类账户期初余额＝其所属明细分类账户期初余额合计

总分类账户期末余额＝其所属明细分类账户期末余额合计

● 1.6 成本计算

1.6.1 产品成本计算方法

不同的企业，其生产过程有不同的特点，其成本管理的要求也是不一样的，即只有根据企业生产的特点和成本管理的不同要求，选择不同的成本计算方法，才能正确地计算产品成本。不同成本计算方法的区别主要表现在三个方面：一是成本计算对象不同；二是成本计算期不同；三是生产费用在产成品和半成品之间的分配情况不同。常用的成本计算方法主要有品种法、分批法、分步法和 ABC 成本法等。

（1）品种法。品种法是以产品品种作为成本计算对象的一种成本计算方法。品种法的成本计算对象为产品品种。实际工作中，可以将"品种法"之下的成本对象变通应用为产品类别、产品品种、产品品种规格。品种法适合于大批量、单步骤生产的企业，如发电、采掘业、管理上只要求考核最终产品的企业。品种法在实际工作中的应用要点为：以"品种"为对象开设生产成本明细账、成本计算单；成本计算期一般采用"会计期间"；以"品种"为对象归集和分配费用；以"品种"为对象进行成本分析。

（2）分批法。分批法是以产品批别作为成本计算对象的一种成本计算方法。分批法适用于单件、小批量生产的企业，以及按照客户订单组织生产的企业，因而也称"订单法"。品种法在实际工作中的应用要点为：以"批号"、"批次"为成本计算对象开设生产成本明细账、成本计算单；成本计算期一般采用"工期"；一般不存在生产费用在完工产品和在产品之间的分配。若生产费用在完工产品、在产品间分配，一般采用定额法。

（3）分步法。分步法是以产品生产阶段、步骤作为成本计算对象，计算成本的一种方法。分步法适用于大批量、多步骤、多阶段生产的企业，管理上要求按照生产阶段、步骤、车间计算成本的企业，冶金、纺织、造纸企业以及其他一些大批量流水生产的企业等。较之其他方法，分步法在具体计算方式上有很大不同，这主要是因为它按照生产加工阶段、步骤计算成本所导致的。在分步法下，有一系列特定的计算流程、方法和含义。分步法成本核算一般有如下要点：按照"步"作为成本计算对象，归集费用，计算成本；成本计算期一般采用会计期间法；期末往往存在本期完工产品、在产品，需要采用一定的方法分配生产费用。

（4）ABC 成本法。ABC 成本法又称作业成本分析法、作业成本计算法、作业成本核算法，又称巴雷托分析法、主次因分析法、ABC 分析法、分类管理法、重点管理法。它以某一具体事项为对象进行数量分析，以该对象各个组成部分与总体的比重为依据，按比重大小的顺序排列，并根据一定的比重或累计比重标准，将各组成部分分为 ABC 三类：A 类是管理的重点；B 类是次重点；C 类是一般。ABC 成本法是一种将制造费用等间接费用不按传统的（以车间为费用归集和分配对象）方法，而是以"作业"为费用归集和分配对象的方法，它能够更加合理地分配间接费用，使成本的计算更加合理。由于它只是间接费用的一种分配方法，因此，企业实际上还要结合其他基本核算方法共同使用。

1.6.2　成本计算的基本要求

为正确、及时地计算成本，成本计算应遵循如下原则：

（1）合法性原则。合法性原则是指计入成本的费用都必须符合法律、法令、制度等的规定。不合规定的费用不能计入成本。

（2）可靠性原则。可靠性原则包括真实性和可核实性。真实性就是所提供的成本信息与客观的经济事项相一致，不应掺假或人为地提高、降低成本。可核实性是指成本核算资料按一定的原则由不同的会计人员加以核算，都能得到相同的结果。真实性和可核实性是为了保证成本核算信息的正确可靠。

（3）相关性原则。相关性原则包括成本信息的有用性和及时性。有用性是指成本核算要为管理层提供有用的信息，为成本管理、预测、决策服务。及时性是强调信息取得的时间性。及时的信息反馈有助于管理层及时地采取措施，改进工作，而不及时的信息往往成为徒劳无用的资料。

（4）分期核算原则。企业为了取得一定期间所生产产品的成本，必须将川流不息的生产活动按一定阶段（如月、季、年）划分为各个时期，分别计算各期产品的成本。成本核算的分期必须与会计年度的分月、分季、分年相一致，这样可以便于利润的计算。

（5）权责发生制原则。应由本期成本负担的费用，不论是否已经支付，都要计入本期成本；不应由本期成本负担的费用（即已计入以前各期的成本，或应由以后各期成本负担的费用），虽然在本期支付，也不应计入本期成本。这样才能正确提供各项成本信息。

（6）实际成本计价原则。生产所耗用的原材料、燃料、动力要按实际耗用数量的实际单位成本计算，完工产品成本的计算要按实际发生的成本计算。原材料、燃料、产成品的账户可按计划成本（或定额成本、标准成本）加、减成本差异，以调整到实际成本。

（7）一致性原则。成本核算所采用的方法，前后各期必须一致，以使各期的成本资料有统一的口径，前后连贯，互相可比。

（8）重要性原则。对于成本有重大影响的项目应作为重点，力求精确；而对于那些不太重要的琐碎项目，则可以从简处理。

1.6.3 成本计算的一般程序

从生产费用发生开始，到算出完工产品总成本和单位成本为止的整个成本计算，一般分为如下几个步骤：

（1）生产费用支出的审核。对发生的各项生产费用支出，应根据国家、上级主管部门和本企业的有关制度、规定进行严格审核，以便对不符合制度和规定的费用，以及各种浪费、损失等加以制止或追究经济责任。

（2）确定成本计算对象和成本项目，开设产品成本明细账。企业的生产类型不同，对成本管理的要求不同，成本计算对象和成本项目也就有所不同，应根据企业生产类型的特点和对成本管理的要求，确定成本计算对象和成本项目，并根据确定的成本计算对象开设产品成本明细账。

（3）进行要素费用的分配。对发生的各项要素费用进行汇总，编制各种要素费用分配表，按其用途分配计入有关的生产成本明细账。对能确认某一成本计算对象耗用的直接计入费用，如直接材料、直接工资，应直接记入"生产成本——基本生产成本"账户及其有关的产品成本明细账；对于不能确认的某一费用，则应按其发生的地点或用途进行归集分配，分别记入"制造费用"、"生产成本——辅助生产成本"和"废品损失"等综合费用账户。

（4）进行综合费用的分配。对记入"制造费用"、"生产成本——辅助生产成本"和"废品损失"等账户的综合费用，月终采用一定的分配方法进行分配，并记入"生产成本——基本生产成本"以及有关的产品成本明细账。

（5）进行完工产品成本与在产品成本的划分。通过要素费用和综合费用的分配，对所发生的各项生产费用进行分配，所发生的各项生产费用均应归集在"生产成本——基本生产成本"账户及有关的产品成本明细账中。在没有在产品的情况下，产品成本明细账所归集的生产费用即为完工产品总成本；在有在产品的情况下，就需将产品成本明细账所归集的生产费用按一定的划分方法在完工产品和月末在产品之间进行划分，从而计算出完工产品成本和月末在产品成本。

（6）计算产品的总成本和单位成本。在品种法、分批法下，产品成本明细账中计算出的完工产品成本即为产品的总成本；分步法下，则需根据各生产步骤成本明细账进行顺序逐步结转或平行汇总，才能计算出产品的总成本。以产品的总成本除以产品的数量，就可以计算出产品的单位成本。

● 1.7　对账、结账和错账更正

1.7.1　对账的程序和方法

在会计这一信息系统内部，基于复式记账原理，已形成一套以账簿为中心，账簿与实物、凭证、报表之间，账簿与账簿之间的相互控制、稽核和自动平衡的保护性机制。因此，为保证账证相符、账账相符、账实相符需进行对账。在实际工作中，对账的内容包括账证核对、账账核对、账实核对、账表核对。

1. 账证核对

账证核对是将各种账簿记录与记账凭证及其所附原始凭证进行核对。这种核对平常是通过编制凭证和记账过程中的"复核"环节进行的。月末若发现账账不符，也须追本溯源，进行账簿与会计凭证的检查核对，以确保账证相符。

2. 账账核对

账账核对是指对各种账簿之间的有关数字进行核对，主要包括：

第一，总分类账中全部账户的期末借方余额合计数应与全部账户的期末贷方余额合计数核对相符。

第二，总分类账中各个账户的期末余额应与其所属明细分类账户的期末余额合计数核对相符。

第三，库存现金日记账、银行存款日记账的期末余额应分别与库存现金总账、银行存款总账的期末余额核对相符。

第四，各种财产物资明细分类账户的期末余额应该同财产物资保管和使用部门的财产物资明细分类账户的储存数核对相符。

3. 账实核对

账实核对是指对各种财产物资和计算款项的账面余额与其实存数额进行核对，主要包括：

第一，库存现金日记账的账面余额应与现金实存数核对相符。

第二，银行存款日记账的账面余额应与银行对账单核对相符。

第三，各种应收、应付款项明细分类账户的账面余额应与有关债务人、债权人的相关账面金额核对相符。

第四，各种财产物资明细分类账户的账面金额应与材料、物资实存数核对相符。

4. 账表核对

账表核对是指对账簿的有关记录与会计报表的有关指标进行核对。账簿记录是编制会计报表的基础资料，通过将会计报表的有关指标与账簿的有关记录进行核对，可以确保所提供的会计信息的真实性。

1.7.2 结账的程序和方法

结账是一项将账簿记录定期结算清楚的账务工作。在一定时期结束时（如月末、季末或年末），为了编制会计报表，需要进行结账。结账的内容通常包括两个方面：一是结清各种损益类账户，并据以计算确定本期利润；二是结清各资产、负债和所有者权益账户，分别结出本期发生额合计和余额。

1. 结账的程序

第一，将本期发生的经济业务事项全部登记入账，并保证其正确性。

第二，根据权责发生制的要求调整有关账项，合理确定本期应计的收入和应计的费用。

第三，将损益类科目转入"本年利润"科目，结平所有损益类科目。

第四，结算出资产、负债和所有者权益科目的本期发生额和余额，并结转下期。

2. 结账的方法

第一，对不需按月结计本期发生额的账户，每次记账以后，都要随时结出余额，每月最后一笔余额为月末余额。月末结账时，只需要在最后一笔经济业务事项记录之下通栏划单红线，不需要再结计一次余额。

第二，库存现金、银行存款日记账和需要按月结计发生额的收入、费用等明细账，每月结账时，要结出本月发生额和余额，在摘要栏内注明"本月合计"字样，并在下面通栏划单红线。

第三，需要结计本年累计发生额的某些明细账户，每月结账时，应在"本月合计"行下结出自年初起至本月末止的累计发生额，登记在月份发生额下面，在摘要栏内注明"本年累计"字样，并在下面通栏划单红线。12月末的"本年累计"就是全年累计发生额，全年累计发生额下通栏划双红线。

第四，总账账户平时只需结出月末余额。年终结账时，将所有总账账户结出全年发生额和年末余额，在摘要栏内注明"本年合计"字样，并在合计数下通栏划双红线。

第五，年度终了结账时，有余额的账户，要将其余额结转下年，并在摘要栏内注明"结转下年"字样；在下一会计年度新建有关会计账户的第一行的余额栏内填写上年结转的余额，并在摘要栏注明"上年结转"字样。

1.7.3　错账更正

1. 错账查找方法

会计人员在记账过程中会发生各种各样的差错。产生差错的原因可能是重记、漏记、数字颠倒、数字错位、数字记错、科目记错、借贷方向记反等，从而影响会计信息的正确性。如发现差错，会计人员首先要确认错误的金额，确认错在借方还是贷方，根据产生差错的具体情况，分析可能产生差错的原因，采取相应的查找方法，便于缩短查找差错的时间，减少查账工作量。常见的差错查找方法有以下几种：

（1）差数法

差数法是按照错账的差数查找错账的方法。如会计凭证上应记录：

借：应交税费——应交营业税　　　　　　　　　　　　　　 5 250

　　　　　——应交城市维护建设税　　　　　　　　　　　 367.5

　　　　　——应交个人所得税　　　　　　　　　　　　　 500

　　　　　——应交教育费附加　　　　　　　　　　　　　 157.5

　　贷：银行存款　　　　　　　　　　　　　　　　　　　　　　 6 275

若会计人员在记账时漏记了城市维护建设税367.5元，那么在进行应交税费总账和明细账核对时，就会出现总账借方余额比明细账借方余额多367.5元的现象。对于类似差错，应由会计人员通过回忆相关金额的记账凭证进行查找。

（2）尾数法

对于发生的角、分的差错可以只查找小数部分，以提高查错的效率。如只差0.06元，只需看一下尾数有"0.06"的金额，看是否已将其登记入账。

（3）除2法

当账账、账证或账实不符且差数为偶数时，应首先检查记账方向是否发生错误。在记账时，有时由于会计人员疏忽，错将借方金额登记到贷方或将贷方金额登记到借方，这必然会出现一方合计数增多，而另一方合计数减少的情况，其差额恰是记错方向数字的1倍，且差数是偶数。对于这种错误的检查，可用差错数除以

2，得出的商数就是账中记账方向的反方向数字，然后再到账目中去寻找差错的数字就有了一定的目标。如会计凭证上应记录：

借：其他应收款——总务科　　　　　　　　　　　　　　　500

　贷：库存现金　　　　　　　　　　　　　　　　　　　　　500

登记明细账时，错把其他应收款登记入贷方，总账与明细账核对时，就会出现总账借方余额大于明细账借方余额 1 000 元，将 1 000 元除以 2，正好是贷方记错的 500 元。

（4）除 9 法

除 9 法是指用对账差额除以 9 来查找差错的一种方法，主要适用于下列两种错误的查找：

①数字错位。在查找错误时，如果差错的数额较大，就应该检查一下是否在记账时发生了数字错位。在登记账目时，会计人员有时会把位数看错，把十位数看成百位数，百位数看成千位数，把小数看大了；也可能把百位数看成十位数，千位数看成百位数，把大数看小了。这种情况下，差错数额一般比较大，可以用除 9 法进行检查。如将 70 元看成 700 元并登记入账，此时在对账时就会出现余额差 630 元（700–70），用 630 元除以 9，商为 70 元，70 元就是应该记录的正确的数额。又如收入现金 800 元，误记为 80 元，对账结果会出现 720 元（800–80）差值，用 720 元除以 9，商为 80 元，商数即为差错数。

②相邻数字颠倒错误的查找。在记账时，有时易将相邻的两位数或三位数的数字登记颠倒了，如将 86 记成 68，315 记成 513，它们的差值分别是 18 和 198，都可以被 9 整除，这样知道错误问题之后，进一步判断错在哪一笔业务上就可以了。

如果用上述方法检查均未发现错误，而对账结果又确实不符，还可以采用顺查、逆查、抽查等方法检查是否有漏记和重记等现象。顺查法是指按账务处理的顺序，从凭证开始到账簿记录止从头到尾进行普遍核对。逆查法是指与账务处理顺序相反，从尾到头的检查方法。抽查法是指抽取账簿记录中某些局部进行检查的方法。

2. 更正错账的方法

（1）划线更正法

在记账或结账过程中，如果发现账簿记录有误，但记账凭证正确，采用划线更正法。更正时，先在错误的文字或数字（整个）上划一道红线，但使原字迹仍可辨认，然后在红线上方空白处用蓝字填上正确的文字或数字。记账人员需在更正处盖章。

（2）红字更正

这种方法亦称红笔订正法、赤字冲账法。此方法适用于记账凭证上的应记科目和金额发生错误，并已登记入账。发生这种错误不论是结账前，还是结账后，无论金额错误还是分录错误，都可采用此方法更正。更正时，先用红字金额填制一张内容与错误记账凭证完全相同的记账凭证，并在摘要中写明"更正第×号凭证的错误"，并据以用红字金额登记入账，冲销原有的错误记录；然后，再用蓝字填写一张正确的记账凭证，登记入账。如在记账后，发现记账凭证上的应借、应贷科目未错，仅是金额大于正确数，则用红字法冲销多记的金额即可。

（3）补充登记法

这种方法适用于在记账后，发现记账凭证中应借应贷科目未错，只是所填金额小于应记金额，这时采用补充登记的方法予以更正。更正时，按原应借应贷科目编制一张会计凭证，所列金额为少记的金额，在摘要栏内注明"补记×字第×号凭证少计数"，并据此登记入账。

● 1.8　试算平衡表与调整分录

1.8.1　试算平衡表

在结出每个账户的余额之后，就可以编制试算平衡表了。试算平衡表可以分为两种：一种是将本期发生额和期末余额分别编制列表；另一种是将本期发生额和期末余额合并在一张表上进行试算平衡。编制试算平衡表的两大主要目的是：①显示借方与贷方是否保持相等；②提供了总分类账记录的便捷汇总表，以便作为编制本期财务报告之前所编制的调整分录与结账分录的基础。

在借贷记账法下，试算平衡的基本公式是：

全部账户的借方期初余额合计数＝全部账户的贷方期初余额合计数

全部账户的借方发生额合计＝全部账户的贷方发生额合计

全部账户的借方期末余额合计＝全部账户的贷方期末余额合计

需要指出的是，试算平衡只是通过借贷金额是否平衡来检查账户记录是否正确。如果借贷不平衡，说明账户记录一定存在错误，应该查找原因并予以更正。如果借贷平衡，并不能肯定记账没有错误，因为有些方式的记账错误并不影响借贷方的平衡。例如：①某项经济业务记错账户，把应借应贷的账户互相颠倒；②某项经济业务在有关账户中全部漏记或重记；③某项经济业务记入有关账户的借贷金额出现同时多记或同时少记的错误。这些错误并不能通过试算平衡来发现。这就说明，只根据试算平衡的结果，不能绝对保证对业务的正确分析与记账。因此，需要对一些会计记录进行日常或定期的复核，从而保证账户记录的正确性。

1.8.2　调整分录

在权责发生制下，有些收入款项虽然在本期内已经收到和入账，但并不应归属本期；而有些收入虽然在本期内尚未收到，却应归属本期。有些费用虽在本期内已经支付和入账，但并不应归属本期；而有些费用虽在本期内尚未支付，却应归属本期。所以，在每个会计期末结账前，都应该按照权责发生制原则对部分会计事项予以调整，这就是账项调整，账项调整时所编的会计分录就是调整分录。调整分录的目的在于修正账户余额以使其能够公允地反映会计期末的财务状况。

通常的账项调整包括预收收入、应计收入、预付费用、应计费用，以及其他一些账项的调整，如计提固定资产折旧、计提坏账准备、计提资产减值准备等。

预收收入是指企业本期或前期已收到货款并已入账，但要待以后会计期间才能确认的收入；应计收入是本期已经获得，但尚未收到款项的收入，如应收租金、应收银行存款利息等；预付费用是指本期或前期已付出现金，但受益期要延续到后续会计期间的费用，如预付保险费、预付租金、预付报刊订阅费等；应计费用是指从费用的归属期来看，属于本期的费用，但本期并没有入账，也未付出现金。

1.8.3　工作底稿

工作底稿是会计人员为工作方便而编制的多栏式草表。编制工作底稿的目的是方便期末调整、试算、结账和编表。

工作底稿的编制以试算平衡表为基础，将调整项目一一记入调整栏内。调整栏内借贷总额也应加总并相互平衡。将试算平衡表金额和调整项目金额加总，算出调整后余额。

工作底稿的格式一般采用五栏式，即在表上第一栏填列调整前试算平衡表，第二栏填列调整分录，第三栏为调整后试算平衡表，第四栏为利润表，第五栏为资产负债表（见表1—13）。

表1—13　　　　　　　　　　　　**A公司会计报表编制工作底稿**

年　月　日　　　　　　　　　　　　　　　单位：元

会计科目	调整前试算平衡表		调整分录		调整后试算平衡表		利润表		资产负债表	
	借方	贷方	借方	贷方	借方	贷方	借方	贷方	借方	贷方
库存现金										
银行存款										
应收账款										
固定资产										
存货										
预收账款										
应付账款										
实收资本										
主营业务收入										
其他业务收入										
管理费用										
财务费用										
营业费用										
本年利润										

工作底稿编制的基本步骤如下：

（1）填写表头：应写明企业名称、工作底稿字样及日期。

（2）填写"调整前试算平衡表"项目：将调整前各总分类账的余额逐项计入"调整前试算平衡表"的借方栏或贷方栏，然后加总验证借贷总额是否平衡。

（3）填写"调整分录"项目：将调整分录按对应账户逐项填入该栏内，该栏内借贷总额在加总后也应该保持平衡。

（4）填写"调整后试算平衡表"项目：将调整前试算平衡表金额与调整项目的金额按照"同方向相加、反方向相减"的原则，算出调整后的余额，列入"调整后试算平衡表"栏，其借贷总额也应保持平衡。

（5）填写"利润表"项目：根据调整后试算平衡表，将属于利润表的各类金额按原借贷方向填入该栏中，然后加总借贷总额并比较两者大小，如果贷方大于借方，说明有利润，应将此差额——利润写在借方栏内以示结平；反之则为亏损，应直接将其列入贷方栏内以示结平。

（6）填写"资产负债表"项目：调整后试算平衡表中未列入利润表的项目，应区别账户性质，按原借贷方向，全部填入"资产负债表"栏中；然后，将利润表中的"本年利润"改变借贷方向，作为平衡数列入"资产负债表"栏的同一行中，至此，该栏的借贷总额也应该相等。

需要说明的是：编制工作底稿不是会计循环中必不可少的环节。它既不是正式的会计记录，也不是正式的会计报表，它仅仅是期末账项调整、结账、编制报表的辅助手段。对于经济业务复杂和频繁的企业，编制工作底稿将有助于期末会计工作。

● 1.9 会计报表编制

财务报表亦称对外会计报表，是会计主体对外提供的反映会计主体财务状况和经营成果的会计报表，包括资产负债表、利润表、现金流量表、所有者权益变动表及附注。财务报表是财务报告的主要部分，不包括董事会报告、管理分析及财务情况说明书等列入财务报告或年度报告的资料。对外报表即指财务报表。一份信息准确的财务报表可以帮助投资者和债权人进行合理决策，也可以反映企业管理者的经营业绩和受托经营责任，有助于企业评估和预测未来的现金流动，有助于政府制定经济政策、加强宏观调控、促进社会资源的最佳配置。

1.9.1 资产负债表的编制

作为企业对外提供的基本财务报表之一，资产负债表可以向使用者传递有用的信息，它有助于分析、评价、预测企业的偿债能力；有助于评价企业的变现能力和财务弹性；有助于评价企业的经营业绩；有助于了解企业财务状况的发展趋势。

1. 资产负债表的结构

资产负债表一般由表首、正表和附注三部分组成。其中表首包括报表名称、编制单位、编表日期以及编制报表所采用的货币名称和计量单位。正表是资产负债表的主要构成部分，列示企业的资产、负债和所有者权益项目。附注反映企业一些重大的财务事项，对主体内容起补充说明的作用。

资产负债表的格式一般有两种：账户式和报告式。账户式资产负债表将资产列示在左方、负债和所有者权益列示在右方，形成左右对称结构，类似"T"形账户。报告式资产负债表将资产、负债、所有者权益项目自上而下垂直排列。我国现行的会计制度规定采用账户式资产负债表。

在资产负债表中，资产按照流动性或变现能力的强弱分为流动资产、长期投资、固定资产、无形资产和其他资产等类别；负债按照偿还期限的长短与先后分为流动负债和长期负债；所有者权益按其所形成来源的不同分为实收资本（或股本）、资本公积、盈余公积和未分配利润。

资产负债表具体结构见表1—14。

表1—14　　　　　　　　　　　　　**资产负债表**

编制单位：　　　　　　　　　年　　月　　日　　　　　　　　　单位：元

资产	行次	期末余额	年初余额	负债和所有者权益（或股东权益）	行次	期末余额	年初余额
流动资产：	1			流动负债：	36		
货币资金	2			短期借款	37		
交易性金融资产	3			交易性金融负债	38		
应收票据	4			应付票据	39		
应收账款	5			应付账款	40		
预付款项	6			预收款项	41		
应收股利	7			应付职工薪酬	42		
应收利息	8			应交税费	43		
其他应收款	9			应付利息	44		
存货	10			应付股利	45		
其中：消耗性生物资产	11			其他应付款	46		
待摊费用	12			预提费用	47		
一年内到期的非流动资产	13			预计负债	48		
其他流动资产	14			一年内到期的非流动负债	49		
流动资产合计	15			其他流动负债	50		
非流动资产：	16			流动负债合计	51		

资产	行次	期末余额	年初余额	负债和所有者权益（或股东权益）	行次	期末余额	年初余额
可供出售金融资产	17			非流动负债：	52		
持有至到期投资	18			长期借款	53		
投资性房地产	19			应付债券	54		
长期股权投资	20			长期应付款	55		
长期应收款	21			专项应付款	56		
固定资产	22			递延所得税负债	57		
在建工程	23			其他非流动负债	58		
工程物资	24			非流动负债合计	59		
固定资产清理	25			负债合计	60		
生产性生物资产	26			所有者权益（或股东权益）：	61		
油气资产	27			实收资本（或股本）	62		
无形资产	28			资本公积	63		
开发支出	29			盈余公积	64		
商誉	30			未分配利润	65		
长期待摊费用	31			减：库存股	66		
递延所得税资产	32			所有者权益（或股东权益）合计	67		
其他非流动资产	33				68		
非流动资产合计	34				69		
资产总计	35			负债和所有者权益（或股东权益）总计	70		

2. 资产负债表的填列方法

资产负债表各项目均需填列"年初余额"和"期末余额"两栏。"年初余额"栏的各项数字应根据上年年末资产负债表"期末余额"栏内所列数字填列。如果本年度资产负债表各项目的名称和内容与上年度不一致，应对上年年末资产负债表各项目的名称和数字按本年度的规定进行调整，填入本年"年初余额"栏。"期末余额"栏可通过以下几种方式填列：

（1）根据总账余额直接填列。如"交易性金融资产"、"短期借款"、"应付票据"、"应付职工薪酬"、"应交税费"、"应付股利"、"实收资本"、"资本公积"、"盈余公积"等项目。

（2）根据几个总账科目的期末余额计算填列。如"货币资金"项目，需根据"库存现金"、"银行存款"、"其他货币资金"三个总账科目的期末余额的合计数填列（注：备用金不属于其他货币资金，属于其他应收款）。

（3）根据有关总账所属明细账的期末余额分析计算填列，主要包含以下项目：

①"应收账款"项目，应根据"应收账款"和"预收账款"科目所属的明细科目的期末借方余额合计数，减去"坏账准备"科目中有关应收账款计提的坏账准备余额后的金额填列。

②"预收款项"项目，应根据"应收账款"和"预收账款"科目所属的明细科目的期末贷方余额合计数填列。

③"预付款项"项目，应根据"应付账款"和"预付账款"科目所属的明细科目的期末借方余额合计数，减去"坏账准备"科目中有关预付账款计提的坏账准备余额后的金额填列。

④"应付账款"项目，应根据"应付账款"和"预付账款"科目所属的明细科目的期末贷方余额合计数填列。

（4）根据总账科目和明细账科目余额分析计算填列。如"长期借款"项目，需要根据"长期借款"总账科目余额扣除"长期借款"科目所属的明细科目中将在一年内到期的长期借款后的金额计算填列。

（5）根据有关科目余额减去其备抵科目余额后的净额填列。如"应收票据"、"应收账款"、"长期股权投资"、"在建工程"等项目，应当根据"应收票据"、"应收账款"、"长期股权投资"、"在建工程"等科目的期末余额，减去"坏账准备"、"长期股权投资减值准备"、"在建工程减值准备"等科目余额后的净额填列；"固定资产"项目，应当根据"固定资产"科目的期末余额减去"累计折旧"、"固定资产减值准备"备抵科目余额后的净额填列；"无形资产"项目，应当根据"无形资产"科目的期末余额，减去"累计摊销"、"无形资产减值准备"备抵科目余额后的净额填列。

（6）综合运用上述填列方法分析填列。如资产负债表中的"存货"项目，需要根据"原材料"、"委托加工物资"、"周转材料"、"材料采购"、"在途物资"、"发出商品"、"材料成本差异"等总账科目期末余额的分析汇总数，再减去"存货跌价准备"科目余额后的净额填列。

1.9.2　利润表的编制

利润表，又称损益表，是用以反映企业一定期间（如年度、季度、月份）经营成果的会计报表。利润表把一定期间内的营业收入与其同一会计期间相关的营业成本、费用及税费相配比，从而计算出企业一定时期的税后利润。它所依据的会计等式是"收入＝费用－利润"。

1. 利润表的结构

利润表包括表首和正表两部分。其中，表首应列明企业及报表名称、报表所涵盖的期间及所采用的货币名称和计量单位；正表反映形成经营成果的各个项目和计算过程。

利润表结构可分为单步式和多步式两种。

单步式利润表是将企业所有的收入与收益加在一起，再把所有的成本、费用加在一起，然后用收入与收益的合计数减去成本与费用的合计数，得到企业净利润（或亏损）。

在我国，利润表一般采用多步式结构，其净利润的计算过程如下：

(1) $\dfrac{营业}{利润}=\dfrac{营业}{收入}-\dfrac{营业}{成本}-\dfrac{营业税金}{及附加}-\dfrac{销售}{费用}-\dfrac{管理}{费用}-\dfrac{财务}{费用}-\dfrac{资产}{减值损失}+\dfrac{公允价值变动}{收益或减公允价值变动损失}+\dfrac{投资收益}{或减投资损失}$

(2) 利润总额=营业利润+营业外收入–营业外支出

(3) 净利润=利润总额–所得税费用

利润表具体格式见表1—15。

表1—15 **利润表**

编制单位： 年度 单位：元

项目	行次	本年金额	上年金额
一、营业收入			
减：营业成本			
营业税金及附加			
销售费用			
管理费用			
财务费用（收益以"–"号填列）			
资产减值损失			
加：公允价值变动收益（损失以"–"号填列）			
投资收益（损失以"–"号填列）			
其中：对联营企业和合营企业的投资收益			
二、营业利润（亏损以"–"号填列）			
加：营业外收入			
减：营业外支出			
其中：非流动资产处置损失			
三、利润总额（亏损总额以"–"号填列）			
减：所得税费用			
四、净利润（净亏损以"–"号填列）			
五、每股收益			
（一）基本每股收益			
（二）稀释每股收益			
六、其他综合收益			
七、综合收益总额			

2. 利润表的填列方法

利润表上的各项目分为"上年金额"和"本年金额"两栏。在编制年度利润表时，"上年金额"栏填列上年全年实际发生额，"本年金额"栏反映本期实际发生数。"本年金额"栏中的"营业收入"、"营业成本"、"营业税金及附加"、"销售费用"、"管理费用"、"财务费用"、"资产减值损失"、"公允价值变动收益"、"投资收益"、"营业外收入"、"营业外支出"、"所得税费用"等项目，在采用表结法进行利润核算的情况下，应根据年末结转本年利润账户的数额填列；在采用账结法进行利润核算的情况下，应根据各相关科目各月末转入"本年利润"账户的累计发生额填列。"本年金额"栏中的"营业利润"、"利润总额"及"净利润"应根据公式计算填列。

在编制中期财务报告时，"上年金额"改为"本年累计数"。

1.9.3 现金流量表的编制

现金流量表是指反映企业在一定会计期间现金及现金等价物流入和流出的报表，是以现金为基础编制的财务状况变动表。这里的现金是相对广义的现金，不仅包括库存现金，还包括企业随时支用的银行存款、其他货币资金以及现金等价物。

1. 现金流量表的结构

现金流量表由主表和附表（补充资料）构成。根据以上对现金流量表编制基础、现金流量以及现金流量的分类、各种现金流量类别具体组成项目的说明，现金流量表具体结构见表1—16。

表1—16   现金流量表

编制单位：   年度   单位：元

项目	行次	本年金额	上年金额
一、经营活动产生的现金流量：			
销售商品、提供劳务收到的现金			
收到的税费返还			
收到其他与经营活动有关的现金			
经营活动现金流入小计			
购买商品、接受劳务支付的现金			
支付给职工以及为职工支付的现金			
支付的各项税费			
支付其他与经营活动有关的现金			
经营活动现金流出小计			
经营活动产生的现金流量净额			
二、投资活动产生的现金流量：			

项目	行次	本年金额	上年金额
收回投资收到的现金			
取得投资收益收到的现金			
处置固定资产、无形资产和其他长期资产收回的现金净额			
处置子公司及其他经营单位收到的现金净额			
收到其他与投资活动有关的现金			
投资活动现金流入小计			
购建固定资产、无形资产和其他长期资产支付的现金			
投资支付的现金			
取得子公司及其他营业单位支付的现金净额			
支付其他与投资活动有关的现金			
投资活动现金流出小计			
投资活动产生的现金流量净额			
三、筹资活动产生的现金流量：			
吸收投资收到的现金			
取得借款收到的现金			
收到其他与筹资活动有关的现金			
筹资活动现金流入小计			
偿还债务支付的现金			
分配股利、利润或偿付利息支付的现金			
支付其他与筹资活动有关的现金			
筹资活动现金流出小计			
筹资活动产生的现金流量净额			
四、汇率变动对现金及现金等价物的影响			
五、现金及现金等价物净增加额			
加：期初现金及现金等价物余额			
六、期末现金及现金等价物余额			

2. 现金流量表的填列方法

　　企业应当采用直接法列示经营活动现金流量。在具体编制时，可以采用工作底稿法或 T 形账户法，也可以根据有关科目记录分析填列。同时，我国《企业会计准则第 31 号——现金流量表》规定，企业应该采用间接法，在附注中披露将净利润调节为经营活动现金流量的信息。对于其他一些不涉及当期现金收支，但是影响企业财务状况或在未来可能影响企业现金力量的重大投资和筹资活动，也应该在附注中披露。

现金流量表主要项目填列方法为：

（1）经营活动产生的现金流量

①"销售商品、提供劳务收到的现金"项目，反映企业本年销售商品、提供劳务收到的现金，以及前期销售商品、提供劳务本期收到的现金（包括应向购买者收取的增值税销项税额）和本期预收的款项，减去本年销售本期退回商品和前期销售本期退回商品支付的现金。企业销售材料和代购代销业务收到的现金，也在本项目反映。

公式：

$$\begin{matrix} 销售商品、\\ 提供劳务 \\ 收到的现金 \end{matrix} = \begin{matrix} 当期销售商品、\\ 提供劳务 \\ 收到的现金 \end{matrix} + \begin{matrix} 当期收回前期\\ 的应收账款 \\ 和应收票据 \end{matrix} + \begin{matrix} 当期\\ 预收 \\ 的款项 \end{matrix} - \begin{matrix} 当期销售\\ 退回支付 \\ 的现金 \end{matrix} + \begin{matrix} 当期收回\\ 前期核销的 \\ 坏账损失 \end{matrix}$$

②"收到的税费返还"项目，反映企业收到返还的所得税、增值税、营业税、消费税、关税和教育费附加等各种税费返还款。

③"收到其他与经营活动有关的现金"项目，反映企业经营租赁收到的租金等其他与经营活动有关的现金流入，金额较大的应当单独列示。

④"购买商品、接受劳务支付的现金"项目，反映企业本期购买商品、接受劳务实际支付的现金（包括增值税进项税额），以及本期支付前期购买商品、接受劳务的未付款项和本期预付款项，减去本期发生的购货退回收到的现金。企业购买材料和代购代销业务支付的现金，也在本项目反映。

公式：

$$\begin{matrix} 购买商品、接受\\ 劳务支付的现金 \end{matrix} = \begin{matrix} 当期购买商品、\\ 接受劳务支付的现金 \end{matrix} + \begin{matrix} 当期支付前期的应付\\ 账款和应付票据 \end{matrix} + \begin{matrix} 当期预付\\ 的款项 \end{matrix} - \begin{matrix} 当期因购货\\ 退回收到的现金 \end{matrix}$$

⑤"支付给职工以及为职工支付的现金"项目，反映企业实际支付给职工的工资、奖金、各种津贴和补贴等职工薪酬（包括代扣代缴的职工个人所得税）。

⑥"支付的各项税费"项目，反映企业本年发生并支付、以前各年发生本年支付以及预交的各项税费，包括所得税、增值税、营业税、消费税、印花税、房产税、土地增值税、车船税、教育费附加等。

⑦"支付其他与经营活动有关的现金"项目，反映企业经营租赁支付的租金、支付的差旅费、业务招待费、保险费、罚款支出等其他与经营活动有关的现金流出，金额较大的应当单独列示。

（2）投资活动产生的现金流量

①"收回投资收到的现金"项目，反映企业出售、转让或到期收回除现金等价物以外的对其他企业长期股权投资而收到的现金，但处置子公司及其他营业单位收到的现金净额除外。

②"取得投资收益收到的现金"项目，反映企业除现金等价物以外的对其他企业的长期股权投资等分回的现金股利和利息等。

③"处置固定资产、无形资产和其他长期资产收回的现金净额"项目，反映企业出售、报废固定资产、无形资产和其他长期资产所取得的现金（包括因资产毁损而收到的保险赔偿收入），减去为处置这些资产而支付的有关费用后的净额。

④"处置子公司及其他营业单位收到的现金净额"项目，反映企业处置子公司及其他营业单位所取得的现金，减去相关处置费用以及子公司及其他营业单位持有的现金和现金等价物后的净额。

⑤"购建固定资产、无形资产和其他长期资产支付的现金"项目，反映企业购买、建造固定资产、取得无形资产和其他长期资产所支付的现金（含不允许抵扣的增值税款等），以及用现金支付的应由在建工程和无形资产负担的职工薪酬。为购建固定资产而发生的借款利息资本化部分，以及融资租入固定资产支付的租赁费在筹资活动产生的现金流量中反映。

⑥"投资支付的现金"项目，反映企业取得除现金等价物以外的对其他企业的长期股权投资所支付的现金以及支付的佣金、手续费等附加费用，但取得子公司及其他营业单位支付的现金净额除外。

⑦"取得子公司及其他营业单位支付的现金净额"项目，反映企业购买子公司及其他营业单位购买出价中以现金支付的部分，减去子公司及其他营业单位持有的现金和现金等价物后的净额。

⑧"收到其他与投资活动有关的现金"、"支付其他与投资活动有关的现金"项目，反映企业除上述①至⑦项目外收到或支付的其他与投资活动有关的现金，金额较大的应当单独列示。

（3）筹资活动产生的现金流量

①"吸收投资收到的现金"项目，反映企业以发行股票、债券等方式筹集资金实际收到的款项，减去直接支付的佣金、手续费、宣传费、咨询费、印刷费等发行费用后的净额。

②"取得借款收到的现金"项目，反映企业举借各种短期、长期借款而收到的现金。

③"偿还债务支付的现金"项目，反映企业为偿还债务本金而支付的现金。

④"分配股利、利润或偿付利息支付的现金"项目，反映企业实际支付的现金股利、支付给其他投资单位的利润或用现金支付的借款利息、债券利息。

⑤"收到其他与筹资活动有关的现金"、"支付其他与筹资活动有关的现金"项目，反映企业除上述①至④项目外收到或支付的其他与筹资活动有关的现金，金额较大的应当单独列示。

1.9.4　所有者权益变动表的编制

1. 所有者权益变动表的结构

所有者权益变动表是反映企业年末所有者权益增减变动情况的报表。通过该表，可以了解企业某一会计年度所有者权益的各项目——实收资本、资本公积、盈余公积和未分配利润等的增加、减少及余额的情况，分析其变动原因及预测未来的变动趋势。

所有者权益变动表至少应当单独列示下列信息的项目：①净利润；②直接计入所有者权益的利得和损失项目及其总额；③会计政策变更和差错更正的累积影响金额；④所有者投入资本和向所有者分配利润等；⑤提取的盈余公积；⑥实收资本或股本、资本公积、盈余公积、未分配利润的期初和期末余额及其调节情况。

为了清楚地表明构成所有者权益的各个组成部分当期的增减变动情况，所有者权益变动表应当以矩阵的形式列示：一方面，列示导致所有者权益变动的交易或事项，改变了以往仅仅按照所有者权益的各组成部分反映所有者权益变动情况；另一方面，按照所有者权益各组成部分（包括实收资本、资本公积、盈余公积、未分配利润和库存股）及其总额列示交易或事项对所有者权益的影响。此外，企业还需要提供比较所有者权益变动表，所有者权益变动表还就各项目再分为"本年金额"和"上年金额"两栏分别填列。

2. 所有者权益变动表的填列方法

（1）"上年金额"栏的填列方法

所有者权益变动表"上年金额"栏内各项数字，应根据上年度所有者权益变动表"本年金额"栏内所列数字填列。如果上年度所有者权益变动表规定的各个项目的名称和内容同本年度不相一致，应对上年度所有者权益变动表各项目的名称和数字按本年度的规定进行调整，填入所有者权益变动表"上年金额"栏内。

（2）"本年金额"栏的填列方法

所有者权益变动表"本年金额"栏内各项数字，一般应根据"实收资本"、"资本公积"、"盈余公积"、"利润分配"、"库存股"、"以前年度损益调整"科目的发生额分析填列。

1.9.5 会计报表附注的编制

1. 会计报表附注的格式

会计报表附注是对在资产负债表、利润表、现金流量表和所有者权益变动表等报表中列示项目的文字描述或明细资料，以及对未能在这些报表中列示项目的说明，是为了便于财务报表使用者理解财务报表的内容而对财务报表的编制基础、编制依据、编制原则和方法及主要项目等所作的解释。

财务报表附注包括财务报表表内用括号注释的内容和在报表之后所加的注释两种形式。这类财务报表附注内容比较简洁，一般只有寥寥数语，目的是为表内项目进行必要的补充说明。

会计报表附注的编制形式灵活多样，常见的形式有以下五种：

（1）尾注说明：列示在会计报表的最后，这是附注的主要编制形式，一般适用于说明内容较多的项目。尾注相比于前面括号注释的形式，其内容更加详细、具体；同时，相比于表内列报的信息，它也可以提供一些必需却又难以用数字反映的定性信息，补充列示比会计报表正文更加详细的定量信息等。因此，会计报表尾注是会计报表附注的主要形式。

（2）括弧说明：此种形式常用于为会计报表主体提供补充信息，因为它把补充信息直接纳入会计报表主体，所以比起其他形式来，显得更直观，不易被人忽视，缺点是它包含内容过短。

（3）备抵与附加账户：设立备抵与附加账户，在会计报表中单独列示能够为会计报表使用者提供更多有意义的信息，这种形式目前主要是指坏账准备等账户的设置。

（4）脚注说明：指在报表下端进行的说明，例如，说明已贴现的商业承兑汇票和已包括在固定资产原价内的融资租入的固定资产原价等。

（5）补充说明：有些无法列入会计报表主体中的详细数据、分析资料可用单独的补充报表进行说明。

2. 会计报表附注的主要内容

会计报表附注一般应当按照下列顺序披露：

（1）企业的基本情况；

（2）会计报表的编制基础；

（3）遵循企业会计准则的声明；

（4）重要会计政策的说明，包括会计报表项目的计量基础和会计政策的确定依据等；

（5）重要会计估计的说明，包括下一会计期间内很可能导致资产、负债账面价值重大调整的会计估计的确定依据等；

（6）会计政策和会计估计变更以及差错更正的说明；

（7）重要报表项目的说明，对已在资产负债表、利润表、现金流量表和所有者权益变动表中列示的重要项目的进一步说明，包括终止经营税后利润的金额及其构成情况等；

（8）其他需要说明的重要事项、或有和承诺事项、资产负债表日后非调整事项、关联方关系及其交易等需要说明的事项。

第 2 章

基于 Excel 的会计手工模拟实验

● 2.1 期初余额资料

瑞格洁具厂经营时间不长，目前只生产标准浴缸与冲浪浴缸两种产品。瑞格洁具厂为增值税一般纳税人，适用 17% 的增值税税率和 25% 的所得税税率。该厂2011 年 12 月有关总分类账户的期初余额资料见表2—1。

表2—1   **总分类账户期初余额表**

账户名称	借方余额	账户名称	贷方余额
银行存款	16 278 000	短期借款	1 000 000
库存现金	6 325	应付账款	2 900 000
应收账款	3 620 000	应付职工薪酬	498 000
原材料	2 430 000	应付利息	0
库存商品——标准浴缸	800 000	应交税费——应交所得税	79 024.94
库存商品——冲浪浴缸	1 000 000	长期借款	12 000 000
生产成本——标准浴缸	60 000	实收资本	20 000 000
生产成本——冲浪浴缸	150 000	资本公积	3 200 000
固定资产	23 560 000	盈余公积	765 467.6
无形资产	0	利润分配——未分配利润	2 928 401.15
应交税费——应交增值税	16 568.69	累计折旧	4 550 000
合计	47 920 893.69	合计	47 920 893.69

● 2.2 经济业务资料

瑞格洁具厂 2011 年 12 月发生以下经济业务：

（1）12 月 1 日，洁具厂销售标准浴缸，总价款 90 万元（含税价），全部为赊销。

（2）当日，结转这批商品（标准浴缸）的成本 52.5 万元。

（3）12 月 1 日，车间领用原材料 54.7 万元，用于产品生产，其中标准浴缸消耗材料 20 万元，冲浪浴缸消耗材料 34.7 万元。

（4）12 月 5 日，洁具厂购入一台不需要安装的机器设备，共支付款项 200 万元，该发票为普通发票，增值税不可抵扣。

（5）12 月 6 日，洁具厂收到投资者以其专利权作价投资，投资双方确认的价值为 25 万元。

（6）12 月 6 日，洁具厂发放员工的工资 45 万元，转入员工的银行卡中。

（7）12 月 12 日，洁具厂购入原材料价款 100 万元（含税价），增值税税率为 17%，材料已验收入库，但价税款均未付。

（8）12 月 18 日，洁具厂销售冲浪浴缸，总价款 120 万元（含税价），款项已经收到。

（9）结转这批商品（冲浪浴缸）的成本 63.6 万元。

（10）12 月 20 日，洁具厂用银行存款支付广告费 5 万元。

（11）洁具厂本月生产车间发生的能源动力费用 36 万元，都已经用银行存款支付。

（12）洁具厂期末计提设备折旧 50 万元，其中生产用设备计提折旧 39 万元，办公大楼计提折旧 11 万元。

（13）洁具厂期末分配工资费用 47 万元，其中 23 万元为车间生产工人工资（标准浴缸车间生产工人工资为 9 万元，冲浪浴缸车间生产工人工资为 14 万元），4 万元为车间管理人员工资，14 万元为销售人员工资，6 万元为公司管理人员工资。

（14）月底，对本期发生的制造费用按照工时进行分配，分配给标准浴缸 40%，分配给冲浪浴缸 60%。

（15）12 月 31 日，洁具厂为购买办公用品支付 450 元（以现金支付）。

（16）月底，结转完工产品，本月完工标准浴缸 55 万元，完工冲浪浴缸 90 万元。

（17）月底，计提短期借款利息 3 万元（尚未支付）。

（18）月底，经纳税调整后，计算出的应交所得税费用为 51 365.6 元。

（19）将收入类账户结转到“本年利润”。

（20）将费用类账户结转到“本年利润”。

（21）将“本年利润”余额转至“利润分配——未分配利润”。

（22）按照税后利润的 10% 提取法定盈余公积。

（23）年末结转本年净利润。

● 2.3　实验设计

（1）假设该企业采用记账凭证账务处理程序。

（2）月末结账后，应进行试算平衡，检查账户的登记是否正确。

（3）本实验需要的记账凭证、总账账页、明细账账页、资产负债表、利润表、现金流量表均电子化，采用基于 Excel 的仿真凭证、仿真账簿。本教材提供基于 Excel 的空白仿真凭证、空白仿真账簿，实验时根据需要复制所需份数，并连续编号（如图2—1 所示）。

（4）实验时间约为 6 个学时。

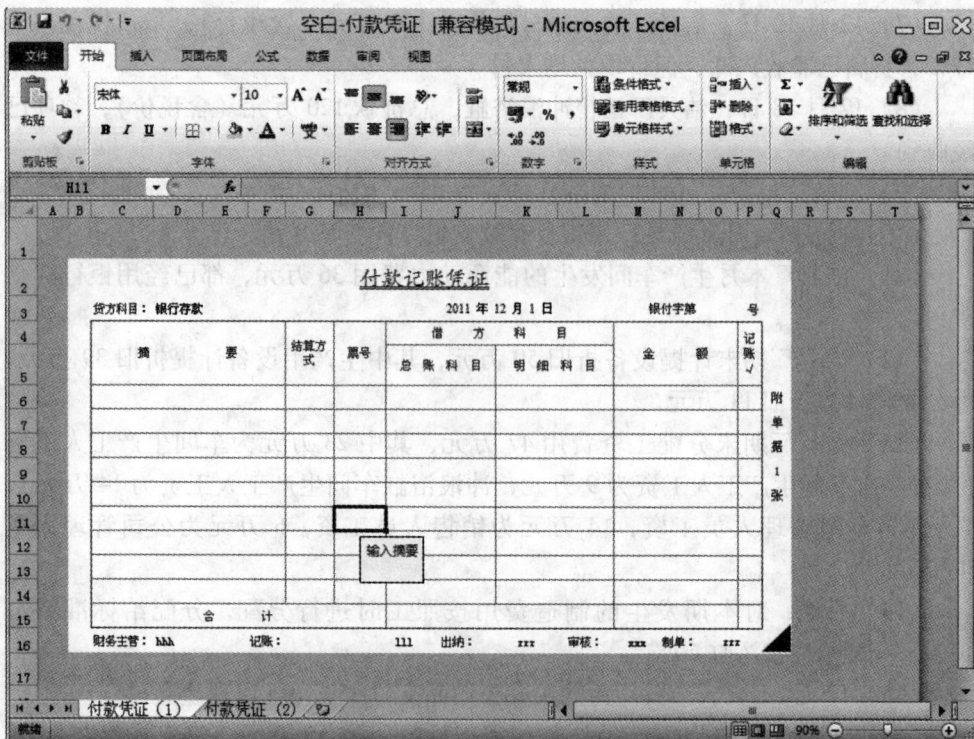

图 2—1　凭证编号示意图

● 2.4　实验要求

（1）根据资料，开设有关总分类账户和明细账账户，并登记月初余额。

（2）根据该企业 12 月份发生的经济业务填制记账凭证。

（3）根据记账凭证登记总分类账及明细分类账，并进行结账。

（4）总账、明细账相核对。

（5）根据总账及明细账编制该企业 12 月份的资产负债表、利润表及现金流量表。

● 2.5　模拟实验操作指南

1. 基于 Excel 仿真收款凭证操作步骤

(1) 借方科目可在下拉菜单“库存现金、银行存款”中选择（如图 2—2 所示）。

收　款　凭　证

借方科目：银行存款（银行存款 / 库存现金）　　2011 年 12 月 18 日　　银收字第　1　号

摘　要	结算方式	票号	贷方科目 总账科目	贷方科目 明细科目	金　额	记账√
销售冲浪浴缸			主营业务收入		1,025,641.03	
销售冲浪浴缸			应交税费	应交增值税	174,358.97	
合　计			壹佰贰拾万元整		1,200,000.00	

附单据　张

财务主管：hhh　记账：111　出纳：zzz　审核：xxx　制单：zzz

图 2—2　收款凭证操作示意图

(2) 摘要可以手动填入，也可以根据企业实际情况需要设置数据有效性后，在下拉菜单中选择。

(3) 记账时间、结算方式、票号、贷方科目也相应地手动录入。

(4) 在金额栏中输入相应的金额，合计栏自动加工汇总生成数据。

(5) 注意收款凭证合计栏含嵌套公式，自动输出金额大写，不能直接输入。

2. 基于 Excel 仿真付款凭证操作步骤

(1) 贷方科目可在下拉菜单“库存现金、银行存款”中选择（如图 2—3 所示）。

(2) 摘要可以手动填入，也可以根据企业实际情况需要设置数据有效性后，在下拉菜单中选择。

(3) 结算方式、票号、借方科目也相应地手动录入。

(4) 在金额栏中输入相应的金额，合计栏自动加工汇总生成数据。

(5) 注意付款凭证合计栏含嵌套公式，自动输出金额大写，不能直接输入。

3. 基于 Excel 仿真转账凭证操作指南

(1) 摘要、结算方式、票号、会计科目按原始凭证数据进行录入。

(2) 在金额项目中输入相应的金额，合计项自动加工汇总生成数据。

(3) 注意转账凭证借贷方金额合计栏含嵌套公式，自动输出合计金额，不能直接输入。

付款记账凭证

图2—3 付款凭证操作示意图

（4）输入数据之后，转账凭证左上角提示借贷是否平衡（如图2—4所示）。

注意： 借贷平衡

转 账 凭 证

图2—4 转账凭证操作示意图

4. 基于Excel仿真账簿操作指南

（1）根据资料，按1.1.2主要会计科目顺序开设有关总分类账户，登记月初余额。各账户在总分类账账簿中顺序参照表2—2。

（2）根据资料建立明细账（为简化核算，本实验明细账均为三栏式明细账），明细账账户名称及顺序见表2—2。

（3）根据记账凭证分别登记明细账及总账，并结出余额（如图2—5所示）。

（4）总账、明细账相核对。

（5）根据相关总账或明细账编制该企业12月份的资产负债表、利润表及现金流量表。

表2—2		会计科目顺序表			
序号	一级科目	二级科目	序号	一级科目	二级科目
1	库存现金		15	实收资本	
2	银行存款		16	资本公积	
3	应收账款		17	盈余公积	
4	原材料		18	本年利润	
5	库存商品	库存商品——标准浴缸	19	利润分配	利润分配——提取法定盈余公积
		库存商品——冲浪浴缸			利润分配——未分配利润
6	固定资产		20	生产成本	生产成本——标准浴缸
7	累计折旧				生产成本——冲浪浴缸
8	无形资产		21	制造费用	
9	短期借款		22	主营业务收入	
10	应付账款		23	主营业务成本	
11	应付职工薪酬		24	销售费用	
12	应交税费	应交税费——应交增值税	25	管理费用	
		应交税费——应交所得税	26	财务费用	
13	应付利息		27	所得税费用	
14	长期借款				

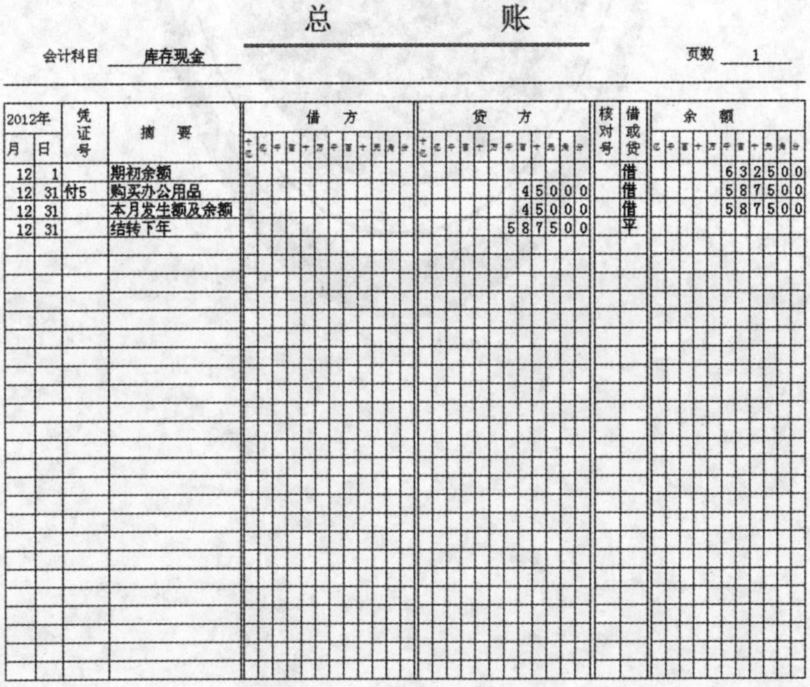

总　账

会计科目　__库存现金__　　　　　　　　页数　__1__

2012年		凭证号	摘要	借方	贷方	核对号	借或贷	余额
月	日							
12	1		期初余额				借	632500
12	31	付5	购买办公用品		45000		借	587500
12	31		本月发生额及余额		45000		借	587500
12	31		结转下年		587500		平	

图2—5　总账操作示意图

第二篇

财务会计实验

第 3 章

会计信息系统概述

● 3.1 会计信息系统的基本概念

21 世纪是信息技术日新月异，管理理念层出不穷的时代，更多地运用信息技术成为必然的趋势。会计信息处理从手工操作发展到电算化是会计操作技术和信息处理方式的重大变革。它对会计理论和会计方法提出一系列新的课题，使传统会计格局逐渐被打破，新的会计思想和理论逐渐建立，从而在推动会计自身发展和变革的同时，也促进了会计信息系统的进一步完善和发展。

3.1.1 信息

1. 数据和信息

数据是反映客观事物的性质、形态、结构和特征的符号，并能对客观事物的属性进行描述。数据可以是具体数字、字符、文字或图形等形式。

信息是数据加工的结果，它可以用文字、数字、图形等形式，对客观事物的性质、形式、结构和特征等方面进行反映，帮助人们了解客观事物的本质。信息必然是数据，但数据未必是信息，信息仅是数据的一个子集，经过加工后有用的数据才成为信息。

尽管数据和信息存在着差别，但在实际工作中由于数据和信息并无严格的界限，因此二者经常被不加区别地使用。在会计处理过程中，经过加工处理后的会计信息，往往又成为后续处理的数据。

2. 会计信息

会计是以货币作为主要计量单位，采用专门的方法，对企业和行政事业单位，乃至整个国家的经济活动进行连续、完整、系统地反映和监督的一种管理活动。会计信息是指按照一定的要求或需要进行加工、计算、分类、汇总而形成的有用的会计数据。如原始凭证经过数据处理后变成总账、明细账等。由于会计信息在经济管理中有着极其重要的作用，因此，准确、及时是对会计信息的基本要求。

3.1.2　系统

1. 系统的概念

所谓系统是由一些相互联系、相互作用的若干要素，为实现某一目标而组成的具有一定功能的有机整体。

2. 系统的特征

一般来讲系统具有以下特征：

（1）独立性：每个系统都是一个相对独立的部分。它与周围环境具有明确的界限，但又受到周围环境的制约和影响。

（2）整体性：系统各部分之间存在着相互依存的关系，既相对独立又有机地联系在一起。

（3）目标性：系统是为了达到某种特定目标而组织建立起来的。尽管系统中各组成部分的分工不同，但目标却是共同的。

（4）层次性：一个系统由若干部分组成，称为子系统。每个子系统又可分为更小的子系统，因此系统是可分的，相互之间有机结合，具有结构上的层次性。

（5）运动性：系统随着时间的推移，不断地改变自身的特性以及与环境的适应能力，同时系统还不断地进行着信息的处理，处于不断运动的状态。

3. 系统的分类

系统根据其自动化的程度可以分为人工系统、自动系统和基于计算机的系统。

（1）人工系统：一个系统其大部分工作都是由人工完成的，该系统被称作人工系统。

（2）自动系统：一个系统其大部分工作是由机器自动完成的，该系统被称作自动系统。

（3）基于计算机的系统：一个系统其大部分工作是由计算机自动完成的，该系统被称作基于计算机的系统。

● 3.2　会计信息系统

3.2.1　信息系统

信息系统是以收集、处理和提供信息为目标的系统，该系统可以收集、输入、处理数据；存储、管理、控制信息；向信息的使用者报告信息，使其达到预定的目标。

3.2.2　信息系统的功能

信息系统的功能可以归纳为以下几个方面：

（1）数据的收集和输入：数据的收集和输入功能是指将待处理的原始数据集

中起来，转换为信息系统所需要的形式，输入到系统中。

（2）信息的存储：数据进入信息系统后，经过加工或整理，得到了对管理者有用的信息。信息系统负责把信息按照一定的方法存储、保管起来。

（3）信息的传输：为了让信息的使用者方便地使用信息，信息系统能够迅速准确地将信息传送到各个使用部门。

（4）信息的加工：信息系统对进入系统的数据进行加工处理，包括查询、计算、排序、归并等。

（5）信息的输出：信息输出的目的是将信息系统处理的结构以各种形式提供给信息的使用者。

3.2.3　会计信息系统

会计信息系统是专门用于企事业单位收集、存储、传输和加工会计数据，产生会计信息，并向投资人、债权人和政府职能部门提供这些信息的经济信息系统。会计的本质是以提高经济效益为目的的一种经济管理活动，特别是企业会计，其主要任务是按照现行的会计制度、法规、方法和程序，把生产经营过程中价值运动所产生的数据加工成有助于管理决策的会计信息。会计作为系统，通过提供信息来反映过去的经济活动、控制目前的经济活动、预测未来的经济活动。

会计信息系统作为管理信息系统的子系统，它能够提供财务会计信息以及在会计业务的日常处理中获得的其他信息。会计信息系统记录了广泛的信息，诸如销售订单、销售企业和金额、现金收款、购货订单、收到的货物、支付工资及工作时间等。例如，员工的工作时间对于生产计划和工资核算都是必需的，销货单和分发配送对销货和会计都是必要的，工资率和税费的扣缴额与人力资源部门和会计部门的工作都是息息相关的。与此同时，会计信息系统的开发和应用也会在一定程度上改变企业手工业务处理流程，促进企业管理的规范化和现代化。

3.2.4　会计信息系统的构成

会计信息系统是随着信息技术革命和会计学科的发展逐步发展和完善的。早期的会计信息系统所包含的子系统非常少，主要包括工资核算、总账、报表等子系统，每个子系统功能相对比较简单，主要是帮助财会人员完成记账、算账、报账等基本核算业务。随着信息技术的革命和会计学科的发展，有越来越多新的信息技术应用于会计信息系统，与此同时，随着会计改革的不断深入，有越来越多的先进会计管理理论和管理方法加入会计信息系统，使得会计信息系统功能不断丰富和完善。到目前为止，会计信息系统已从核算型发展成为管理型，涵盖供、产、销、人、财、物以及决策分析等企业经济活动的各个领域。

由于企业性质、行业特点以及会计核算和管理的需求不同，会计信息系统所包含的内容不尽相同，其子系统的划分也不尽相同。一般认为，会计信息系统由三大系统组成，即财务系统、购销存系统、管理分析系统，每个系统又由若干子系统构成。

1. 财务系统

财务系统主要包括总账子系统、工资子系统、固定资产子系统、应收子系统、应付子系统、成本子系统、报表子系统、资金管理子系统等。

（1）总账子系统

总账子系统是以凭证为原始数据，通过凭证输入和处理，完成记账和结账，银行对账，账簿查询及打印输出，以及系统服务和数据管理等工作。近年来，随着用户对会计信息系统需求的不断提高和软件开发公司对总账子系统的不断完善，目前许多商品化总账子系统还增加了对个人往来款项进行核算和管理、部门核算和管理、项目核算和管理及现金银行管理等功能。

（2）工资子系统

工资子系统是以职工个人的原始工资数据为基础，完成职工工资的计算，工资费用的汇总和分配，计算个人所得税，查询、统计和打印各种工资表，自动编制工资费用分配转账凭证传递给账务处理子系统等功能。工资子系统可以实现对企业人力资源的部分管理。

（3）固定资产子系统

固定资产子系统主要是对设备进行管理，即存储和管理固定资产卡片，灵活地进行增加、删除、修改、查询、打印、统计与汇总；进行固定资产的变动核算，输入固定资产增减变动或项目内容变化的原始凭证后，自动登记固定资产明细账，更新固定资产卡片；完成计提折旧和分配，产生"折旧计提及分配明细表"、"固定资产总和指标统计表"等；费用分配转账凭证可自动转入账务处理子系统，可灵活地查询、统计和打印各种账、表。

（4）应收子系统

应收子系统完成对各种应收账款的登记、核销工作；动态反映各客户信息及应收账款信息；进行账龄分析和坏账估计；提供详细的客户和产品的统计分析，帮助财会人员有效地管理应收款。

（5）应付子系统

应付子系统可以完成对各种应付账款的登记、核销以及应付账款的分析预测工作；及时分析各种流动负债的数额及偿还流动负债所需的资金；提供详细的客户和产品的统计分析，帮助财会人员有效地管理应付款。

（6）成本子系统

成本子系统是根据成本核算的要求，通过用户对成本核算对象的定义，对成本核算方法的选择，以及对各种费用分配方法的选择，自动对从其他系统传递的数据或用户手工录入的数据汇总计算，输出用户需要的成本核算结果或其他统计资料。

随着企业成本管理意识的增强，目前，很多商品化成本子系统还增加了成本分析和成本预测功能，以满足会计核算的事前预测、事中控制和事后分析的需要。成本分析功能可以对分批核算的产品进行追踪分析，计算部门的内部利润，与历史数据对比分析，分析计划成本与实际成本的差异。成本预测功能运用移动平均、年度平均增长率，对部门总成本和任意产量的产品成本进行预测，满足企业经营决策的需要。

（7）报表子系统

报表子系统主要根据会计核算数据（如账务处理子系统产生的总账及明细账等数据）完成各种会计报表的编制与汇总工作；生成各种内部报表、外部报表及汇总报表；根据报表数据生成各种分析表和分析图等。

随着网络技术的发展，报表子系统能够利用现代网络通信技术，为行业型、集团型用户进行远程报表的汇总、数据传输、检索查询和分析处理等活动，既可用于主管单位又可用于基层单位，支持多级单位的逐级上报、汇总和应用。

（8）资金管理子系统

随着市场经济的不断发展，资金管理越来越受到企业采购管理者的重视，为了满足资金管理的需求，目前有些商品化软件提供了资金管理子系统。资金管理子系统可以实现工业企业或商业企业、事业单位等对资金管理的需求。以银行提供的单据、企业内部单据、凭证等为依据，记录资金业务以及其他涉及资金管理方面的业务；处理对内、对外的收款、付款、转账等业务；提供逐笔计息管理功能，实现对每笔资金的管理；提供积数计息管理功能，实现往来存贷资金的管理；提供各单据的动态查询情况以及各类统计分析报表。

2. 购销存系统

对工业企业而言，购销存系统包括采购子系统、存货子系统、销售子系统。对商业企业而言，则有符合商业特点的商业进销存系统。

（1）采购子系统

采购子系统是根据企业采购业务管理和采购成本核算的实际需要，制订采购计划，对采购订单、采购到货以及入库情况进行全程管理，为采购部门和财务部门提供准确及时的信息，辅助管理决策。一些商品化会计软件将采购子系统和应付子系统合并为一个子系统——采购与应付子系统，以更好地实现采购与应付业务的无缝对接。

（2）存货子系统

存货子系统主要针对企业存货的收发存业务进行核算，掌握存货的耗用情况，及时准确地把各类存货成本归集到各成本项目和成本对象上，为企业的成本核算提供基础数据；动态反映存货资金的增减变动，提供存货资金周转和占用的分析，为降低库存，减少资金积压，加速资金周转提供决策依据。

（3）销售子系统

销售子系统是以销售业务为主线，兼顾辅助业务管理，实现销售业务管理与核算的一体化。销售子系统一般和存货中的产成品核算相联系，实现对销售收入、销售成本、销售费用、营业税金、销售利润的核算；生成产成品收发结存汇总表等表格；生成产品销售明细账等账簿；自动编制记账凭证以便总账子系统使用。一些商品化会计软件将销售子系统和应收子系统合并为一个子系统——销售与应收子系统，以更好地实现销售与应收的无缝对接。

（4）商业进销存系统

商业进销存系统是以商品销售业务为主线，将商品采购业务、存货核算业务、销售业务有机地结合在一起，实现进销存核算和管理一体化的子系统。

3. 管理分析系统

随着会计管理理论的不断发展和会计管理理论在企业会计实务中的不断应用，人们越来越意识到会计管理的重要性，从而对会计信息系统提出了更高的要求，它不仅应该满足会计核算的需要，还应该满足会计管理的需要，即在经济活动的全过程进行事前预测、事中控制、事后分析，为企业管理和决策提供支持。目前管理分析系统一般包括财务分析、流动资金管理、投资决策、筹资决策、利润分析和销售预测、财务计划、领导查询、决策支持等子系统。

（1）财务分析子系统

财务分析子系统的功能是从会计数据库中提取数据，运用各种专门的分析方法对财务数据做进一步的加工，生成各种分析、评价企业财务状况和经营成果的信息；编制预算和计划，并考核预算计划的执行情况。

（2）领导查询子系统

领导查询子系统是企业管理人员科学、实用、有效地进行企业管理和决策的一个重要帮手。它可以从各子系统中提取数据，并将数据进一步加工、整理、分析和研究，按照领导的要求提取有用信息（如资金快报、现金流量表、费用分析表、计划执行情况报告、信息统计表、部门收支分析表等），并以最直观的表格和图形显示。在网络计算机会计信息系统中，领导可以在自己办公室的计算机中及时、全面地了解企业的财务状况和经营成果。

（3）决策支持子系统

决策支持子系统是利用现代计算机、通信技术和决策分析方法，通过建立数据库和决策模型，利用模型向企业的决策者提供及时、可靠的财务、业务等信息，帮助决策者对未来经营方向和目标进行量化分析和论证，从而对企业生产经营活动做出科学的决策。

在实际应用中，由于不同单位所处的行业不同，其对会计核算和管理的需求不同，因此，其会计信息系统的总体结构和应用方案也不尽相同。在建立会计信息系统时应该根据行业的特点和企业的规模，具体考虑其会计信息系统结构和应用方案。

● 3.3　会计信息系统的发展

随着社会文明的不断进步，科学技术的迅猛发展，会计信息系统也经历了一个由简单到复杂、由落后到先进、由手工到机械、由机械到计算机的发展历程，从会计数据处理工具与处理模式来看，会计信息系统的发展可分为手工会计信息系统、电算化会计信息系统、ERP 会计信息系统三个阶段。

3.3.1　手工会计信息系统阶段

手工会计信息系统阶段是指财会人员以纸、笔、算盘等为工具，实现对会计数据的记录、计算、分类、汇总，并编制会计报表，并且均以纸张作为会计数据的载体，向相关部门和人员提供会计信息的阶段。这一阶段历史漫长，时至今日，仍有很多企业的会计还停留在手工处理阶段。

3.3.2　电算化会计信息系统阶段

20 世纪中叶，电子计算机的问世，给人类社会带来了一场划时代的工业技术革命。随着计算机硬件性能的迅速提高和软件开发技术的不断突破，计算机逐步具备了强大的数据处理能力，受到人们的普遍青睐。20 世纪 60 年代中后期，计算机硬件、软件的性能进一步得到改进，价格不断下降，特别是微型计算机的出现、数据库技术与网络技术的迅猛发展，使计算机在会计领域的应用开始普及。会计数据处理的主要工作几乎全部由计算机系统自动完成，如数据检验、分类、记账、算账、编制会计报表等，不仅效率高而且质量好。随着时代的飞速发展，以计算机为代表的电子信息技术领域的新思想、新观念、新成果不断涌现，人们将这些新成果马上应用于会计信息系统，从而推动了电算化会计信息系统的发展，推动了会计人员观念的更新，其过程就是会计电算化。

但是会计电算化是计算机会计信息系统的初级阶段，电算化会计信息系统的目标主要是用计算机代替手工，实现会计核算工作的自动化或半自动化，以提高会计工作效率。其特点是：

（1）会计软件以模拟手工核算为主，并且各项业务的数据处理大都是独立进行的，没有形成整体性的会计信息系统。

（2）会计软件主要实现了工资计算、财务处理、订单处理、固定资产核算和报表打印等单项处理。

3.3.3　ERP 会计信息系统阶段

本阶段也被称为面向会计管理阶段。此时，计算机技术有了突飞猛进的发展，特别是数据库技术、局域网技术在会计信息系统中得到了广泛的应用。会计信息系统的主要目标是综合处理发生在企业各业务环节中的各种会计数据，并为企业管理部门提供管理或决策的信息。其主要特点如下：

（1）会计信息系统突破了传统的数据处理范围，开始形成了整体性的会计信息系统，各子系统有机地结合在一起，实现了相互间的信息快速传递和共享的目标。

（2）会计信息系统的结构突破了手工会计信息系统阶段的一些模式。在实现信息共享的基础上追求会计数据的综合分析、深入加工，以便向管理者和决策者提供手工会计信息系统阶段下难以提供的高层次的辅助信息，从而使会计信息系统的功能和应用价值大大增强。

（3）会计信息系统功能愈加完备。它包括了总账、应收应付、成本核算、库存管理、销售管理、财务管理等诸多子系统。

（4）提供集中式管理服务。集团企业为了整合财务资源、提高竞争力，往往采用集中式财务管理模式，然而，在互联网和电子商务出现之前，集团企业的集中式管理是很难实现的，网络消除了企业之间的物理距离及时差概念，使企业能高效、快速地收集数据。企业集团可以利用会计信息系统对所有分支机构实现集中记账，远程报账，远程审计，集中资金调配等远程处理。

（5）使会计核算从静态走向动态。传统经营方式下的会计核算，我们可以称之为"静态会计核算"。所谓静态会计核算，是指在经济活动发生之后，会计人员根据一定的会计核算组织程序，将经济信息转化为会计信息，并定期编制报表。会计部门与业务部门是以静态的方式来进行信息交流的，信息从业务部门传递到会计部门总得经历一段时间，这样会计报表所反映的只能是企业上一个会计期间的财务状况。会计管理层根据这样的会计信息所作的决策的有效性值得怀疑。

该阶段的会计信息系统是基于电子商务的会计信息系统，并且是电子商务的重要组成部分，因此企业不仅仅可以在网上做生意，还可以进行网上销售、订购、采购、付款、会计处理，以及交易资料的记录、传递、认证、汇总与管理作业，实现了企业与上下游厂商的信息交流和产销整合，从而改变了企业原有的经营形式。与此同时，电子商务涵盖了物流、资金流及信息流，它为各种交易和事项的确认、计量和披露等会计活动提供了技术基础，为会计核算从静态走向动态创造了条件。财务部门的预算控制、资金准备、网上支付、网上结算等工作与业务部门的工作协同进行，即经济业务发生的同时，会计信息得到更新。会计信息系统能够便捷地产生各种反映企业经营和资金状况的动态财务报表、财务报告，年报、季报、月报和日报可以即时生成，并即时传递到网络中的每一个投资者、债权人以及政府主管人员的站点上。互联网或电子商务下的会计核算将从事后的静态核算发展到事中的动态核算和管理，极大地丰富了会计信息的价值。

（6）支持业务协同的工作方式。财务与企业业务的协同一直是企业管理工作中的一个重要问题。在互联网或电子商务出现之前，由于财务人员无权或无条件管理企业业务问题，而财务人员又要承担确保企业业务数据在财务上正确反映的责任，结果造成了责权不明，业务与财务管理脱节的状况。会计信息系统作为电子商务的重要组成部分，从根本上促进了财务和业务的协同。这种协同包括以下几种：

①企业内部的协同，即对于企业内部信息可以通过企业网络传递实现内部的协同。

②企业与供应链的协同，即通过商际网络和国际互联网实现供应商、客户和企业之间的协同。网上订货、网上采购、网上销售的物流信息和资金流信息瞬间传递

到财务系统；网上服务、网上咨询使供应链的协同更加默契。

③企业与社会各部门的协同，即通过国际互联网实现企业、银行、证券公司、海关等的协同。

④支持远程处理，在网络时代，企业间的物理距离都将变成鼠标距离，千山万水也在举手之间。因此，该阶段的会计信息系统支持远程处理，能够顺利地实现远程报表（包括企业内部报表和外部报表）、远程报账（既可包括汇总信息又可包括明细信息）、远程查账（既可查询会计账簿又可查询仓库、销售点库存等辅助账簿）和远程审计。

⑤支持网上理财服务是会计信息系统应具备的一个重要功能。用户（包括个人用户）要进行财务处理不一定要购买软件而是直接从网上获得授权和账号即可。

基于互联网的会计信息系统的新功能远不止这些，它应该随着网络技术和电子商务的发展不断发展和完善。可以相信，随着会计信息系统功能的不断完善和越来越多的企业应用的不断深入，基于互联网的会计信息系统将会引发企业管理思想、经营理念和会计管理工作的巨大变化。

随着我国市场体系的不断完善，以及政府对国有大中型企业改革的不断深入，绝大多数企业已清楚地意识到自己已被置身于市场竞争的环境当中，怎样实现良好的经济效益已成为企业在激烈的竞争环境中生存与发展的目标。为此，一方面，企业必须在不断改善现有的管理模式的基础上积极探索新的管理模式，以期适应市场需求的变化、强化成本管理和效益意识。另一方面，完善的信息是企业决策的基础，只有建立面向企业全面管理的一体化管理信息系统才能及时、准确地收集企业的运营信息，对管理绩效进行反馈监控，以便及时调整管理策略，使信息实现使用价值并起到支持决策的作用。为了适应企业规模化发展的需要以及对市场需求的响应速度，愈来愈多的有识之士相继提出了开发"管理型"会计电算化系统的想法与思路，20 世纪 90 年代中期，中国会计学会中青年会计电算化分会召开研讨会，正式提出了开发以财务管理为核心的全面企业管理信息系统这一战略转变，全面吹响了进军企业管理信息系统的号角。用友、金蝶等几家大型会计软件公司都在开发研制大型企业管理信息系统，并于 20 世纪 90 年代末在企业中进行推广。

第 4 章

金蝶 K/3 V11.0 系统概述

金蝶 K/3 系列软件系统是金蝶国际软件集团有限公司开发的一套 ERP 产品，是目前 ERP 市场上的主流产品之一。金蝶 K/3 产品家族包括：金蝶 K/3 成长版、金蝶 K/3 标准版、金蝶 K/3 精益版。本篇余下各章讲述的是金蝶 K/3V11.0 系统，它是目前所有版本的金蝶 K/3 系列软件系统中较成熟、使用较广泛的版本，其功能强大，涵盖了企业管理的各个方面，能够提高企业运行效率，实现其高效运作。

● 4.1 软件概述

金蝶 K/3 ERP 系统集财务管理、供应链管理、生产制造管理、人力资源管理、客户关系管理、企业绩效、移动商务、集成引擎及行业插件等业务管理组件于一体，以成本管理为目标，计划与流程控制为主线，通过对目标责任的明确落实、有效地执行过程管理和激励，帮助企业建立人、财、物、产、供、销等领域的科学完整的管理体系。

金蝶 K/3 ERP 构建于金蝶 K/3 BOS 平台之上，具有极强的灵活性，通过 K/3 BOS平台进行业务配置可以实现模块、功能、单据、流程、报表、语言、应用场景和集成应用等环节的灵活配置，帮助企业实现个性化管理需求的快速部署，同时还可以通过 K/3 BOS 平台进行集成开发，快速实现新增功能的定制开发和第三方系统的紧密集成，支持系统的灵活扩展与平滑升级，从而在最大程度上保护企业信息化投资，降低总体成本。

金蝶 K/3 ERP 系统包括财务管理、供应链管理、生产制造管理、销售与分销管理、人力资源管理、办公自动化、客户关系管理、企业绩效关系等系统。金蝶 K/3 系统各分系统框架如图 4—1 所示。

其中金蝶 K/3 财务管理系统面向企业财务核算及管理人员，对企业的财务进行全面管理，在完全满足财务基础核算的基础上，实现集团层面的财务集中、全面预算、资金管理、财务报告的全面统一，帮助企业财务管理从会计核算型向经营决策型转变，最终实现企业价值最大化。财务管理系统各模块可以独立使用，同时可以与业务系统无缝集成，构成财务与业务集成化的企业应用解决方案。

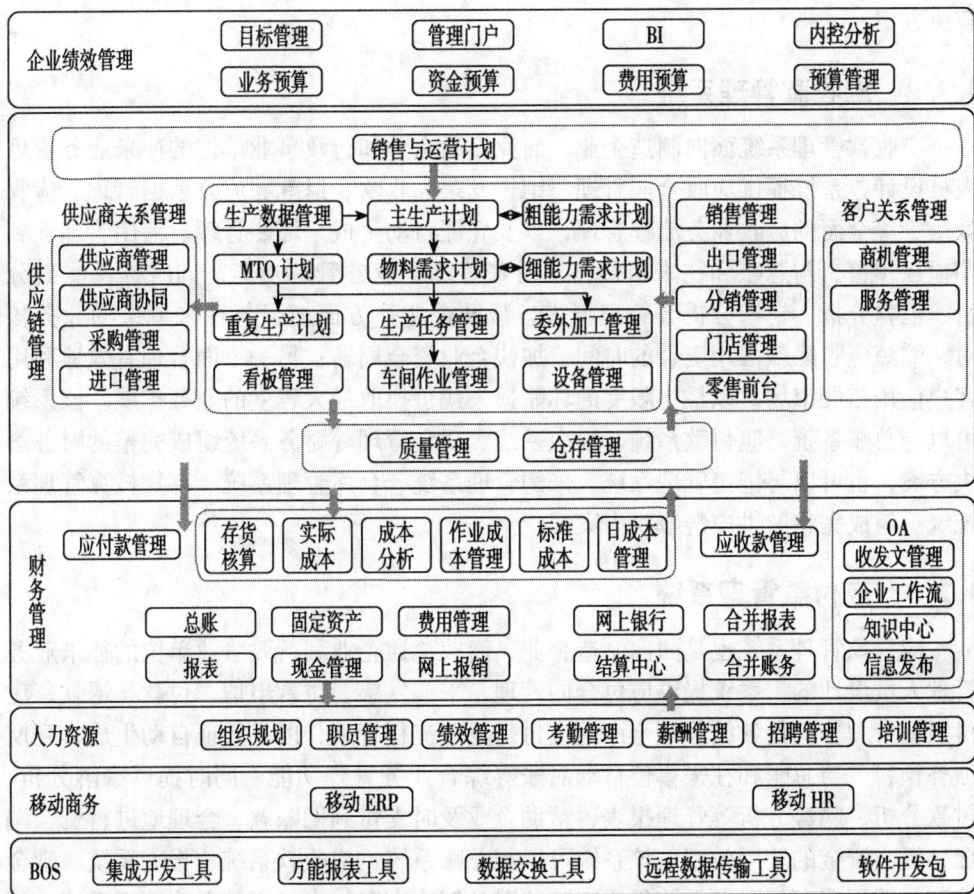

图4—1　金蝶 K/3 系统分系统结构

● 4.2　金蝶 K/3 V11.0 财务系统简介

金蝶 K/3 财务系统包括总账系统、应收款管理系统、应付款管理系统、固定资产管理系统、工资管理、现金管理、财务报表系统和财务分析子系统。

4.2.1　总账系统

总账系统面向各类企事业单位的财务人员设计，是财务管理信息系统的核心。系统以凭证处理为主线，提供凭证处理、预提摊销处理、自动转账、调汇、结转损益等会计核算功能，以及科目预算、科目计息、往来核算、现金流量表等财务管理功能，并通过独特的核算项目功能，实现企业各项业务的精细化核算。在此基础上，系统还提供了丰富的账簿和财务报表，帮助企业管理者及时掌握企业财务和业务运营情况。该系统既可以独立运行，又可以与报表、工资管理、现金管理、固定资产管理、应收款管理、应付款管理等模块共同使用，提供完善、全面的财务管理解决方案。

4.2.2　应收款管理系统

应收款管理系统面向制造企业、商业流通企业和行政事业单位的往来业务管理人员设计，系统提供应收合同管理、销售发票、收款、退款、应收票据管理、应收款结算等全面的应收业务流程管理，以及凭证自动生成、坏账管理、信用管理、到期债权预警、与总账和往来单位自动对账等综合业务管理功能，同时提供账龄分析、汇款分析、销售分析等管理报表，帮助企业一方面加强与往来单位的业务核对，缩短应收账款占用资金的时间，加快企业资金周转；另一方面合理有效地利用客户信用拓展市场，以最小限度的坏账损失代价换取最大程度的业务扩展。该系统可以与总账系统、应付款系统、报表系统、现金管理等财务系统组成完整的财务解决方案，也可以与销售管理系统、采购管理系统、仓库管理系统、存货核算管理系统统一组成完整的供应链解决方案。

4.2.3　应付款管理系统

应付款管理系统也是面向制造企业、商业流通企业和行政事业单位的往来业务管理人员设计的，系统提供应付合同管理、采购发票、付款申请、付款、退款、应付票据管理、应付款结算等全面的应付款业务流程管理，以及凭证自动生成、到期债务预警、与总账和往来单位自动对账等综合业务管理功能，同时提供账龄分析、付款分析、趋势分析等管理报表，帮助企业及时支付到期账款，合理地进行资金调配，提高资金的使用效率。该系统可以与总账系统、应收款系统、报表系统、现金管理、费用管理等财务系统组成完整的财务解决方案，也可以与采购管理系统、销售管理系统、仓库管理系统、存货核算管理系统一起组成完整的供应链解决方案。

4.2.4　固定资产管理系统

固定资产管理系统面向企事业单位资产管理人员设计，以资产卡片为核心，建立完整的资产台账，完成对资产的增减变动、折旧计提和分配的核算工作。本系统能够帮助管理者通过该模块提供的各种方法来管理资产，进行相应的会计核算处理，全面掌握资产的数量与价值，追踪资产的使用状况，加强企事业单位资产管理，提高资产利用效率。该系统既可独立运行，又可与总账、设备管理系统结合使用，提供完整、全面的资产管理方案。

4.2.5　工资管理系统

工资管理系统可根据输入的原始数据自动计算工资，编制报表，并可根据志愿类别进行工资费用分配，生成费用分配表并传递到总账系统，可减轻会计人员的工作量，提高他们的工作效率。

4.2.6　现金管理系统

现金管理系统面向企业财务部门的出纳和资金管理人员设计，对企业资金业务进行全面管理，包括现金管理、银行存款管理、票据管理、往来结算管理、现金流预测，并及时出具相应资金分析报表。会计人员在该系统根据出纳录入的收支信息，自动生成凭证并传递到总账系统。该系统能够帮助企业及时监控资金周转及余缺情况，随时把握公司的财务脉搏，合理调剂，加快资金周转速度。该系统既可独立运行，又可以与总账、应收应付、网上银行、资金预算、结算中心系统集成使用，为企业提供完整、全面的资金管理解决方案。

4.2.7　财务报表系统

报表系统帮助企业财务报表编制人员快速便捷地出具各种管理报表，提供报表编制、查询、审核、打印、联查和分析等业务管理功能以及灵活、丰富的取数公式和强大的账表联查功能。

4.2.8　财务分析系统

财务分析系统可以进行报表分析、指标分析、因素分析和预算管理，用户可以根据系统提供的各种分析工具，对自己的财务状况进行比较全面的分析，了解公司的财务状况和经营收益情况。

● 4.3　系统安装

金蝶 K/3 ERP 系统是完全基于 Microsoft 公司的 Windows DNA（Windows Distributed InterNet Application）技术结构的分布式应用系统。K/3 ERP 系统是以 MS COM+作为中间应用服务器的，同时支持微软大型企业级数据库 SQL Server，本书以 SQL Server 2000 为例。

4.3.1　硬件要求

最低配置：奔腾 4 1.7G CPU、512M 内存、2G 剩余硬盘空间。

建议配置：奔腾 4 Xeon 主流 CPU、1G 以上内存、具有 2G 以上剩余硬盘空间的部门级以上专用服务器。

4.3.2　软件环境

（1）数据服务器端：Windows 2000 Server/Advanced Server，Windows Server 2003 Standard/Enterprise。

（2）中间层服务器端：Windows 2000 Server/Advanced Server，Windows Server 2003 Standard/Enterprise。

（3）客户端：Windows 98/XP/2000/2003。

（4）人力资源服务器部件和 WEB 服务部件：Windows 2000 Server/Advanced Server，Windows Server 2003 Standard/Enterprise。

4.3.3 安装金蝶 K/3

1. 安装 SQL Server 2000

金蝶 K/3 的后台数据库是 SQL Server 2000，在安装金蝶 K/3 之前需要先安装 SQL Server 2000 数据库，具体安装步骤如下：

（1）放入 SQL Server 2000 光盘，启动 SQL Server 2000 安装界面（1），如图 4—2 所示。

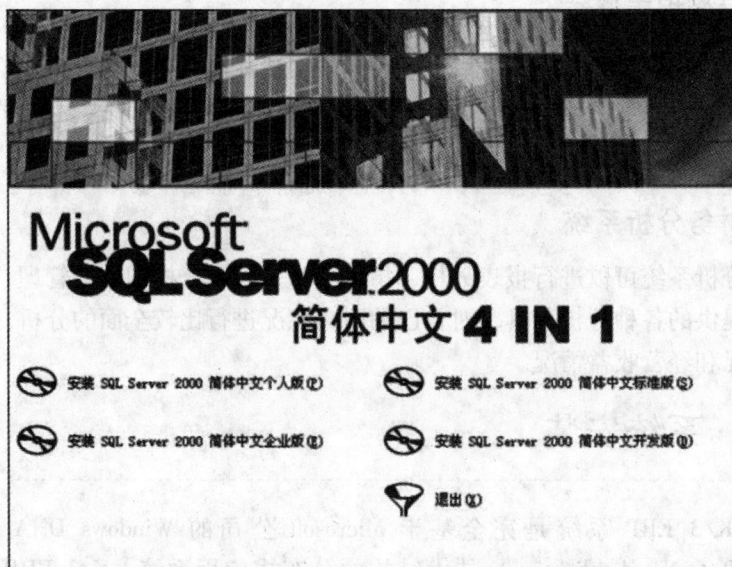

图 4—2　SQL Server 2000 安装界面（1）

（2）单击"安装 SQL Server 2000 简体中文个人版"进入 SQL Server 2000 安装界面（2），如图 4—3 所示，选择"安装 SQL Server 2000 组件"。

（3）选择"安装数据库服务器"进入安装向导，根据安装向导提示分别选择"下一步"、"本地计算机"、"创建新的 SQL Server 实例"、"服务器和客户端工具"、"使用本地系统账户"、"混合模式"等选项，最后进入安装界面完成安装，如图 4—4 所示。

（4）安装完成后，启动 SQL Server 2000 单击"开始/继续"即可运行数据库，如图 4—5 所示。

2. 安装金蝶 K/3 系统程序

（1）环境监测：打开安装程序，单击弹出界面中"环境监测"按钮，如图 4—6 所示，依照提示为系统补充相关组件，以免 K/3 系统运行时出现障碍。

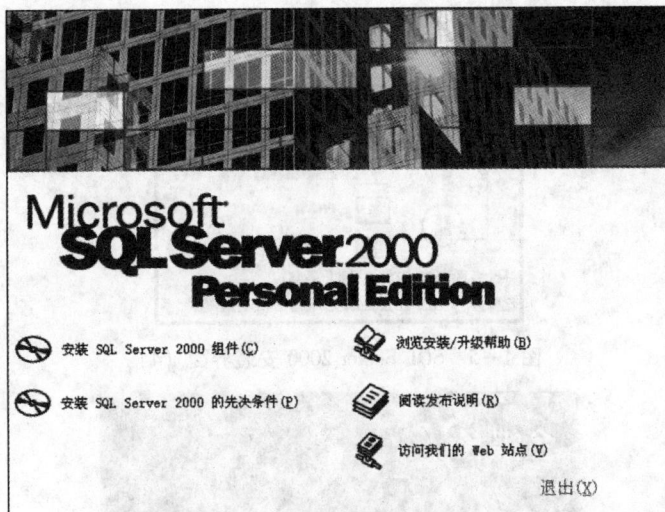

图 4—3 SQL Server 2000 安装界面（2）

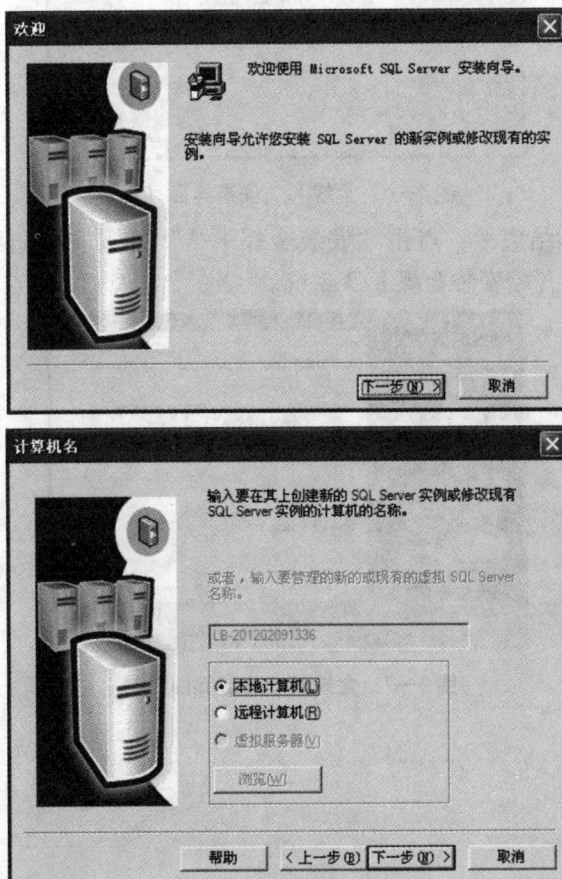

图 4—4 SQL Server 2000 安装界面（3）

图4—5   SQL Server 2000 安装界面 (4)

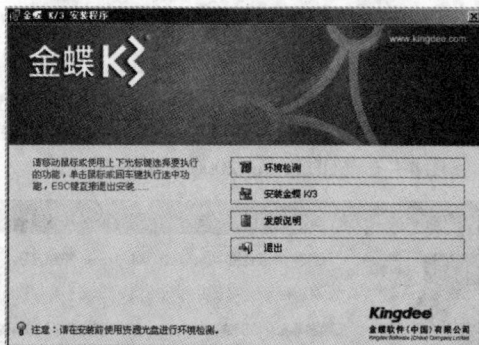

图4—6   金蝶 K/3 安装界面 (1)

（2）环境监测结束后，点击"安装金蝶 K/3"进入安装向导，如图4—7 所示，依据向导提示开始安装金蝶 K/3 系统。

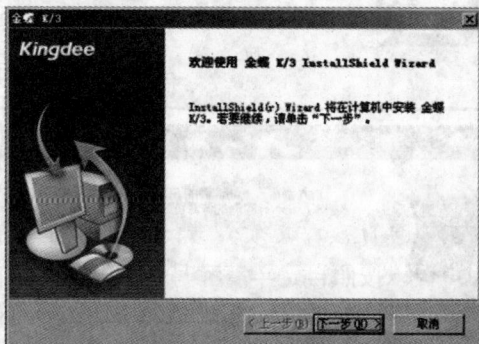

图4—7   金蝶 K/3 安装界面 (2)

第 5 章

系统管理

● 5.1　系统使用准备

为了确保用户日常会计工作在金蝶 K/3 中快速、准确、高效地运行，首先需要对软件系统的功能及工作流程有一个全面的了解。在对系统能做什么和怎样做有了初步认识之后，就可以开始着手构建符合自己需要的电算化会计系统了。

"账套"是金蝶 K/3 系统存放某个会计主体所有会计业务数据文件的总成，包括会计科目、记账凭证、账簿、会计报表以及相关业务资料等内容。一个账套只能保存一个会计主体的业务资料，即所谓的一套账务数据资料。账套中所需的基础资料包括：账套名称、会计期间、记账本位币、会计科目结构、科目余额和固定资产资料等，下面分别叙述。

1. 账套名称

账套名称一般为使用该账套的企业或单位名称，也可以根据自己的需要命名。账套名称将在报表、账簿和其他有关资料打印输出时使用，所以必须选择清楚、便于识别的名称，以方便资料的查询。例如：金蝶公司的账套可取名为"金蝶软件有限公司"，金蝶公司工会的账套取名为"金蝶公司工会"。

2. 会计期间

按照会计准则的要求，会计核算必须分会计期间进行。金蝶 K/3 能满足用户任何会计分期要求，用户可以按照自然年度和月份划分会计期间，也可以将自然年度划分为 12 个月以上或以下的会计期间，还可以根据用户的需要自由定义会计期间。

因此在建账前，用户需要了解本企业的财务核算采用的是哪一种会计分期，以及用户准备从哪一个会计期间开始启用金蝶软件来处理账务数据。

在此须注意：在进行初始化时，"会计年度起始日期"与"账套启用期间"是两个完全不同的概念，不可混淆，否则可能会使用户建立起来的账套无法使用而必须重新初始化。

3. 记账本位币

金蝶 K/3 提供了强大的多种外币核算功能，根据财务核算的要求，所有外币都应全部折算为记账本位币进行核算。因此在账套中必须指定一种货币作为记账本位币，其他币别都必须以此本位币为基础进行折算。金蝶 K/3 中对外币折算提供了直接汇率和间接汇率两种折算方法，并且记账汇率可与凭证期间保持一致，能满足用户对于外币核算的不同要求。

4. 会计科目结构

在进行初始化数据前，用户必须根据本单位特点，结合金蝶软件的要求对单位现行的会计科目体系结构进行分类整理，建立起结构清晰、处理快捷、方便实用的会计科目体系，并合理地使用核算项目。

在设置科目编码结构时，应充分考虑到科目结构将来的容纳能力，在设置科目级数和每一级科目代码长度时，都要留出余地。因为这些编码结构在初始化中一经设定后，以后再改变将会有很大的风险。但随着用户业务数据的增长或所在行业会计制度的变化，有可能确实需要对原有的科目编码结构进行调整。

5. 科目余额资料

准备好会计科目表之后，就可以着手准备会计科目的初始余额了。期初科目余额数据包括：各明细科目及外币科目各个币种的期初余额、期初累计借方发生额、期初累计贷方发生额；进行数量金额核算科目的初始数量；设置为往来业务核算科目的初始往来业务资料；表外科目的初始数值。金蝶 K/3 中录入的会计科目初始余额，是用户启用金蝶软件开始处理会计业务那一期的期初余额。

6. 固定资产初始资料

固定资产初始资料的录入是按固定资产卡片方式录入的，具体内容包括：基本入账信息、折旧信息和本年变动信息三部分。

● 5.2　建立账套

实验目的：掌握建账的基本程序及注意事项。

实验要求：按照下述给出的资料在 K/3 中间层建立一个账套并对其进行系统设置，启用账套。实验资料及操作步骤如下：

1. 启动 SQL

依次单击：开始＼所有程序＼Microsoft SQL Server＼服务管理器＼刷新服务。当界面显示为如图 5—1 所示时即可继续建立账套。

2. 新建公司机构及账套

（1）在开始中找到金蝶程序中"中间层服务部件"，单击"账套管理"选项，打开如图 5—2 所示的对话框，输入用户名及密码，单击"确定"登录。金蝶 K/3 的账套管理登录默认用户名为"Admin"，首次登录密码为空，进入系统后可更改。

（2）进入账套管理后，右键单击"组织机构"，单击"添加机构"，填入机构信息：

①机构代码：01。

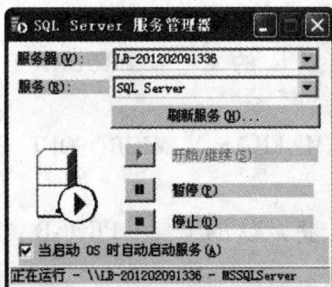

图 5—1　启动 SQL 服务器

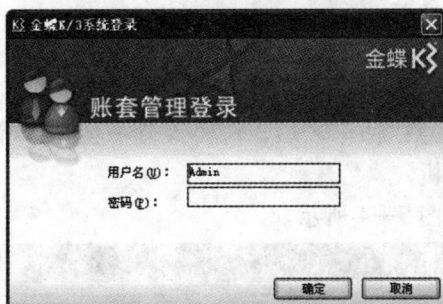

图 5—2　新建账套（1）

②机构名称：机构名称由实验者自行设置。例如，本书将机构名称设置为"大连理工大学校办企业"。

③访问口令：可自行设置访问口令，但应注意的是访问口令必须牢记（例如 123）。添加机构的设置如图 5—3 所示。

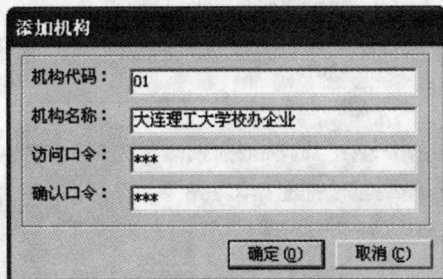

图 5—3　新建账套（2）

（3）新建账套。

单击选中"大连理工大学校办企业"，再点击"新建"按钮，在"大连理工大学校办企业"上新建账套。

账套号：01.01。

账套名称：学号姓名。例如：20120801 刘洋，本书后面的说明书均以"20120801 刘洋"为例。

账套类型：选择"标准供应链解决方案"选项。

数据实体：系统会自动给出，不需客户命名。

数据库文件路径：将默认的 C：\ PROGRAM FILES \ MICROSOFT SQL SERVER \ MSSQL \ Backup \ 。

改为：C：\ PROGRAM FILES \ MICROSOFT SQL SERVER \ MSSQL \ DATA \ 。

数据库日志文件路径：将默认的 C：\ PROGRAM FILES \ MICROSOFT SQL SERVER \ MSSQL \ Backup \ 。

改为：C：\ PROGRAM FILES \ MICROSOFT SQL SERVER \ MSSQL \ DATA \ 。

以 SQL server 身份登录。

系统用户名：sa

系统口令：空

确定（实验者请注意：回车之后，需要等待一会儿，等待期间不要点击其他窗口，否则容易造成死机）。

新建账套的设置如图 5—4 所示。

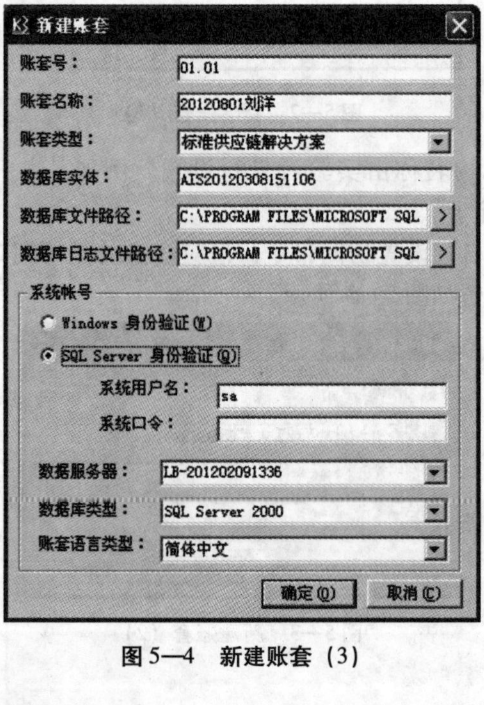

图 5—4   新建账套（3）

● 5.3   设置账套参数

（1）操作路径：账套/属性的设置，如图 5—5 所示。

（2）系统名称设置：机构名称（即公司名称）、地址、电话（自己编撰填写）等的设置，如图 5—6 所示。

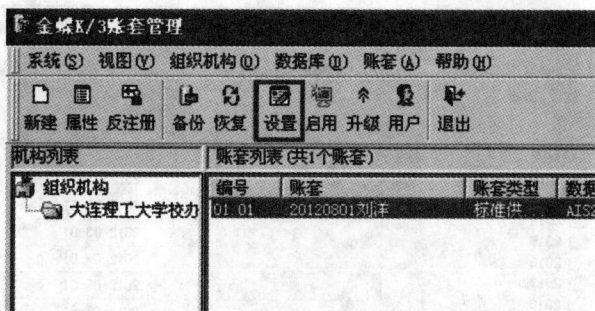

图 5—5　新建账套（4）

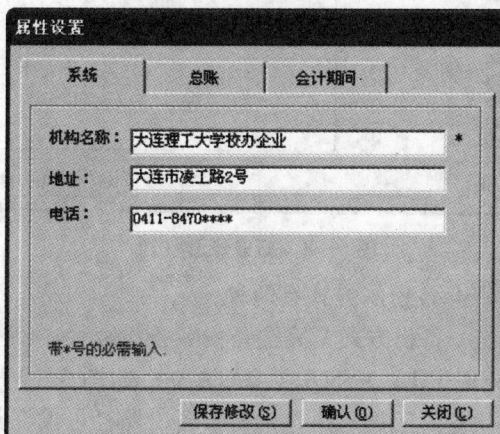

图 5—6　新建账套（5）

（3）总账设置。记账本位币：人民币；货币代码：RMB。选择"凭证过账前必须审核"，如图 5—7 所示。账套启用期间：更改会计期间为 2012 年 1 月 1 日，更改完成后系统没有提示，如图 5—8 所示。保存上述修改后，在弹出的对话框中选择"是"选项，启用账套。

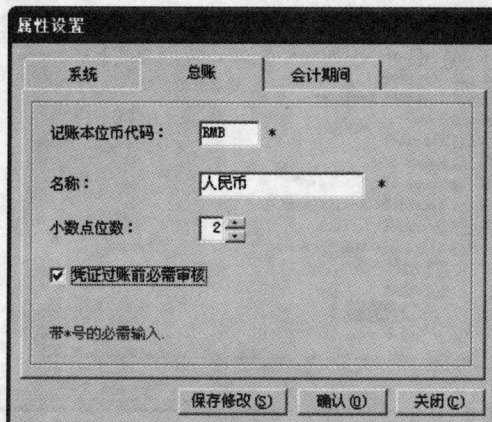

图 5—7　新建账套（6）

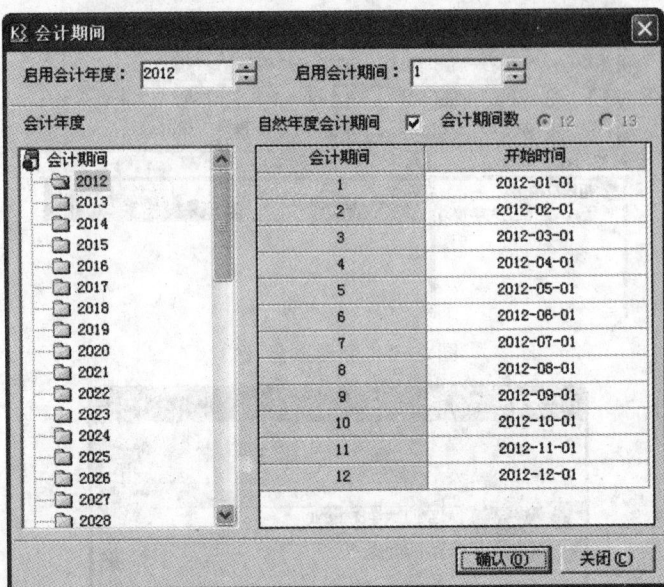

图5—8　新建账套（7）

（4）账套备份。账套备份的方式有两种：

备份方式一：备份＼备份方式＼完全备份＼备份路径：C：＼PROGRAM FILES ＼MICROSOFT SQL SERVER＼MSSQL＼DATA＼，如图5—9所示。备份方式二：数据库＼账套批量自动备份工具＼执行备份。备份路径可设在其他各盘，备份完毕系统会有提示。将账套备份，备份文件需复制到自己的U盘中，多次上机后U盘中会有多个备份文件，注意区分。下次开机时，通过导入账套恢复数据。

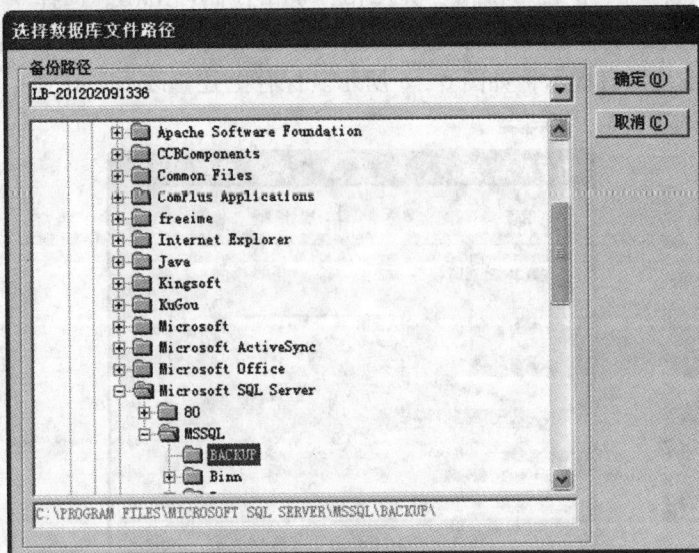

图5—9　新建账套（8）

账套的备份过程中会生成两个文件，数据库文件：F20120801 刘洋.bak ，说明性文件：F20120801 刘洋.dbb。备份完成后窗口会提示：生成两个文件，如图5—10 所示。

图5—10　新建账套（9）

（5）账套恢复。

通过备份文件恢复账套。操作顺序为：启用 SQL 服务管理器—账套管理登录—恢复—选择要恢复的备份文件。恢复页面如图 5—11 所示。账套号是自己设定的，账套名是之前的设置。账套恢复之后，从金蝶 K3 主控台进入系统。

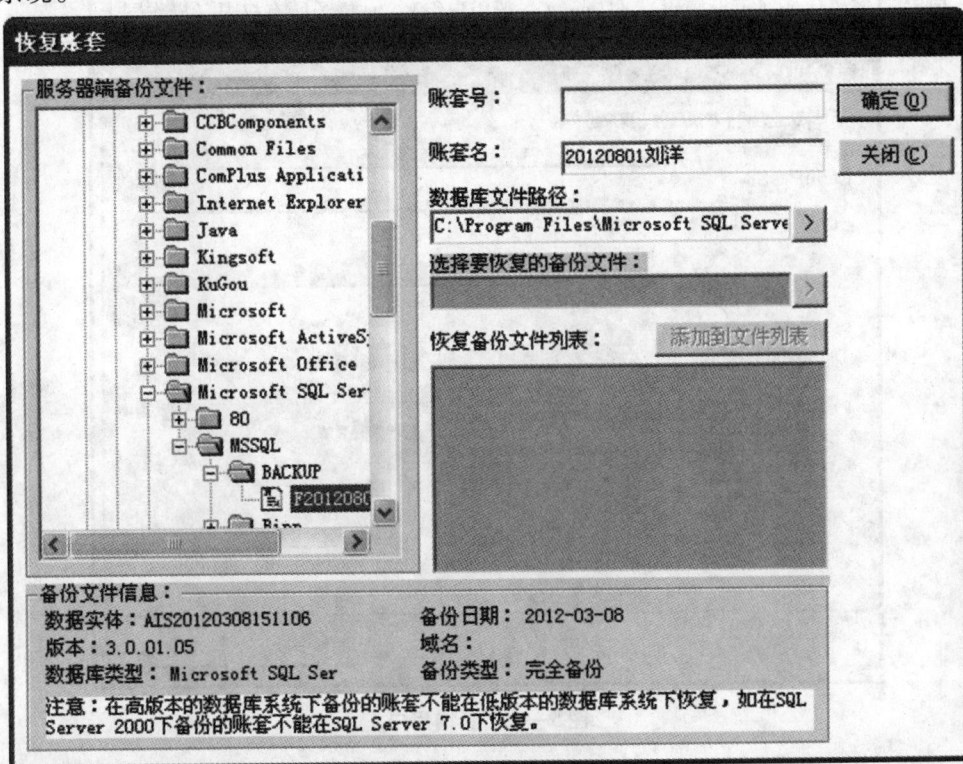

图5—11　账套恢复

● 5.4　添加用户

1. 添加用户方法一

操作：账套管理 \ 用户 \ 用户管理 \ 新增用户。新增用户权限设置见表5—1，新增用户界面如图5—12所示。功能权限管理页面如图5—13所示，各用户权限根据表5—1进行选择。

表5—1　　　　　　　　　　　　　　　新增用户设置

用户名	认证方式	用户组	权限
张华	密码认证（不设密码）	Administrators（系统管理员组）	不需授权
刘洋	密码认证（不设密码）	Users（一般用户组）	授予所有权限（说明：选中用户名之后右键单击：功能权限管理 \ 全选 \ 授权 \ 关闭）
何宇	密码认证（不设密码）	Users（一般用户组）	授予所有权限（操作同上）

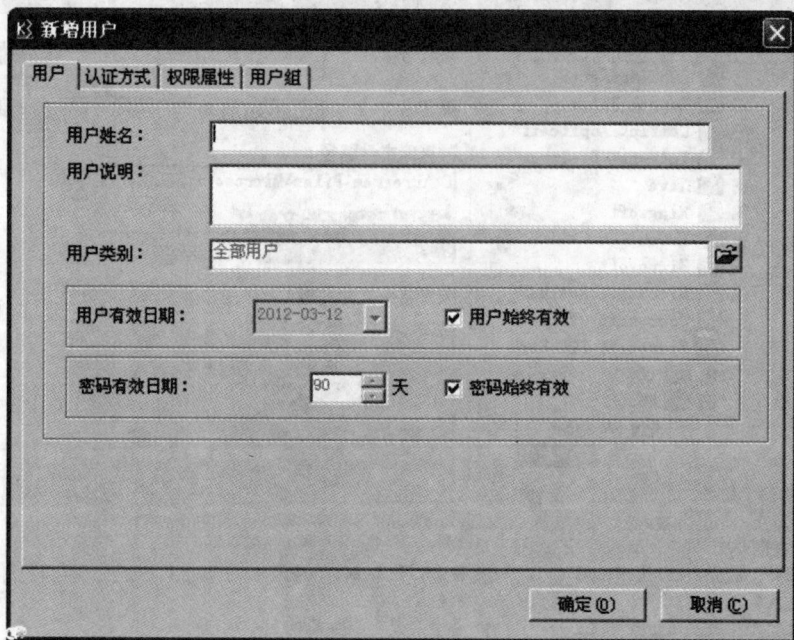

图5—12　新增用户

2. 添加用户方法二

如果不能添加用户，则选择"退出"，通过电脑桌面的"金蝶K3主控台"图标进入：系统设置 \ 用户管理，在此处添加"用户"的相关信息。

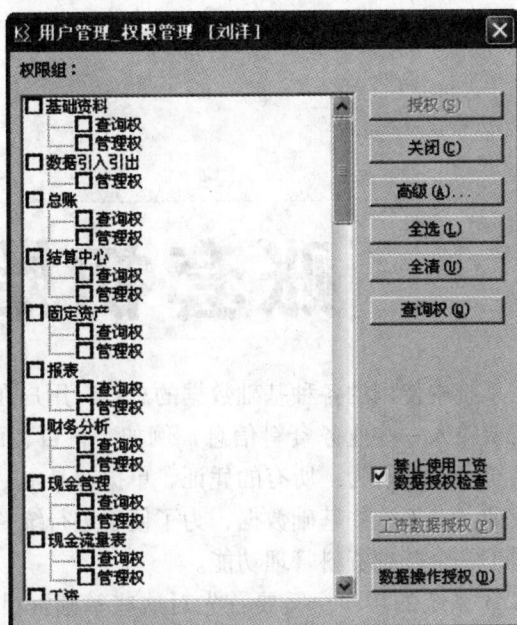

图 5—13　新增用户权限管理

第 6 章

账套初始设置

基础资料，即在系统中使用的各种基础数据的总称。用户在录入凭证或者单据时，都毫无例外地需要输入一些业务资料信息，例如：科目、币别、商品、客户、金额等信息。我们甚至可以理解为：所有的凭证、单据都是由一些基础资料信息和具体的数量信息构成的。对于这些基础数据，为了便于进行统一的设置与管理，金蝶软件中为用户设置了一个基础资料管理功能。

初次使用金蝶 K/3 系统的用户，需要首先对这些基础资料进行设置，初始设置的好坏将直接影响到今后系统的运作效率和效果。清晰的科目结构、明了准确的数据关系，会让用户在账套启用后的日常处理和财务核算工作中思路更顺畅，处理问题更便捷。

实验目的：掌握对账套进行初始化的步骤及各操作要点。

实验要求：根据下述给出的资料按顺序完成账套系统基础资料的维护及初始数据录入并结束初始化工作。

实验资料：

①通过电脑桌面的"金蝶 K3 主控台"进入。

②组织机构：大连理工大学校办企业。

③公司密码：即输入前面设置的机构密码（例如 123）。

④命名用户身份登录（密码为空），进入金蝶 K3 系统。

金蝶 K3 系统登录操作界面如图 6—1 所示。

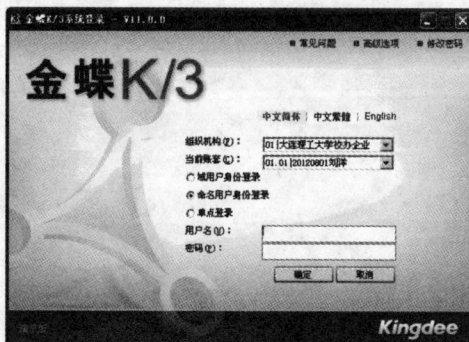

图 6—1　系统登录

● 6.1　引入会计科目

以工业企业为例进行如下演示操作。

操作：系统设置 \ 基础资料设置 \ 公共资料 \ 科目（双击）\ 文件 \ 从模板中引入科目（一级）\ 行业：选择"新会计准则科目"选项（在下拉菜单的底部）\ 引入科目"全选"，点击全选按钮，确定 \ 关闭。（请实验者注意：此处一定选择"新会计准则科目"这一选项，如果选择错误，将给后面的实验带来很多麻烦）

科目模板选择如图 6—2 所示。

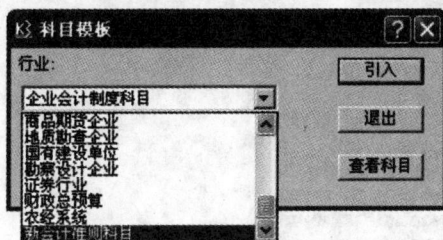

图 6—2　科目模板选择

● 6.2　设置总账系统参数

1. 设置"本年利润"科目代码

操作：系统设置 \ 系统设置 \ 总账 \ 系统参数 \ 总账 \ 双击系统参数。将"本年利润科目"与"利润分配科目"的科目代码选出（选择"4 权益"：4103-本年利润，4104-利润分配），如图 6—3 所示。

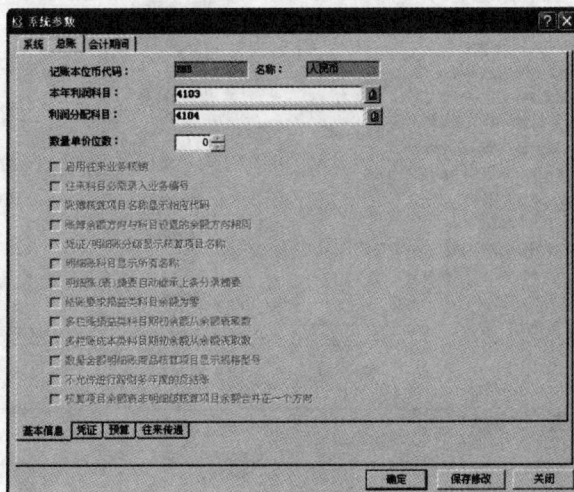

图 6—3　设置"本年利润"科目代码

2. 选择账套选项

对以下账套选项打"√"：①启用往来业务核销（位于"基本信息"选项下），如图6—4（A）所示。②新增凭证自动填补断号（位于"凭证号"选项下），如图6—4（B）所示。

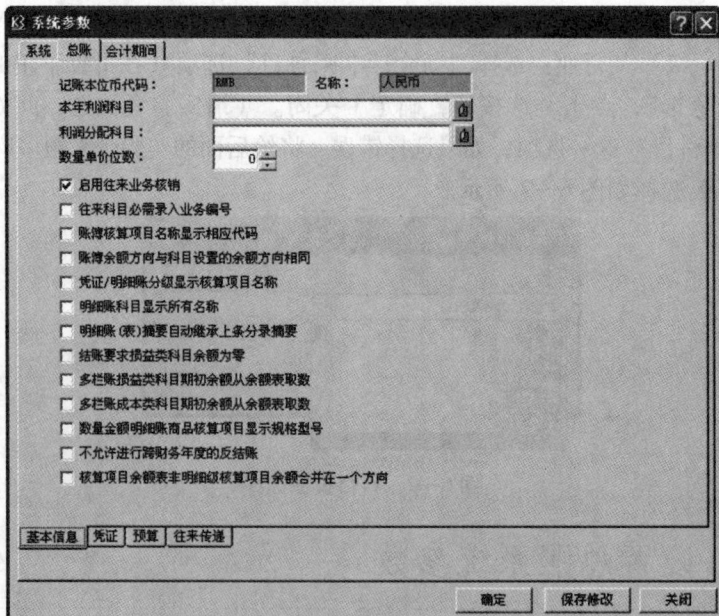

图6—4（A）　账套系统参数设置

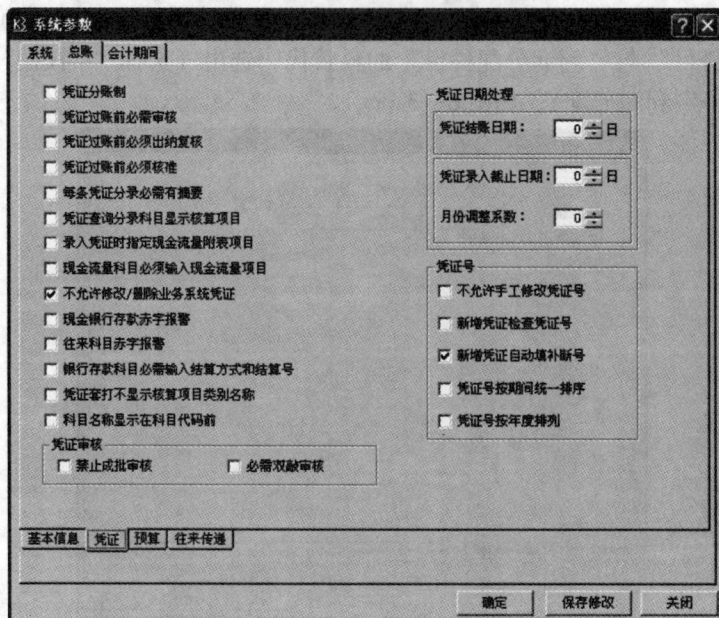

图6—4（B）　账套系统参数设置

● 6.3　系统资料维护

1. 增加两种币别

操作：系统设置 \ 基础资料 \ 公共资料 \ 币别，右键点击"币别"选择"新增币别"。设置币种资料见表 6—1，操作界面如图 6—5 所示。

表 6—1　　　　　　　　　　　　　　　　币种资料

币别代码	币别名称	记账汇率	折算方式	汇率类型
HKD	港币	1.23	原币×汇率=本位币	浮动汇率
USD	美元	6.32	原币×汇率=本位币	浮动汇率

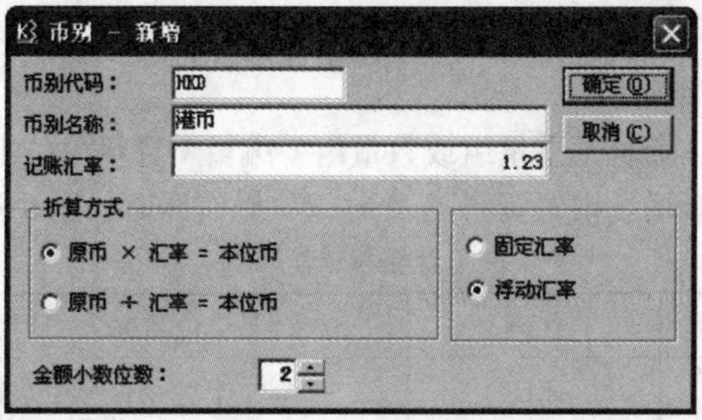

图 6—5　新增币种

2. 增加凭证字

操作：系统设置 \ 基础资料 \ 公共资料 \ 凭证字，增加"现收"、"现付"、"银收"、"银付"、"转账"，如图 6—6 所示。

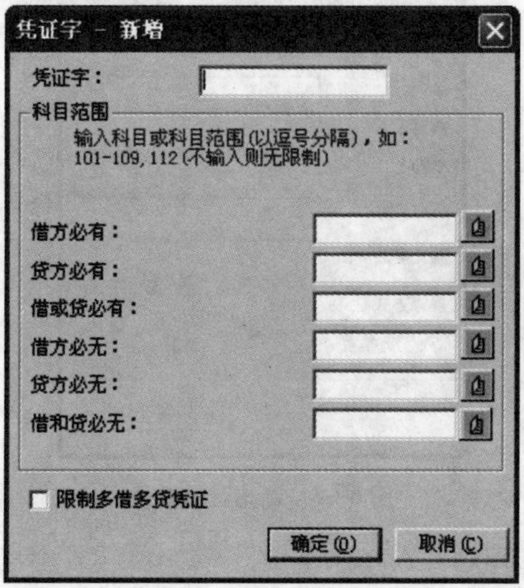

图 6—6　新增凭证字

3. 增加计量单位

在上述操作后增加两个计量单位组及相应组里的计量单位，以方便后续实验相关实物数量计量。操作：系统设置＼基础资料＼公共资料＼计量单位。

（1）新增"计量单位组"。

增加重量组、数量组（设置组中的计量单位时需选中相应的计量单位组），如图6—7所示。

图6—7 新增计量单位组

（2）计量单位管理。

操作：计量单位资料＼重量组或数量组＼编辑＼计量单位组管理＼计量单位＼重量组或数量组＼新增。设置资料见表6—2，操作界面如图6—8所示。

表6—2   计量单位管理

计量单位组	代码	计量单位名称	换算率
重量组	KG	千克	1
	T	吨	1 000
数量组	J	件	1
	X	箱	50

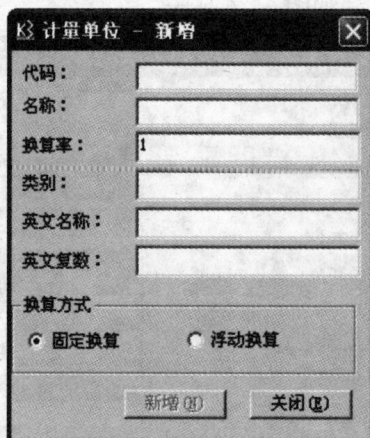

图6—8 新增计量单位

4. 增加支票结算方式

操作：系统设置＼基础资料＼公共资料＼结算方式。新增结算方式见表6—3，操作界面如图6—9所示。

表6—3　　　　　　　　　　　　　　　结算方式

代码	名称
JF06	现金支票
JF07	转账支票

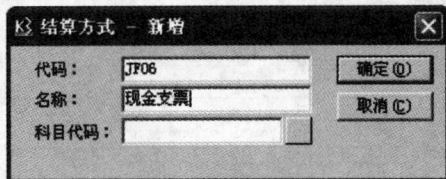

图6—9　新增结算方式

5. 新增相关核算项目资料

（1）新增"客户"资料。

操作：系统设置＼基础资料＼公共资料＼核算项目管理（双击）＼客户，单击页面右侧的空白处，"新增"如下内容：先设置上级组 01 天河区、02 越秀区。先点击"上级组"按钮，设置上级组，完成后点击"保存"按钮。设置"上级组"代码名称见表6—4，界面如图6—10所示，设置下级组内容时界面如图6—11所示（注意设置下级组时不能点击上级组，只能点保存）。

表6—4　　　　　　　　　　　　　　　新增客户代码

代码	名称	代码	名称
01	天河区	02	越秀区
01.01	长城公司	02.01	宏基公司
01.02	天达公司	02.02	长海公司

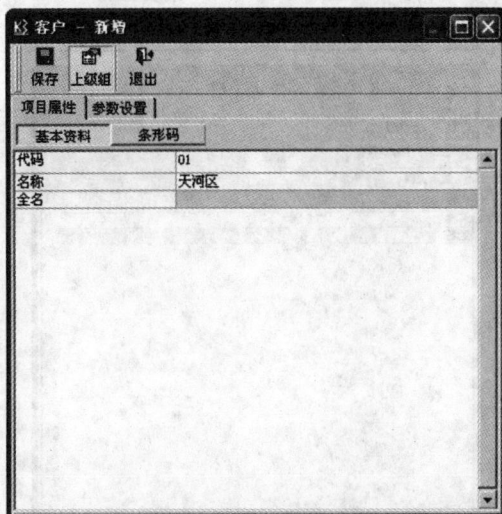

图6—10　新增客户（上级组）

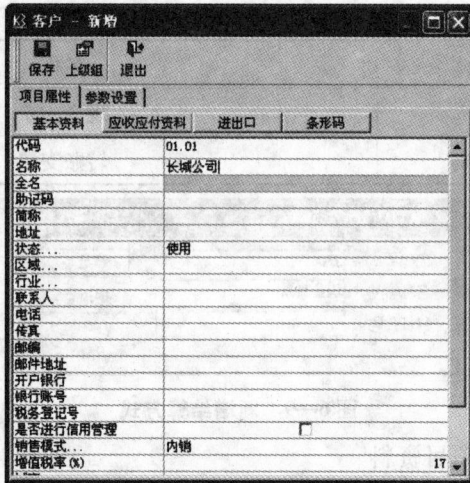

图6—11 新增客户（下级组）

（2）新增"部门"资料。

操作：系统设置\基础资料\公共资料\部门，点击页面右侧的空白处，新增资料见表6—5，新增部门操作如图6—12所示。

表6—5   新增部门资料

代码	名称
01	财务部
02	行政部
03	销售部（备注：上级组设置与①"客户"上级组的设置相同）
03.01	销售一部
03.02	销售二部
04	生产部

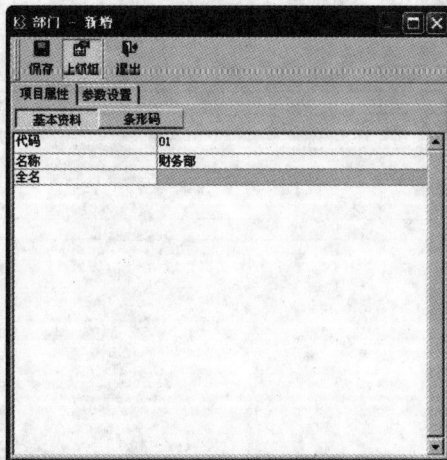

图6—12 新增部门（上级组）

（3）新增"职员"资料。

操作：系统设置 \ 基础资料 \ 公共资料 \ 职员，点击页面右侧的空白处，"新增"职员信息见表6—6，操作界面如图6—13所示（"部门"不能从键盘输入，用鼠标双击"部门"对应的文本框，会出现可供选择的下拉框）。

表6—6 新增职员资料

代码	名称	部门
001	张华	财务部
002	李萍	行政部
003	王林	销售一部
004	赵立	销售二部
005	刘红	生产部
006	孙晴	生产部
007	刘洋	财务部
008	何宇	财务部

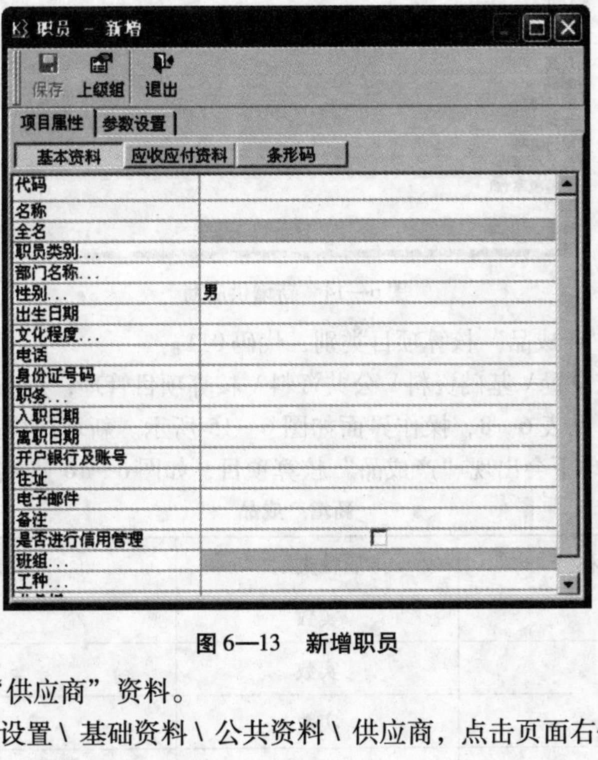

图6—13 新增职员

（4）新增"供应商"资料。

操作：系统设置 \ 基础资料 \ 公共资料 \ 供应商，点击页面右侧的空白处，新增资料见表6—7，操作界面如图6—14所示。

表6—7   新增供应商

代码	名称
01	海珠区（上级组）
01.01	恒星公司
01.02	南方公司
02	白云区（上级组）
02.01	王码公司
02.02	强发公司

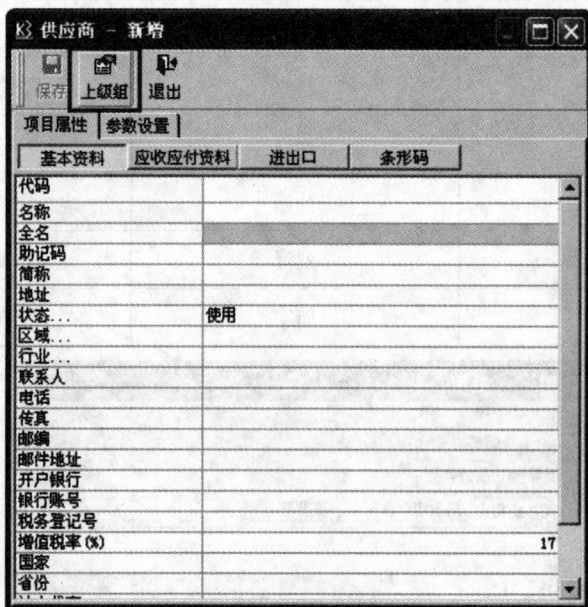

图6—14 新增供应商

（5）新增"产成品"核算项目类别，代码011。

操作：系统设置\基础资料\公共资料\核算项目管理，点击页面右侧的空白处，新增产成品见表6—8，操作界面如图6—15所示。新增产成品后，界面左侧"核算项目"菜单下会出现"产成品"核算项目，如图6—16蓝色处显示。

表6—8   新增产成品

属性名称	属性类别	属性长度
标准成本	实数	
出厂价	实数	
零售价	实数	
销售政策	文本	255页

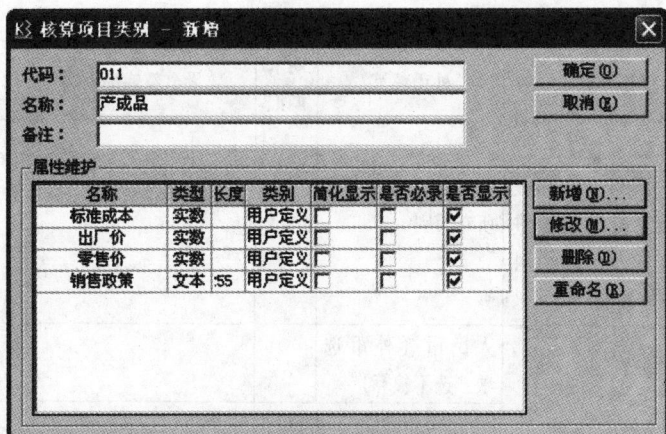

图 6—15 新增产成品（1）

图 6—16 新增产成品（2）

6. 会计科目维护

操作：系统设置 \ 基础资料 \ 公共资料 \ 科目，按照下表修改会计科目中的相关事项或新增会计科目。

（1）增加会计科目。会计科目信息见表 6—9，表中上级科目（如 1002）不能新增，只需要修改，下级科目（如 1002.01）需要新增。表 6—9 最后一列"核算项目"需要在这一步添加，以后如果科目已经使用了，就不能再添加核算项目了。核算项目添加的操作为：在"新增科目"窗口中，选择"核算项目"选项卡，点击下面的"增加核算项目类别"按钮，从弹出的界面中选择核算项目。新增会计科目操作界面如图 6—17 所示。

表6—9   **新增会计科目信息**

科目代码	科目名称	外币核算	期末调汇	数量金额辅助核算	核算项目
1002	银行存款（注意：已存在的科目，已存在的不能在新增页面进入，点修改，选中科目后再修改）	所有币别	√		
1002.01	建设银行	人民币（外币选项：选不核算）			
1002.02	中国银行	美元	√		
1002.03	工商银行	港币	√		
1221	其他应收款				
1221.01	职员				职员
1123	预付账款（注意：该科目不用修改）				
1123.01	报刊费				
1403	原材料				
1403.01	甲材料（选"数量金额辅助核算"）			√（计量单位：千克）（计量单位/计量单位组/重量组/千克　缺省单位：千克）	
1403.02	乙材料			√（计量单位：千克）	
5001	生产成本				
5001.01	工资及福利				
5101	制造费用				
5101.01	折旧费				
5101.02	工资及福利				
6001	主营业务收入				部门、职员、物料
6602	管理费用				
6602.01	工资及福利				
6602.02	折旧费				
6602.03	通讯费				部门、职员
6603	财务费用				
6603.01	利息				
6603.02	汇兑损益				

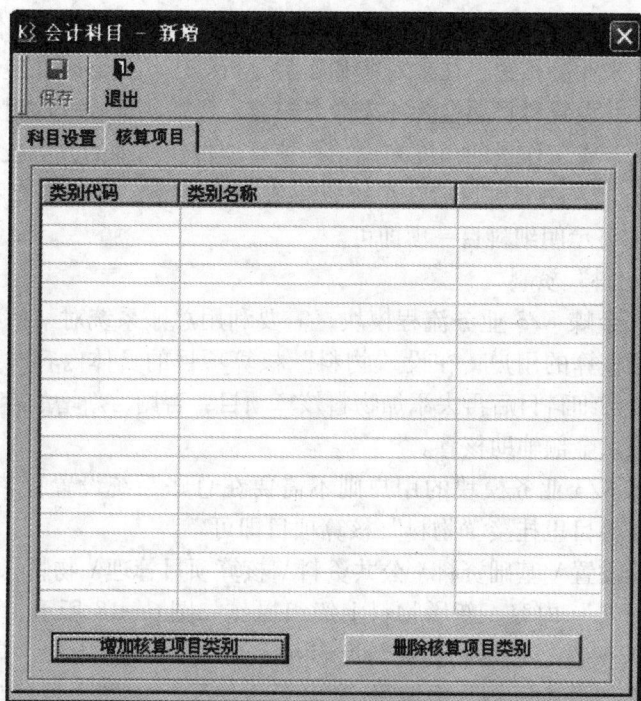

图6—17 新增会计科目

（2）会计科目的修改。需修改的会计科目及修改项目见表6—10。

表6—10   **会计科目修改**

科目代码	科目名称	往来业务核算	核算项目
1122	应收账款	√	客户
2202	应付账款	√	供应商

会计科目维护操作要点：

（1）设置外币核算的科目时，一定要注意选择相应币别，如果一级科目下有明细科目按外币核算的，则一级科目要设为核算所有币别。

（2）以在会计科目下挂接核算项目的方式设明细账，与在科目下直接增加明细科目实现的账簿结果是一样的，而且可以解决科目设置工作重复的问题，但不是必须要求这样设置，关键是要结合企业的实际情况灵活掌握。另外，科目下面如已挂核算项目，就不能再设明细科目；一个科目下可挂多个核算项目，这些核算项目间是一种平等并列的关系；核算项目下也不能再挂核算项目。

（3）设置数量金额辅助核算的物料明细科目时，注意必须先新增物料明细科目，再去系统资料维护处添加具体的"物料"资料，否则易出现错误信息。若客户已购买金蝶K/3购销存业务模块，则不需要在存货科目下新增明细科目，只要通过修改会计科目功能，在一级科目里利用核算项目卡片挂接物料辅助核算即可。另外，别忘了在设数量金额明细科目时选择计量单位组和缺省单位。

（4）对应收、应付等往来科目设置时应注意：未购买应收、应付子系统的客户，如要进行往来业务核销、往来对账和账龄分析等工作，必须在应收、应付科目下挂核算项目，并设置科目属性为往来业务核算；已购买应收、应付子系统的，不受此限制，但从节省工作量的角度来说，挂核算项目作明细的方法较为实用。

（5）如果已录入明细科目后在系统资料界面看不到，可在"查看"菜单下选择"选项"中的显示明细科目一项即可。

7. 新增"物料"资料

对于未购买金蝶 K/3 业务流程模块，需要利用总账系统对某些存货科目进行简单的数量金额核算的用户，在设"物料"核算项目的具体内容时要注意，必须先设好相关存货明细科目后再去添加物料核算项目，否则，新增的存货明细科目不能进行真正的数量金额辅助核算。

已购买金蝶 K/3 业务模块的用户则不需要在总账系统设置存货的明细科目，只要在存货一级科目里挂接"物料"核算项目即可。

操作：系统设置 \ 基础资料 \ 公共资料 \ 核算项目管理 \ 物料，点击页面右侧的空白处，"新增"内容。新增物料上级组操作如图 6—18 所示，依次设置上级组：01 材料，02 产品。新增物料资料见表 6—11。表 6—11 中的"属性"、"计量单位"等项目在"基本资料"中填写；"计价方法"、"存货科目"、"销售收入"、"销售成本"等项目在"物流资料"中填写，如图 6—19 所示。

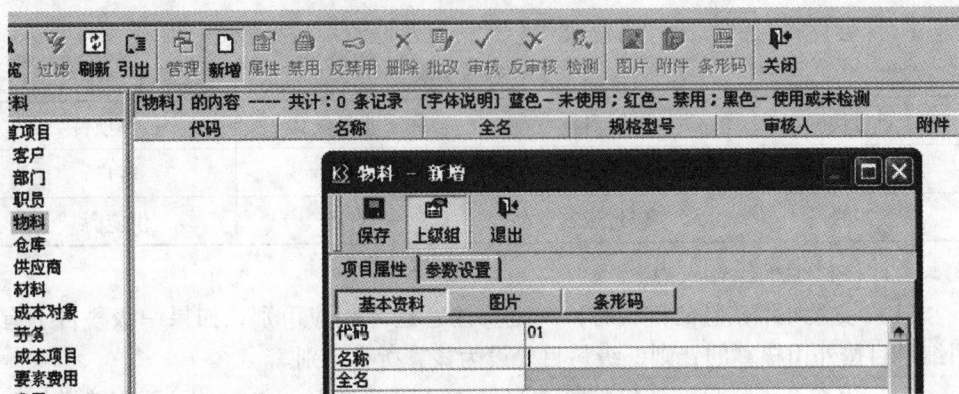

图 6—18　新增物料

表 6—11　　　　　　　　　　　　　　新增物料资料

代码	名称	属性	计量单位	计价方法	存货科目	销售收入科目	销售成本科目
01.01	甲材料	外购	千克	加权平均	1403.01	6051	6402
01.02	乙材料	外购	千克	加权平均	1403.02	6051	6402
02.01	A 产品	自制	件	加权平均	1405	6001	6401
02.02	B 产品	自制	件	加权平均	1405	6001	6401

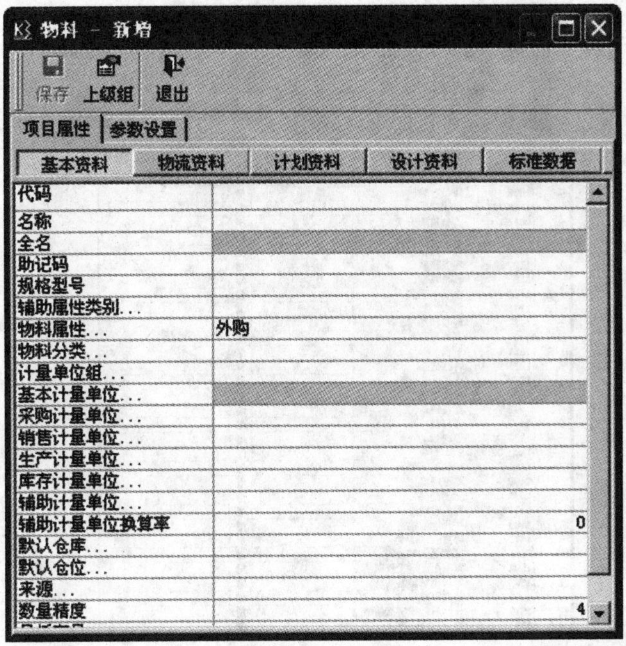

图 6—19　物流资料

注意：以上新增的系统资料如有错误，可通过工具栏"属性"按钮去修改，或用"删除"按钮去删除，如果录入初始数据后系统将不允许再修改或删除这些会计科目，那么客户可通过"禁用"功能将有错的、不再使用且不能修改或删除的系统资料禁止使用。其具体操作为：在"系统资料维护"选项里，选中某一具体系统资料，按右键选择"禁用"即可。

● 6.4　初始余额录入

操作：币别选项页面如图 6—20 所示。系统设置 \ 初始化 \ 总账 \ 科目初始数据录入，按照表 6—12 修改会计科目中的相关事项或新增会计科目。

操作要点：

（1）录入外币科目金额时，要注意切换相应币别；

（2）金额需要输入在"期初余额"中；

（3）录入下设核算项目的科目的金额时，要点击核算项目栏的"√"进入特定界面进行输入；

（4）录入数量金额辅助核算的科目金额时，点击该科目将会弹出数量栏，在那里录入数量；

（5）试算平衡时要注意，如企业有外币业务，则必须切换成综合本位币状态去试算。综合本位币状态下，只能查看所有币别科目的初始数据，不能进行录入、修改等操作。

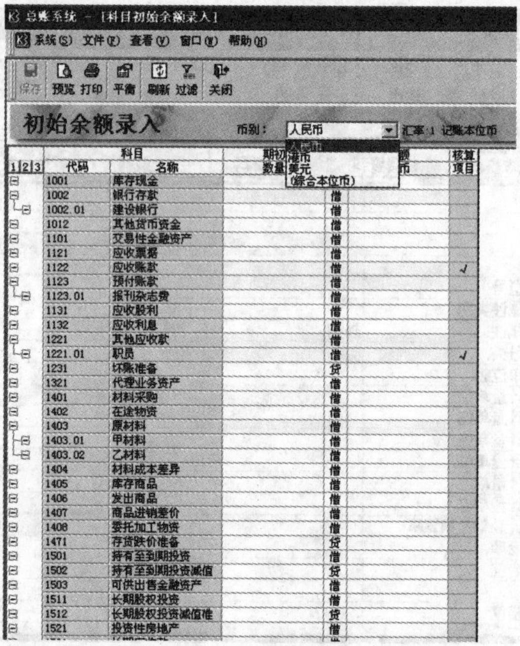

图 6—20　币别选择页面

表 6—12　　　　　　　　　　　　科目初始余额

科目名称	外币／数量	汇率	借方金额（元）	贷方金额（元）
现金			30 000	
银行存款——建设银行			500 000	
银行存款——中国银行（币种选美元之后才可修改）	200 000	6.32	1 264 000	
银行存款——工商银行（币种选港币之后才可修改）	100 000	1.23	123 000	
应收账款			235 000	详见"注1"
预付账款——报刊费			2 000	
原材料——甲材料	1 000（期初数量）		20 000（期初余额）	
——乙材料	500（期初数量）		50 000（期初余额）	
其他应收款——张华			5 000	
坏账准备				5 000
固定资产			2 000 000	
累计折旧				900 000
应付账款			详见"注2"	300 000
短期借款				100 000
长期借款				326 000
实收资本				2 598 000
合　计			4 229 000	4 229 000

【注1】点击核算项目"√"，进入输入页面，点击"插入"，获取公司名，再点击"业务编号"下方的"√"，输入金额、时间与业务编号。应收账款初始余额数据见表6—13，应收账款初始余额录入结果如图6—21所示。

表6—13　　　　　　　　　　　　　　应收账款科目期初余额

客户	时间	金额（元）	业务编号
长城公司	2011. 12. 13	150 000	01
长海公司	2012. 03. 06	85 000	02
合计		235 000	

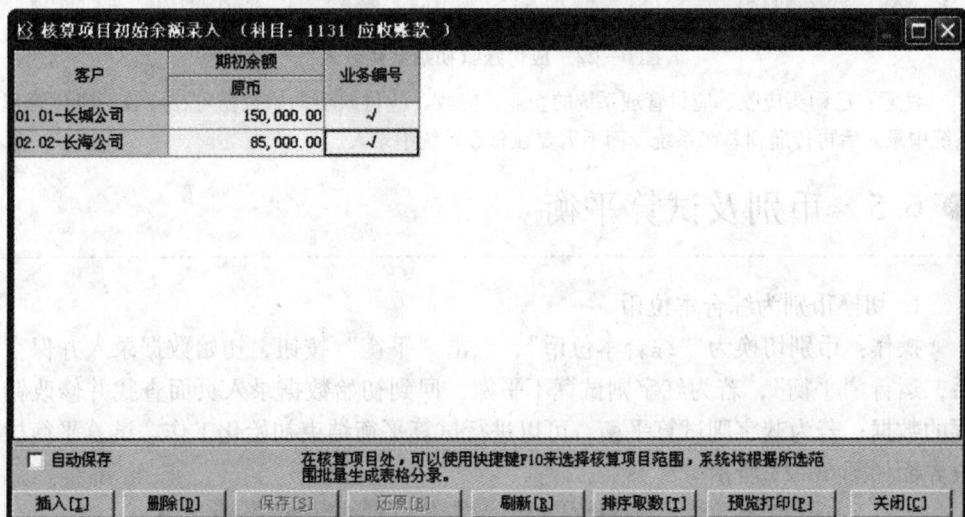

图6—21　应收账款初始余额录入

【注2】点击核算项目"√"，进入输入页面，点击"插入"，获取公司名，再点击"业务编号"下方的"√"，输入金额与业务编号。应付账款初始数据见表6—14，应付账款初始余额录入结果如图6—22所示。

表6—14　　　　　　　　　　　　　　应付账款期初余额

供应商	时间	金额
恒星公司	2012. 02. 12	120 000
玉码公司	2011. 12. 03	180 000
合计		300 000

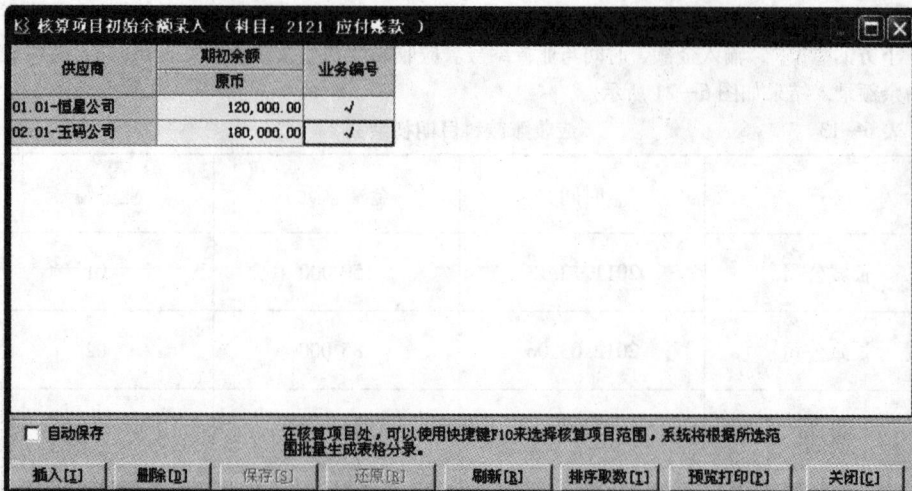

图6—22　应付账款初始余额录入

注意：已购买应收、应付管理系统的企业，应收、应付款项初始数据可在应收、应付管理系统中录入后再传递到总账系统，而不需要在总账系统中录入。

● 6.5　币别及试算平衡

1. 切换币别为综合本位币

操作：币别切换为"综合本位币"，点击"平衡"按钮，初始数据录入并保存后，运行"平衡"，若为红字则试算不平衡，回到初始数据录入页面查找并修改错误的数据；若为蓝字则试算平衡，可以进行试算平衡结束初始化工作。试算平衡检查界面如图6—23所示。

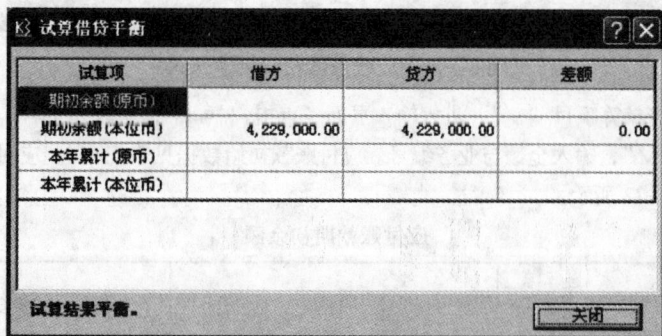

图6—23　试算平衡

2. 试算平衡结束初始化工作

注意：要进行初始化结束的操作，否则在期末结账时会出现不能结账的提示。

操作：系统设置 \ 初始化 \ 总账 \ 结束初始化 \ 开始。结束初始化的界面如图6—24所示。

图 6—24　结束初始化

第7章

日常账务处理练习

实验目的：掌握 K3 财务系统日常账务处理工作

实验要求：

①根据下述资料录入记账凭证，对其进行审核、过账并查看各种账表；

②进行往来业务核销；

③利用自动转账功能结转有关费用；

④进行期末调汇、结转损益等业务处理并进行期末结账。

按如下资料及步骤进行操作。

● 7.1 录入记账凭证

以"刘洋"（你的姓名）身份登录，进入 K3 系统，开始凭证录入工作。

操作：财务会计（选项卡）\ 总账 \ 凭证处理 \ 凭证录入，填写会计凭证。操作界面如图 7—1 所示。

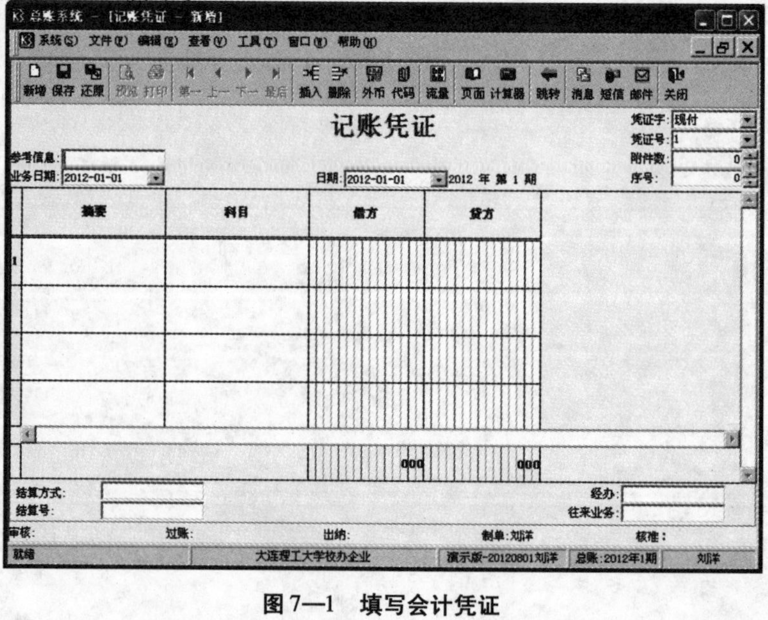

图 7—1 填写会计凭证

录入记账凭证时应注意：

（1）对于每个会计凭证都要选择正确的"凭证字"，输入凭证录入日期等信息。

（2）凭证号、序号由系统自动编排，用户不需自己编号。

（3）录入凭证日期时点击"日期"旁的按钮，弹出日历后选择即可，也可自己手工自行输入。但应注意，系统不接受当前会计期间之前的日期，只允许输入当期或以后各期业务，而且过账时，只处理本期的记账凭证。

（4）凭证摘要的录入有三种方法：①直接录入。②如选择了"查看"菜单"选项"中的"自动携带上条分录摘要信息"，则系统会自动复制上条记录摘要到下条。③在英文输入法下，双击键盘右边的"DELETE"按键，也可以快速复制上条分录摘要。④按 F7 键或工具栏上的"代码"按钮建立摘要库，需要时调用。

建立摘要库的步骤为：点击记账凭证中的摘要栏，按下 F7 键或工具栏的"代码"按钮→编辑→新增→录入类别、代码、名称（注意：如没有"类别"，需点击类别旁的按钮去增加）→保存。如再增加摘要，则重复此操作。

（5）输入会计科目的方法有如下几种：①直接手工录入会计科目代码。②如果定义了助记码，可输入助记码。③如在"查看"菜单选项中选择"自动显示代码提示窗口"的，双击代码提示窗的科目即可。④按 F7 键或工具栏中的"代码"按钮也可以调出会计科目模板来进行选择。

（6）按空格键可转换金额的借贷方向；添加负号可使金额变为红字；CTRL+F7 键可将凭证中借贷方差额自动找平；ESC 键可删除整笔分录的金额。

（7）如果会计科目设为按核算项目核算的，需将所有核算项目内容填列完毕后，系统才允许保存凭证。

● 7.2　业务处理

进行相关业务处理。注意每一笔业务新建一张凭证，不要记在一张凭证上。

1. 提现类

5 日，提取现金 10 000 元备用。注意，凭证上第一行必须写摘要，否则不能保存凭证。摘要：提现。操作界面如图 7—2 所示。

借：库存现金　　　　　　　　　　　　　　　　　　　10 000

　贷：银行存款——建设银行　　　　　　　　　　　　　　　10 000

2. 应付往来业务类

10 日，偿还前欠恒星公司的货款 120 000 元。

摘要：偿还欠款。

借：应付账款——恒星公司（恒星公司在页面下方的"供应商"栏里选择）

　　　　　　　　　　　　　　　　　　　　　　　　120 000

　贷：银行存款——建设银行　　　　　　　　　　　　　　120 000

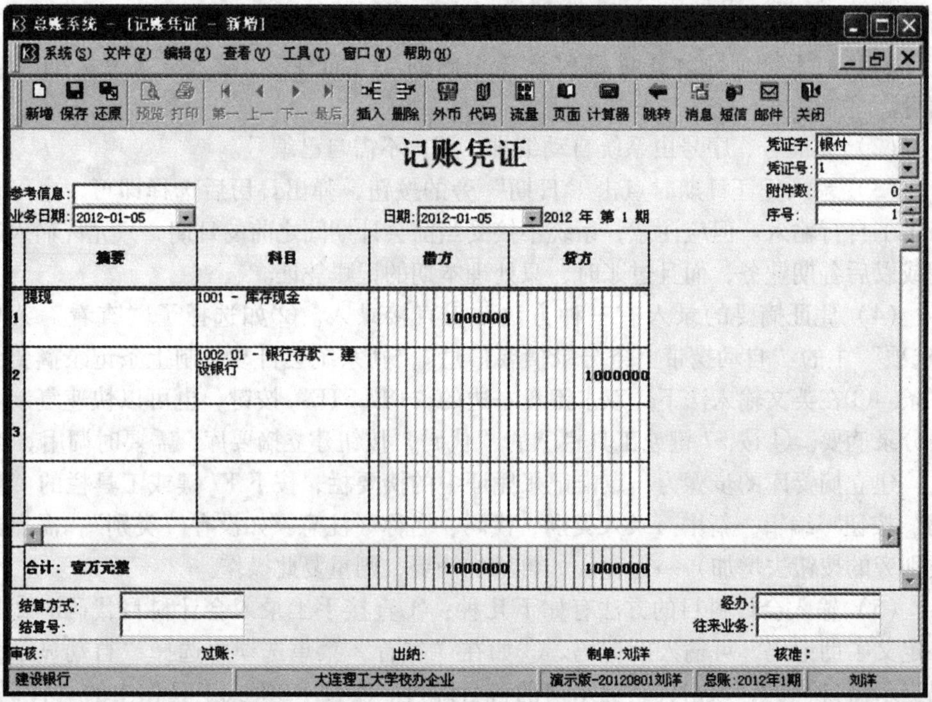

图 7—2 提取现金

要点：记得选择相应的供应商名称，操作界面如图 7—3 所示。

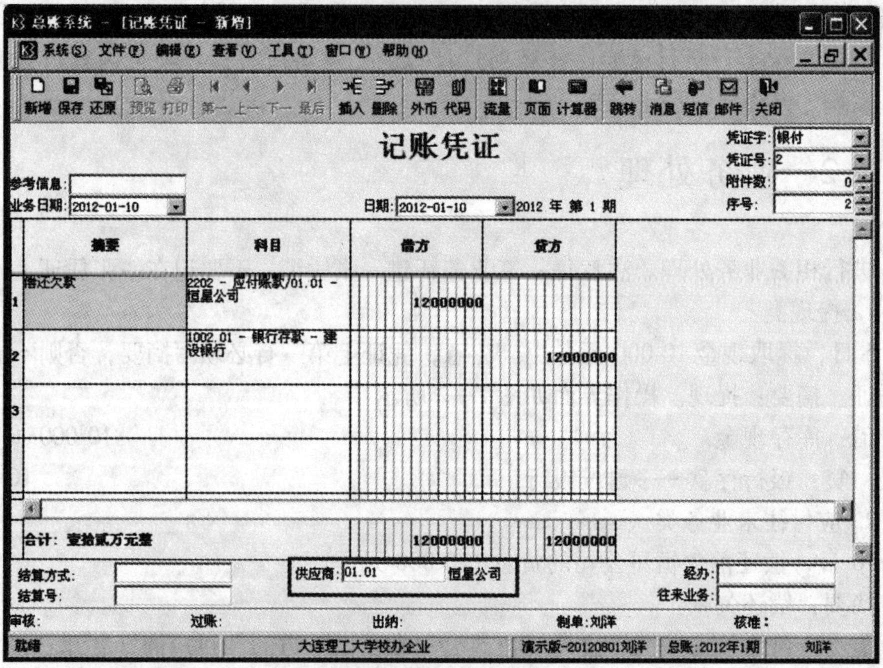

图 7—3 偿还欠款

3. 多核算项目类

在"科目"管理中增加"应交税费"的二级科目 2221.01——"应交增值税"与 2221.02——"应交所得税"，并增加"应交增值税"的明细科目（3 级科目）2221.01.01——"销项税额"与 2221.01.02——"进项税额"。

15 日，销售一部王林向宏基公司销售 A 产品 60 000 元，货款暂欠。（需考虑增值税，增值税税率为 17%）

摘要：赊销产品。

借：应收账款——宏基公司（宏基公司在页面下方的"客户"栏里选择）

70 200

　　贷：主营业务收入——销售一部——王林（A 产品）（多核算项目类科目，
　　　　　　　分别选择部门、职员、物料）　　　　60 000

　　应交税费——应交增值税（销项税额）　　　　10 200

要点：①如果你录入凭证时，无法录入"宏基公司"，则说明初始化工作有错误，需要回到"科目"的管理，修改初始化里面的应收账款往来业务核算——客户。②必须录完所有核算项目内容：客户、部门、职员、物料。操作界面如图 7—4 所示。

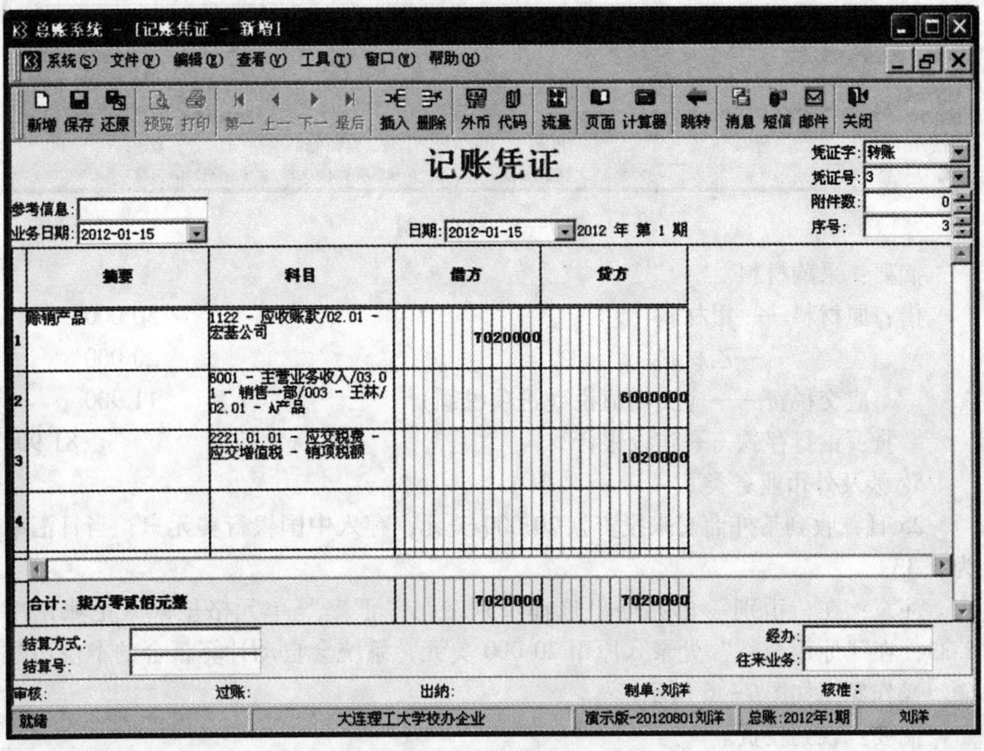

图 7—4　赊销产品

4. 数量金额业务类

20 日，采购甲材料 1 000 公斤，单价为 50 元 / 公斤，乙材料 500 公斤，单价为40元/公斤，以建行存款支付（需考虑增值税，增值税税率为17%）。在"单位"单元格录入计量单位，"单价"单元格录入单价，"数量"单元格录入数量，系统会自动计算金额。操作界面如图7—5所示。

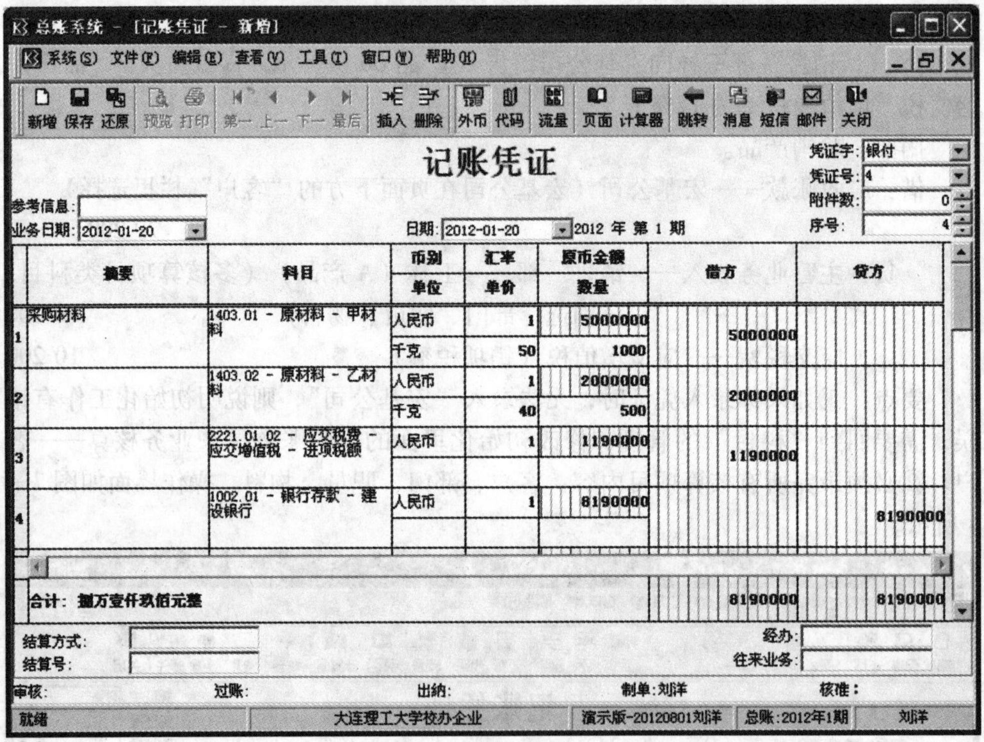

图7—5 材料采购

摘要：采购材料。

借：原材料——甲材料　　　　　　　　　　　　　　　　　　　50 000

　　　　——乙材料　　　　　　　　　　　　　　　　　　　20 000

　　应交税费——应交增值税（进项税额）　　　　　　　　　11 900

　　贷：银行存款——建设银行　　　　　　　　　　　　　　　　　81 900

5. 涉及外币业务类

25日，收到某外商交来投资款20 000美元，存入中国银行美元户，当日汇率为6.33。

注意：在"币别"单元格里选择币别，在"汇率"单元格里录入记账汇率6.33，在"原币金额"处录入原币20 000美元，系统会自动计算折合的本位币数额。操作界面如图7—6所示。

摘要：收到投资。

借：银行存款——中国银行（20 000×6.33）　　　　　　　126 600

　　贷：实收资本（20 000×6.32，系统自动计算）　　　　　　　126 400

　　　　资本公积　　　　　　　　　　　　　　　　　　　　　　　　200

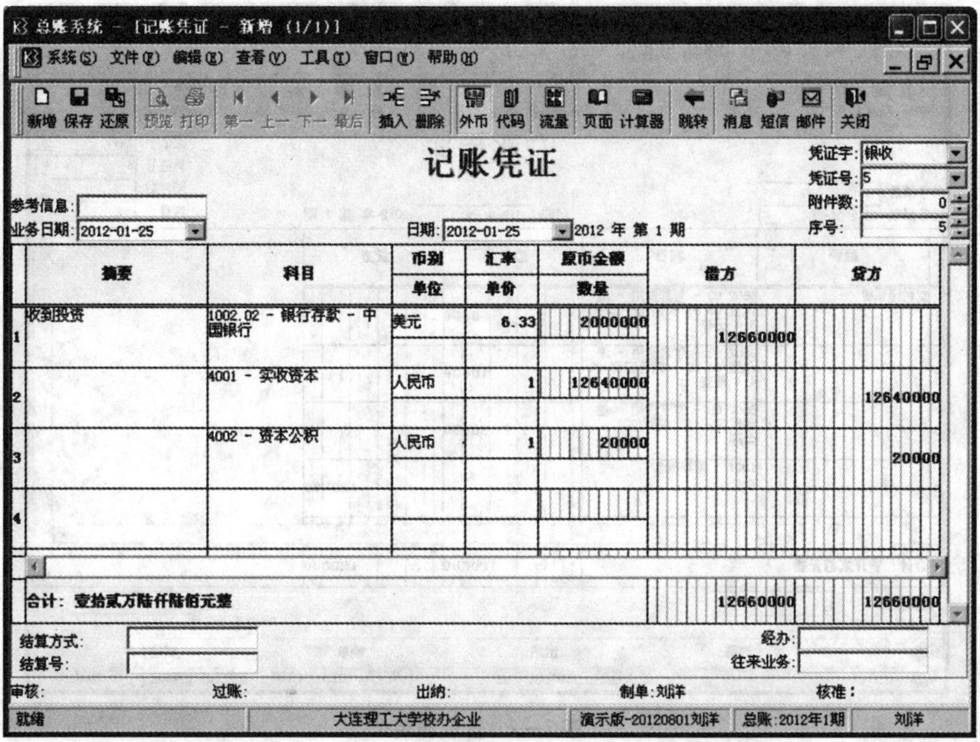

图 7—6　收到外币投资

6. 支付通讯费

30 日，支付本月通讯费。

摘要：支付通讯费。

借：管理费用——通讯费——销售一部（王林）　　　　　　500

　　　　　——通讯费——销售二部（赵立）　　　　　　400

　　　　　——通讯费——行政部（李萍）　　　　　　　300

　　贷：库存现金　　　　　　　　　　　　　　　　　　　1 200

要点：记得逐一录入部门、职员核算项目信息。操作界面如图 7—7 所示。

7. 应收往来业务类

31 日，收回宏基公司以前欠销货款 70 200 元，存入建设银行。

摘要：收回前欠货款。

借：银行存款——建设银行　　　　　　　　　　　　　70 200

　　贷：应收账款——宏基公司　　　　　　　　　　　　　70 200

要点：注意选择相应的客户名称。操作界面如图 7—8 所示。

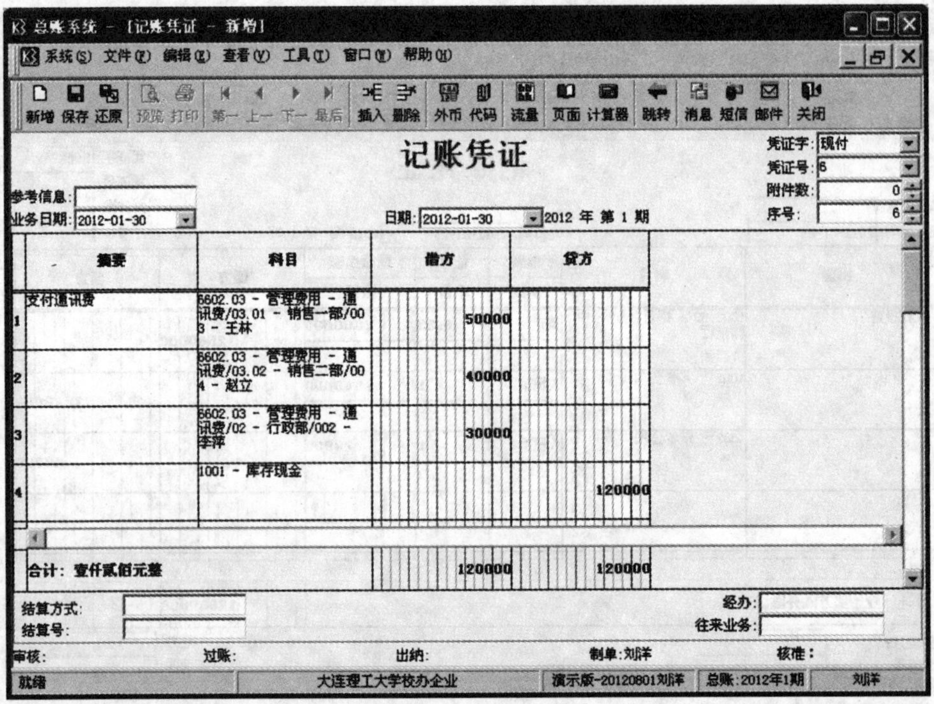

总账系统 - [记账凭证 - 新增]

系统(S) 文件(F) 编辑(E) 查看(V) 工具(T) 窗口(W) 帮助(H)

新增 保存 还原 | 预览 打印 | 第一 上一 下一 最后 | 插入 删除 | 外币 代码 | 流量 | 页面 计算器 | 跳转 | 消息 短信 邮件 | 关闭

记账凭证

凭证字：现付　凭证号：6　附件数：0　序号：6

参考信息：
业务日期：2012-01-30　　日期：2012-01-30　2012 年 第 1 期

	摘要	科目	借方	贷方
1	支付通讯费	6602.03 - 管理费用 - 通讯费/03.01 - 销售一部/003 - 王林	50000	
2		6602.03 - 管理费用 - 通讯费/03.02 - 销售二部/004 - 赵立	40000	
3		6602.03 - 管理费用 - 通讯费/02 - 行政部/002 - 李萍	30000	
4		1001 - 库存现金		120000
	合计：壹仟贰佰元整		120000	120000

结算方式：　　　　　　　　　　　　　　　　　经办：
结算号：　　　　　　　　　　　　　　　　　往来业务：

审核：　　过账：　　出纳：　　制单：刘洋　　核准：

就绪　　　　大连理工大学校办企业　　演示版-20120801刘洋　　总账：2012年1期　　刘洋

图7—7　管理费用

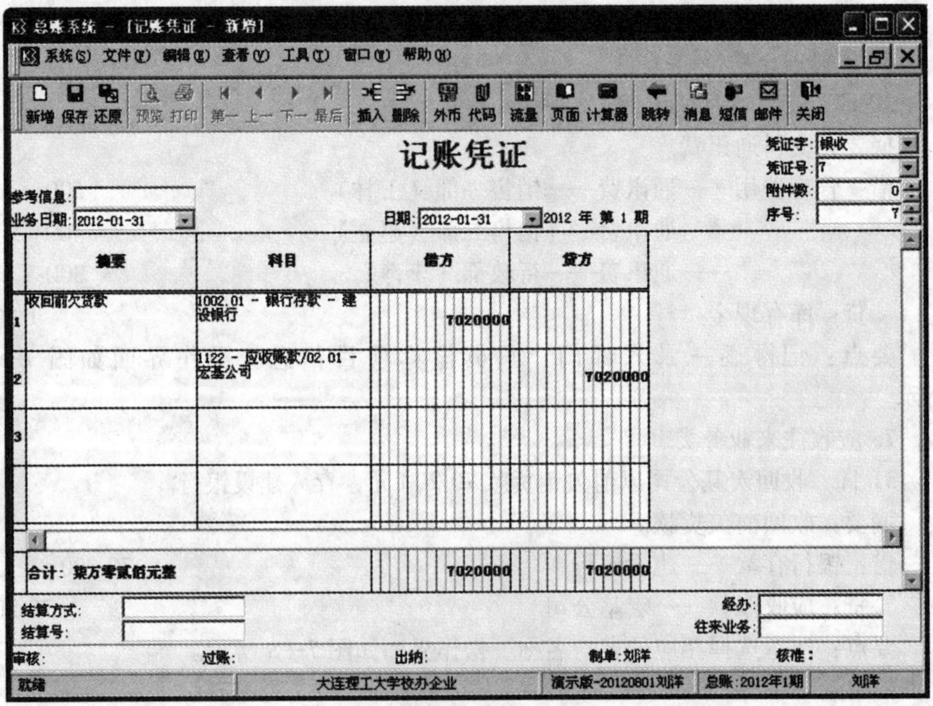

总账系统 - [记账凭证 - 新增]

系统(S) 文件(F) 编辑(E) 查看(V) 工具(T) 窗口(W) 帮助(H)

新增 保存 还原 | 预览 打印 | 第一 上一 下一 最后 | 插入 删除 | 外币 代码 | 流量 | 页面 计算器 | 跳转 | 消息 短信 邮件 | 关闭

记账凭证

凭证字：银收　凭证号：7　附件数：0　序号：7

参考信息：
业务日期：2012-01-31　　日期：2012-01-31　2012 年 第 1 期

	摘要	科目	借方	贷方
1	收回前欠贷款	1002.01 - 银行存款 - 建设银行	7020000	
2		1122 - 应收账款/02.01 - 宏基公司		7020000
3				
	合计：柒万零贰佰元整		7020000	7020000

结算方式：　　　　　　　　　　　　　　　　　经办：
结算号：　　　　　　　　　　　　　　　　　往来业务：

审核：　　过账：　　出纳：　　制单：刘洋　　核准：

就绪　　　　大连理工大学校办企业　　演示版-20120801刘洋　　总账：2012年1期　　刘洋

图7—8　收回应收账款

● 7.3　凭证其他相关操作及账簿查询

1. 记账凭证的审核与过账

注意：记账与审核不能为同一财务人员，因此，审核前必须更换用户。

操作：系统＼更换操作员。审核完之后，更换成你自己操作。

凭证审核分为单张审核和成批审核两种方式。

（1）单张审核

以"何宇"的身份登录账套，点击"财务会计＼总账＼凭证处理＼凭证查询"，打开"会计分录序时簿"对话框，选择一个记账凭证，单击"审核"按钮进入审核窗口，单击该窗口中的"审核"按钮，完成单张审核操作。操作界面如图7—9（A）与图7—9（B）所示。

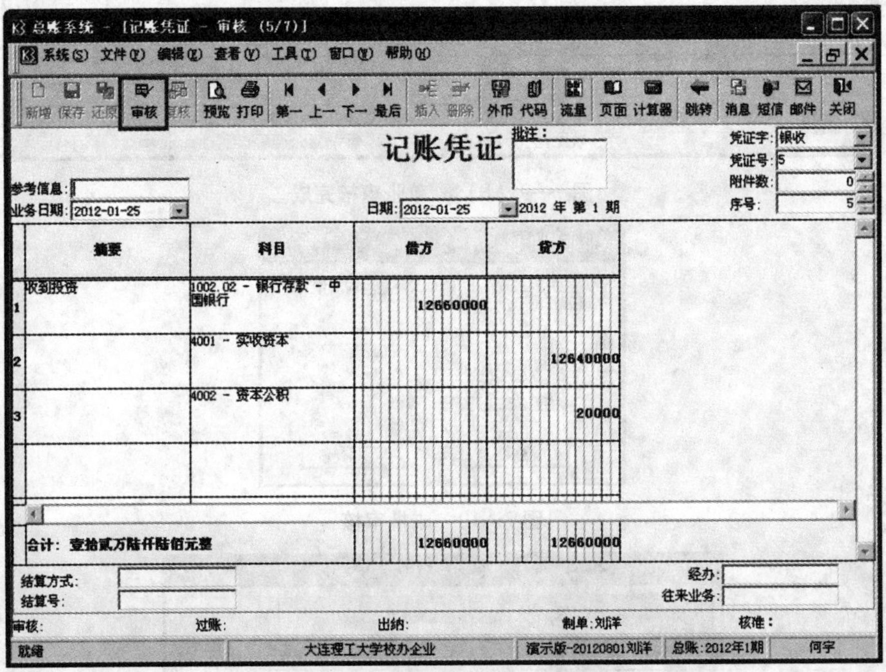

图7—9（A）　单张审核前

（2）成批审核

依上述操作进入"会计分录序时簿"，单击"编辑＼成批审核"，选择"审核未审核凭证"。操作界面如图7—10所示。

（3）过账

以"何宇"的身份登录账套，点击"财务会计＼总账＼凭证处理＼凭证过账"，开始过账，如图7—11所示。

注意：如果"凭证过账"时出现"内部一致性错误"，不能完成过账，请按如下操作尝试：

图 7—9（B） 单张审核完成

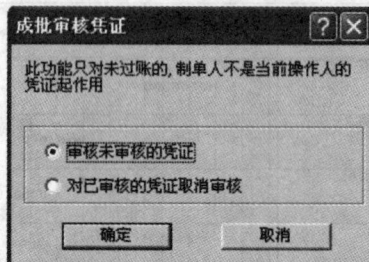

图 7—10 成批审核

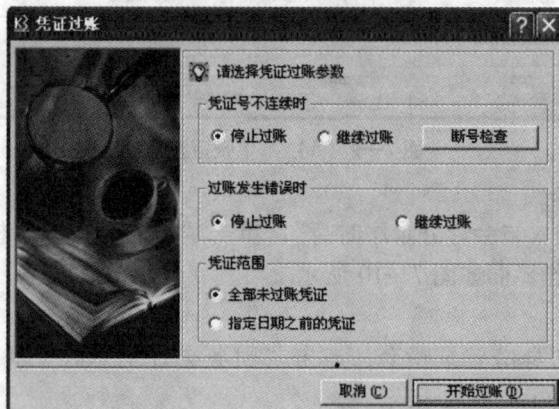

图 7—11 凭证过账

找到目录"C：\ Program Files \ Kingdee \ K3ERP",在该目录下找到"TaskView. txt"文件,双击打开,进入"网络控制"窗口,如图7—12所示。

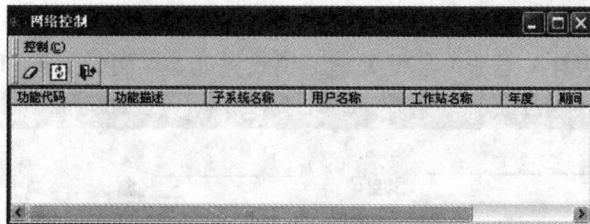

图 7—12　网络控制

如果"网络控制"窗口下有任务项,请用"橡皮擦"按钮,将其清除,清除后退出。再尝试能否将凭证过账。

注意:如果操作过程中出现"你当前使用的功能与其他用户有冲突,目前无法使用"的错误提示,可通过下列操作解决:

①使用上述操作方法,找到"网络控制"窗口,将任务项擦除。

②在开始菜单中选择"程序"—"金蝶 K3"—"K3 系统工具"—"系统工具"—"网络控制",将窗口中的任务项擦除。

2. 凭证的更正

假设当月 5 日的提现记账凭证金额出错,正确的数额应为 1 000 元,请用红字冲销法更正。冲销时数额不能在系统中改,必须用现金差额的红字冲销(录入负的金额,系统自动显示为红字),然后再录入一张正确的凭证重新过账。操作界面如图7—13 所示。

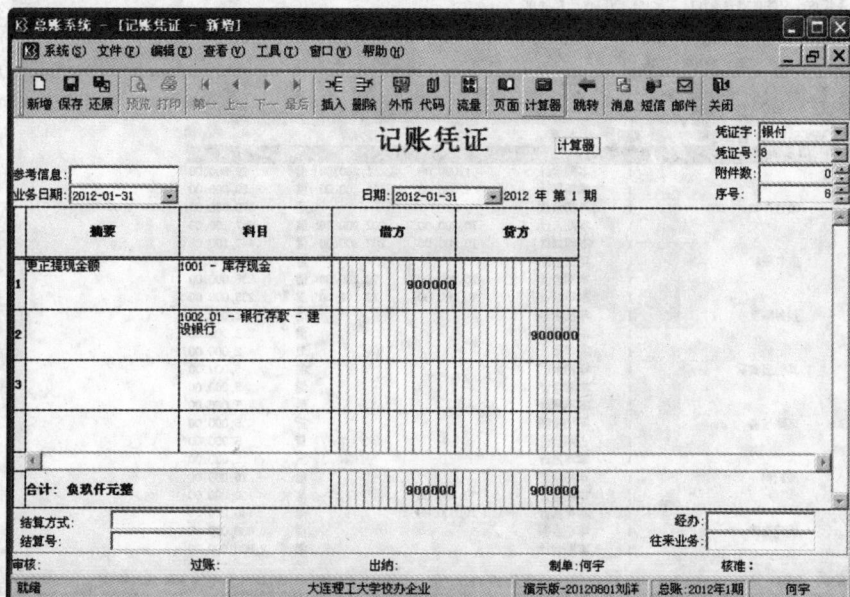

图 7—13　凭证更正

凭证汇总后，若不平，注意币别的选择是否有误，应选择综合本位币，如果还不平，则需要检查凭证录入是否有误。

3. 制作一张提现的模式凭证

操作：财务会计＼总账＼凭证处理＼模式凭证。界面如图7—14所示。

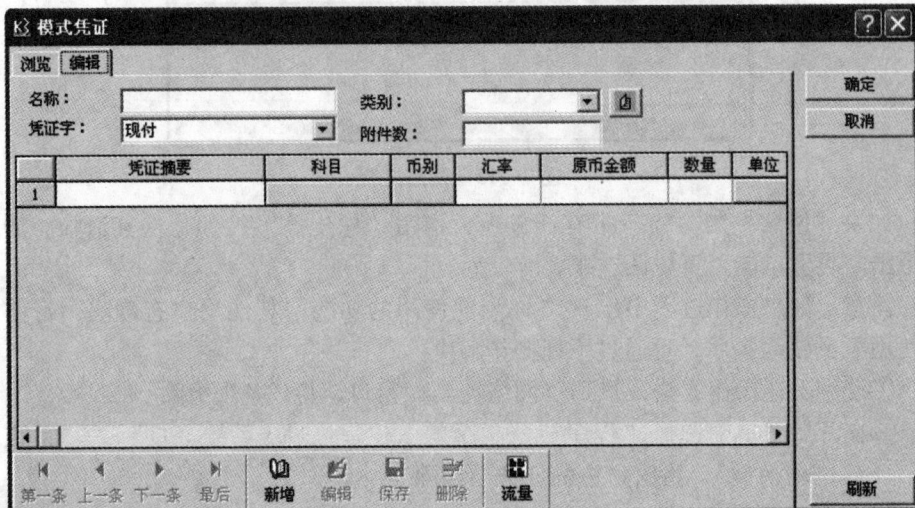

图7—14　制作模式凭证

4. 查看各种总分类账

操作：财务会计＼账簿＼总分类账。界面如图7—15所示。

图7—15　查看总分类账

5. 查看管理费用明细账

操作：财务会计 \ 账簿 \ 明细分类账。界面如图 7—16 所示。

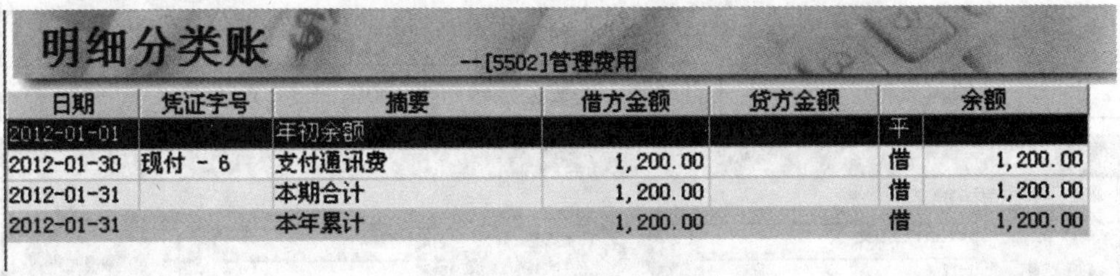

明细分类账

--[5502]管理费用

日期	凭证字号	摘要	借方金额	贷方金额		余额
2012-01-01		年初余额			平	
2012-01-30	现付 - 6	支付通讯费	1,200.00		借	1,200.00
2012-01-31		本期合计	1,200.00		借	1,200.00
2012-01-31		本年累计	1,200.00		借	1,200.00

图 7—16　查看明细账

● 7.4　制作自动转账凭证

操作：财务会计 \ 总账 \ 结账 \ 01034 自动结账 \ 编辑。界面如图 7—17 所示。

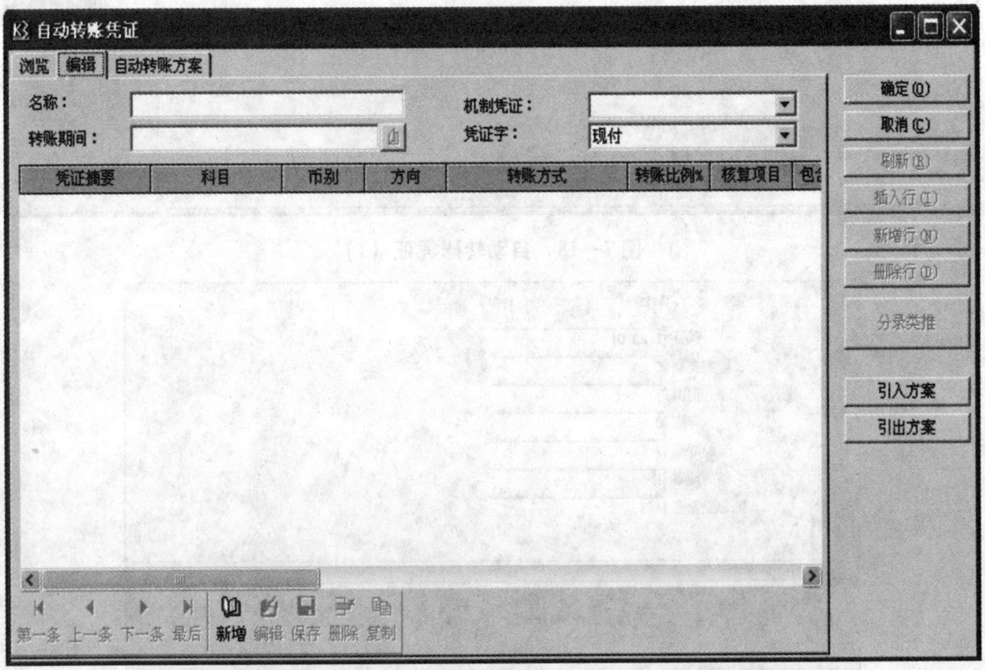

图 7—17　自动转账凭证

1. 摊销应由本月负担的报纸杂志费

首先，增加代码为 6602.04 的"管理费用——办公费"明细科目。自动转账凭证名称为摊销报纸杂志费，凭证设置资料见表 7—1，操作界面如图 7—18 所示。自动转账公式为：ACCT（"1123.01"，"C"，""，0，1，1，""）/12，即：预付账款年初余额÷12，公式设置如图 7—19 所示。

表7—1 摊销报纸杂志费

转账期间	会计科目	方向	转账方式	比例	包含本期未过账凭证
1—12月	管理费用——办公费	自动判定	转入	100%	
	预付账款	自动判定	按公式转出	100%	包含

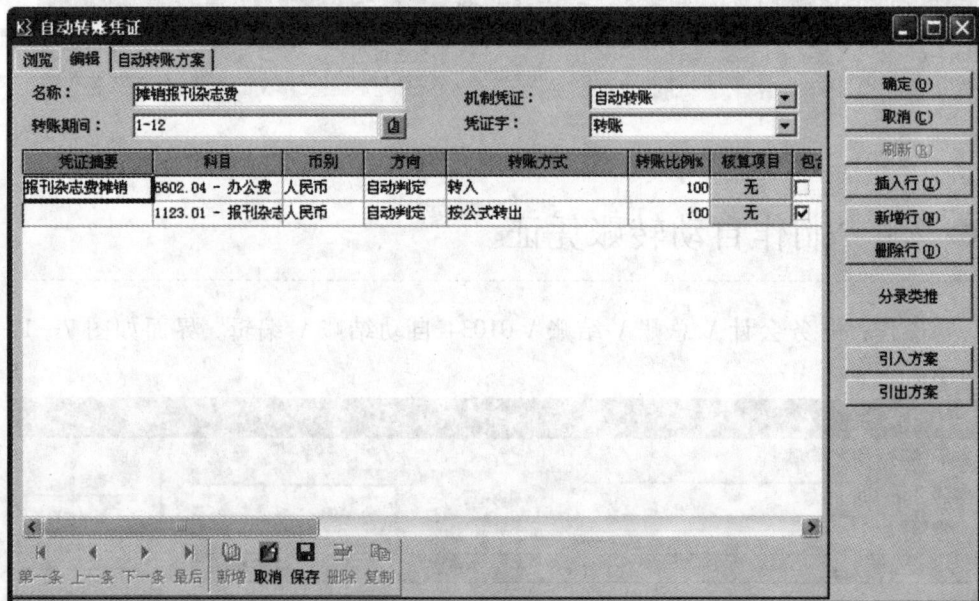

图7—18 自动转账凭证（1）

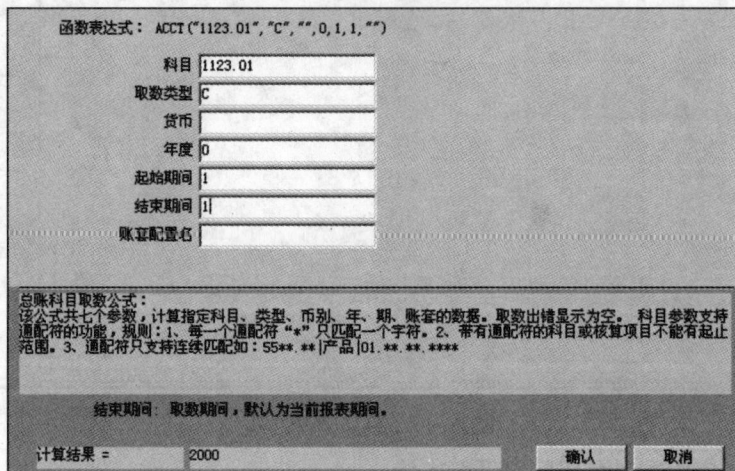

图7—19 公式设置（1）

2. 计提短期借款利息

按短期借款年初余额100 000元和3%的年利率计算本月应负担的短期借款利息。名称：计提短期借款利息，凭证设置资料见表7—2，操作界面如图7—20所示。公式设置为：ACCT（"2231"，"C"，""，0，1，1，""）＊0.03/12，操作界面如图 7—21 所示。即短期借款年初余额＊0.03÷12。进行上述操作后，就可以用上述自动转账凭证生成记账凭证了，操作界面如图 7—22 所示。

表 7—2　　　　　　　　　　　计提短期借款利息

转账期间	会计科目	方向	转账方式	比例	包含本期未过账凭证
1—6 月	财务费用——利息	自动判定	按公式转出	100%	
	应付利息	自动判定	转入	100%	包含

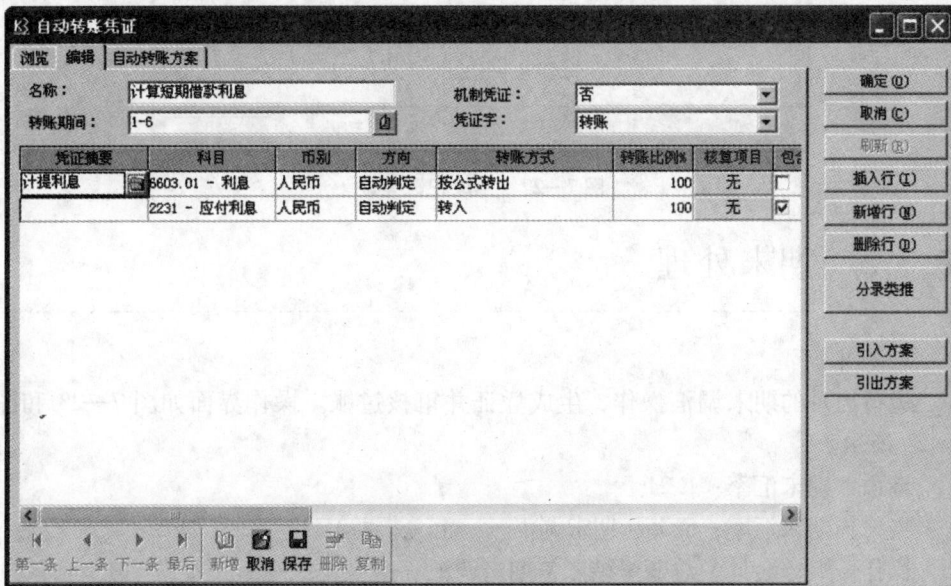

图 7—20　自动转账凭证（2）

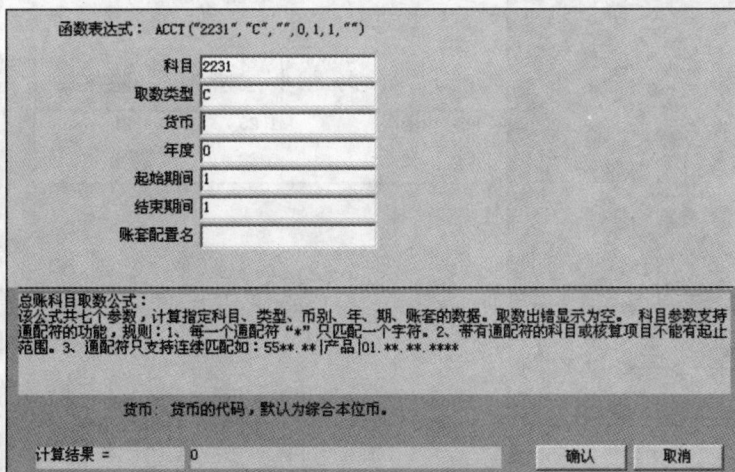

图 7—21　公式设置（2）

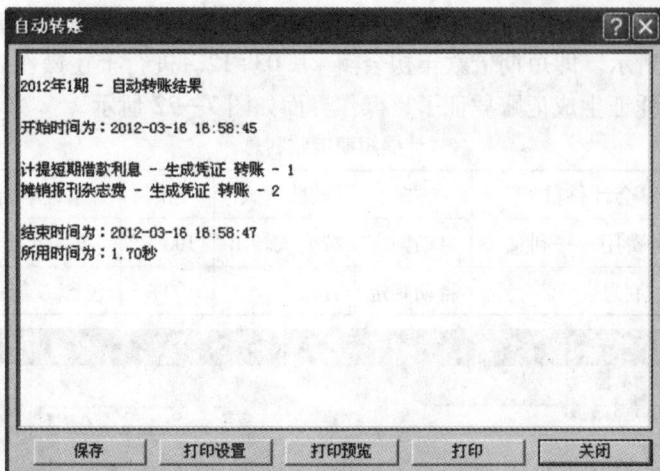

图 7—22　生成记账凭证

● 7.5　期末处理

1. 期末调汇

进行当月的期末调汇操作，生成凭证并审核过账。操作界面如图 7—23 和图 7—24 所示。

港币：期末汇率：1.21

美元：期末汇率：6.35（期末调汇——汇兑损益）

操作：财务会计 \ 总账 \ 结账 \ 期末调汇。

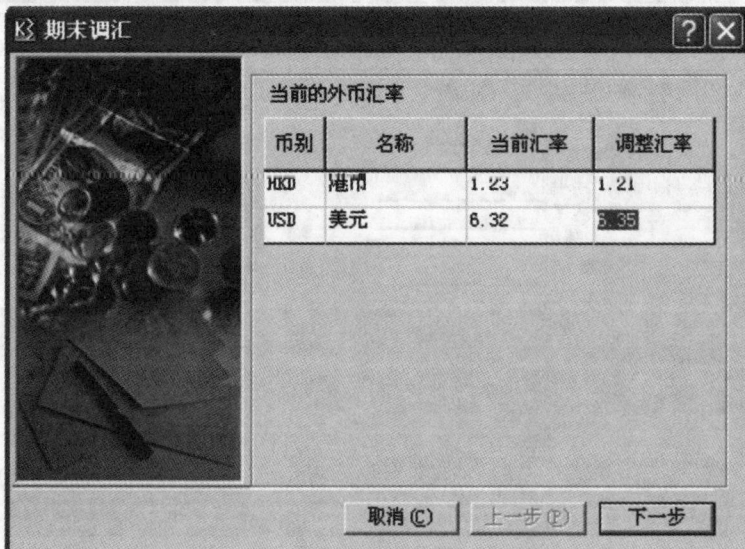

图 7—23　期末调汇（1）

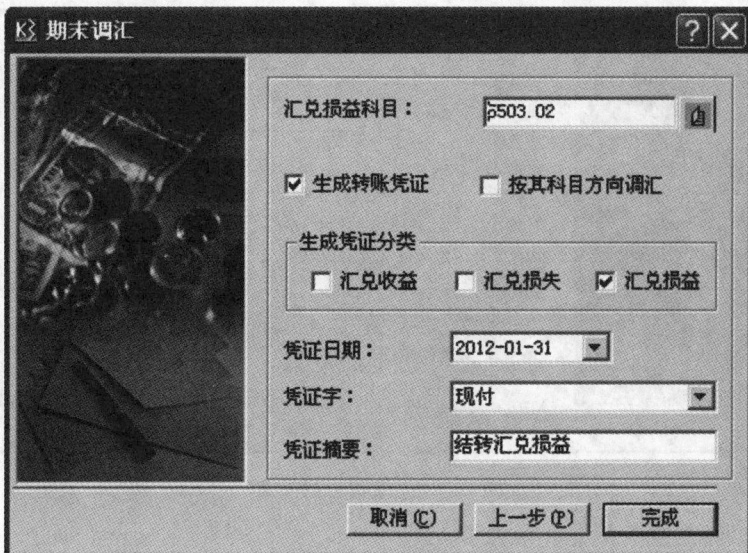

图 7—24　期末调汇（2）

2. 结转当期损益

注意，先将当月未过账凭证全部过账，在结转时注意首先以"张华"身份（权限最高者）在"系统设置 \ 系统设置 \ 总账 \ 系统参数"下，如图 7—25 所示进行设置，完成上述设置后，以用户"刘洋"的身份在"财务会计 \ 总账 \ 结账 \ 结转损益"中完成结转当期损益，如图 7—26 所示。

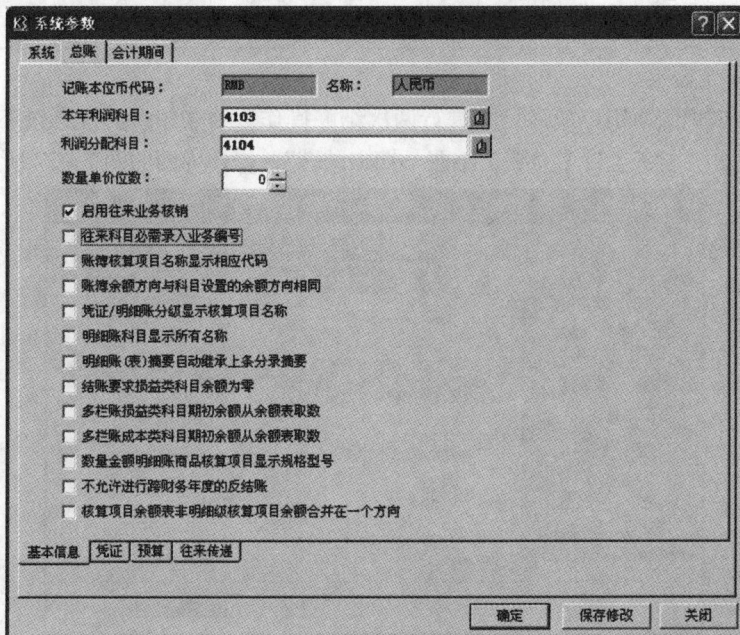

图 7—25　结转当期损益设置

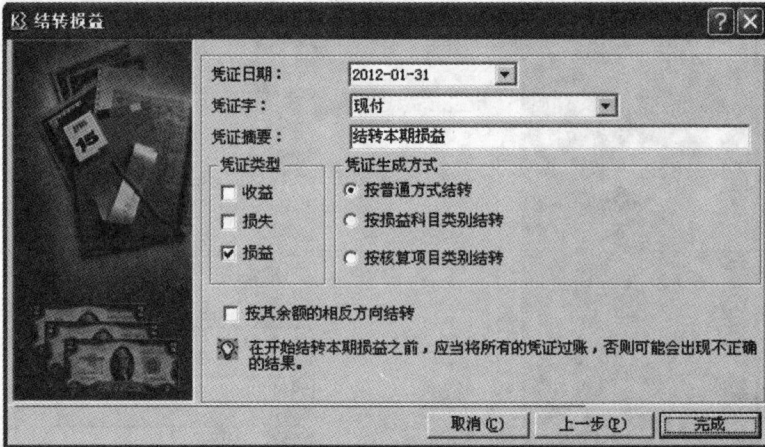

图7—26 结转当期损益

3. 将结转损益的记账凭证过账

4. 自动转账

利用"自动转账"功能，设置"本年利润"转入到"未分配利润"科目的自动转账方案，方案设置见表7—3，并生成凭证、审核过账。

操作：自动转账 \ 浏览 \ 生成凭证。

表7—3 自动转账方案设置

会计科目	方向	转账方式	比例	包含本期未过账凭证
利润分配	自动判定	转入	100%	
本年利润	自动判定	按比例转出余额	100%	包含

5. 期末结账

注意，试用版本用户最多只能进行两次结账操作，结账超过两次系统不允许再操作。依次点击"财务会计 \ 总账 \ 结账 \ 期末结转"。操作界面如图7—27所示。

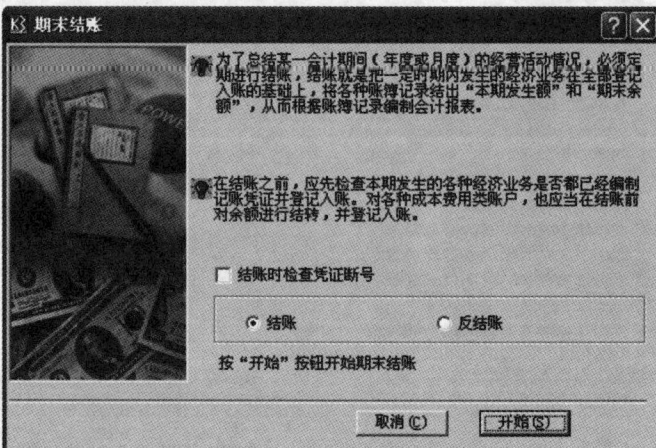

图7—27 结账

操作要点：

（1）一旦结账，对于已结账会计期间的业务将不能再进行修改和删除。

（2）如需对已结账期间业务进行修改，可通过按住"SHIFT"键，单击"期末结账"图标，选择"反结账"功能，返回到上一期进行数据修改。

第 8 章

固定资产管理系统

实验目的：掌握固定资产管理系统的操作流程及常用操作功能

实验要求：

①对固定资产系统进行初始化；

②完成固定资产新增、减少及其他变动等日常操作，查看各种账表；

③期末计提折旧，进行固定资产子系统与总账系统的对账并结账。

按如下资料及步骤进行操作。

● 8.1 系统维护

系统参数设置：①与总账系统相连；②允许改变基础资料编码。

操作：系统设置 \ 系统设置 \ 固定资产管理 \ 系统参数。

固定资产系统可与总账相连使用，也可独立作为设备管理使用。因此，如果固定资产系统与总账相连使用，一般建议不要选"不折旧"、"不需要生成凭证"这两个选项，如图 8—1 所示。

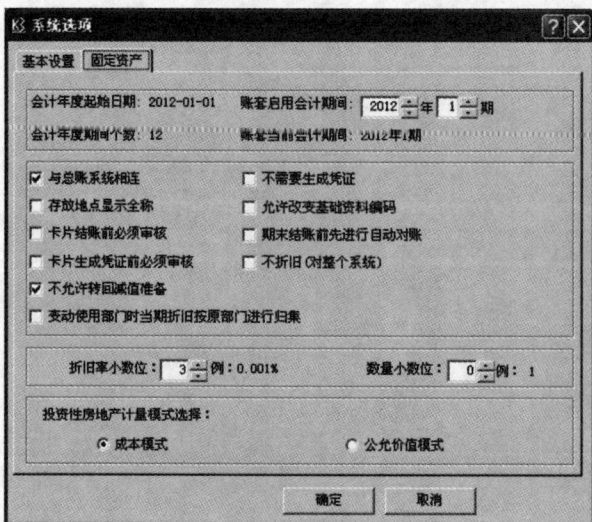

图 8—1 固定资产设置

● 8.2　基础资料

1. 变动方式类别增加

操作：财务会计 \ 固定资产管理 \ 基础资料 \ 变动方式类别。类别资料见表 8—1，操作如图 8—2、图 8—3 所示。

表 8—1　　　　　　　　　　　变动方式类别资料

代码	方式名称	凭证字	摘要	对方科目
002.004	报废	转账	报废固定资产	固定资产清理

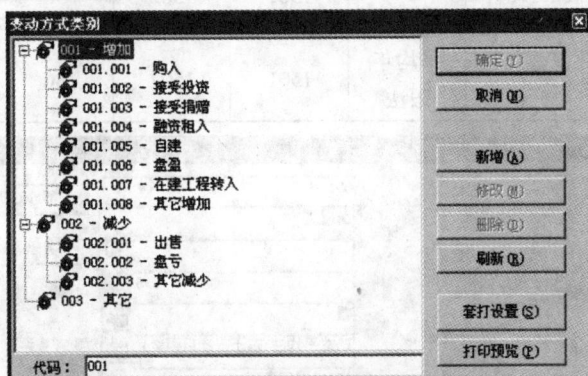

图 8—2　变动方式类别增加

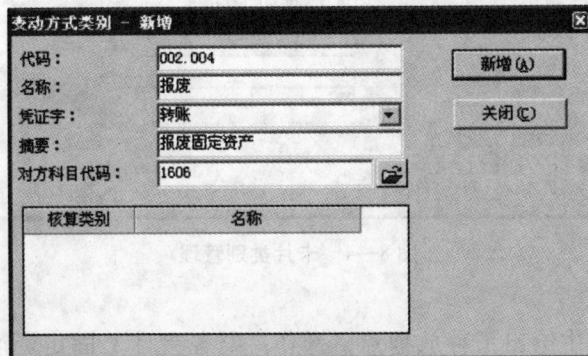

图 8—3　变动方式类别设置

操作要点：

（1）如果要求系统对固定资产变动业务自动生成相应的记账凭证，就必须在固定资产变动方式设置窗口中的"对方科目代码"对话框中输入对方科目代码。同时，选择该类业务凭证相应的凭证字、录入摘要内容和核算项目。

（2）已使用的固定资产变动方式不能删除。

2. 卡片类别管理

设置表 8—2 中给出了卡片类别，操作：财务会计 \ 固定资产管理 \ 基础资料\卡片类别管理，操作界面如图8—4所示。

表8—2   卡片类别管理

代码	名称	使用年限	净残值率	计量单位	预设折旧方法	固定资产科目	累计折旧科目	卡片编码规则	是否计提折旧
001	房屋类	50	5%	幢	动态平均法	1501	1502	FW	不管使用状态如何一定提折旧
002	交通工具	10	3%	辆	工作量法	1501	1502	JT	由使用状态决定是否提折旧
003	生产设备	10	3%	台	双倍余额递减法	1501	1502	SC	由使用状态决定是否提折旧
004	办公设备	5	5%		平均年限法	1501	1502	BG	由使用状态决定是否提折旧

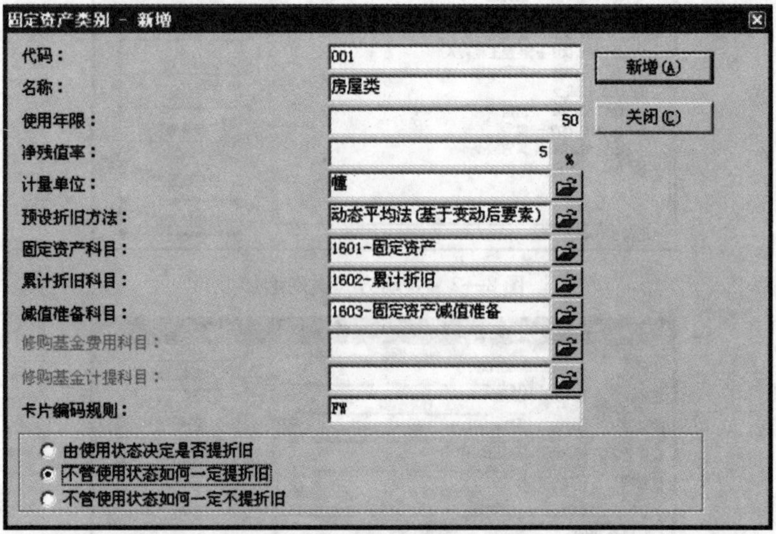

图8—4   卡片类别管理

3. 存放地点

设置表8—3中给出了存放地点，操作：财务会计\固定资产管理\基础资料\存放地点维护，如图8—5所示。

表8—3   存放地点

代码	名称
01	车间
02	办公室
03	车库

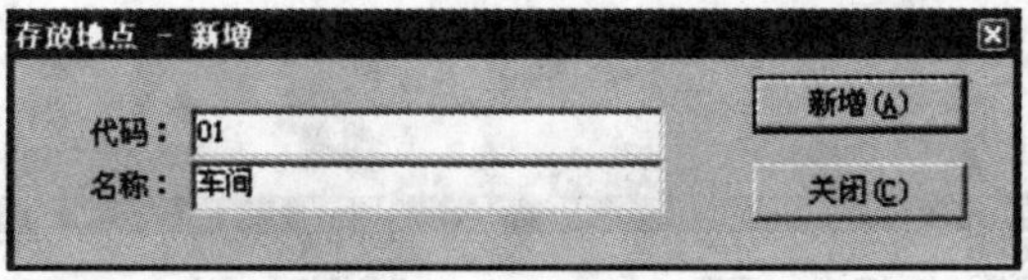

图 8—5 新增存放地点

● 8.3 初始数据录入

操作：固定资产管理 \ 业务处理 \ 新增卡片。初始数据设置见表 8—4，初始化界面如图 8—6 所示。

表 8—4 固定资产初始数据

资产编码	FW001	JT001	SC001
名称	办公楼	小汽车	车床
类别	房屋类	交通工具	生产设备
计量单位	幢	辆	台
数量	1	1	1
变动日期	1997-12-31	2006-09-07	2005-03-05
存放地点		车库	车间
经济用途	经营用	经营用	经营用
使用状态	正常使用	正常使用	正常使用
变动方式	自建	购入	购入
使用部门	行政部	销售一部、销售二部（费用比例各 50%）	生产部
折旧费用科目	管理费用——折旧费	销售费用	制造费用——折旧费
币别	人民币	人民币	人民币
原币金额	1 000 000 元	400 000 元	600 000 元
购进累计折旧	无	无	无
开始使用日期	1998-01-01	2006-10-01	2005-05-01
已使用期间	168	工作总量：30 万公里，已使用 18 万公里	80
累计折旧金额	280 000 元	220 000 元	400 000 元
折旧方法	动态平均法	工作量法（计量单位：公里）	双倍余额递减法

初始化

流水号	年度	期间	入账日期或 变动日期	备注	编码	名称	型号	类别	变动方式	使用状态	部门	单位	数量
2	2012		1997-12-31	新增	FW001	办公楼		房屋类	自建	正常使用	行政部	楼	1.00
3	2012		2006-09-07	新增	JT001	小汽车		交通工具	购入	正常使用	销售部－销售辆		1.00
4	2012		2005-03-05	新增	SC001	车床		生产设备	购入	正常使用	生产部	台	1.00
						合计							3.00

图 8—6　固定资产初始化

操作要点：

（1）入账日期只能是初始化期间以前的日期；

（2）变动方式选择取得固定资产的方式；

（3）设置部门、折旧费用科目时必须保证部门、科目、核算项目对应的一致性，因为折旧凭证中的科目、核算项目信息就是从此获得的，因此，必须对应设定完整，否则系统无法自动计提折旧；

（4）购进原值指的是取得固定资产的价值；

（5）购进累计折旧指的是取得固定资产前已存在的累计折旧值；

（6）累计折旧指的是从取得固定资产到系统启用期间为止，固定资产本单位已计提的累计折旧额；

（7）预计使用期间数录入时，注意把预计使用年限折算为月份数后，再进行录入。

● 8.4　结束初始化

操作：系统设置 \ 初始化 \ 固定资产 \ 50068 初始化，如图 8—7 所示。

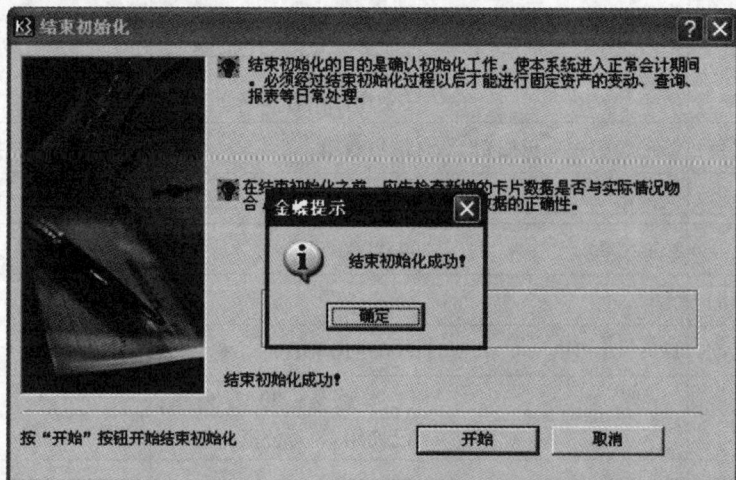

图 8—7　结束初始化

一旦结束初始化操作，则固定资产初始数据将不能再修改，如确需修改必须反初始化，其具体操作方法为，按住键盘上的"SHIFT"键，点击"工具"菜单，选择当中的"反初始化"选项。

● 8.5 日常业务处理

1. 固定资产的增加

操作：财务会计＼固定资产管理＼业务处理＼新增卡片，新增固定资产资料见表8—5，操作界面如图8—8所示。

表8—5　　　　　　　　　　　　　　新增固定资产

资产编码	BG001
名称	电脑
类别	办公设备
计量单位	台
数量	3
变动日期	2012-01-15
存放地点	办公室
经济用途	经营用
使用状态	正常使用
变动方式	购入
使用部门	财务部
折旧费用科目	管理费用——折旧费
币别	人民币
原币金额	24 000 元
购进累计折旧	无
开始使用日期	2012-01-20
已使用期间	0
累计折旧金额	0
折旧方法	平均年限法

操作要点：

（1）在新增卡片时，入账日期只能是当前或以后期间的时间；

（2）如当期新增的固定资产是全新的固定资产，"原值与折旧"卡片中的"购进累计折旧"无需录入，该项目指的是固定资产在购入前已存在的累计折旧；

（3）在录入同类型的固定资产时，可通过选择"新增复制"选项复制卡片信息。

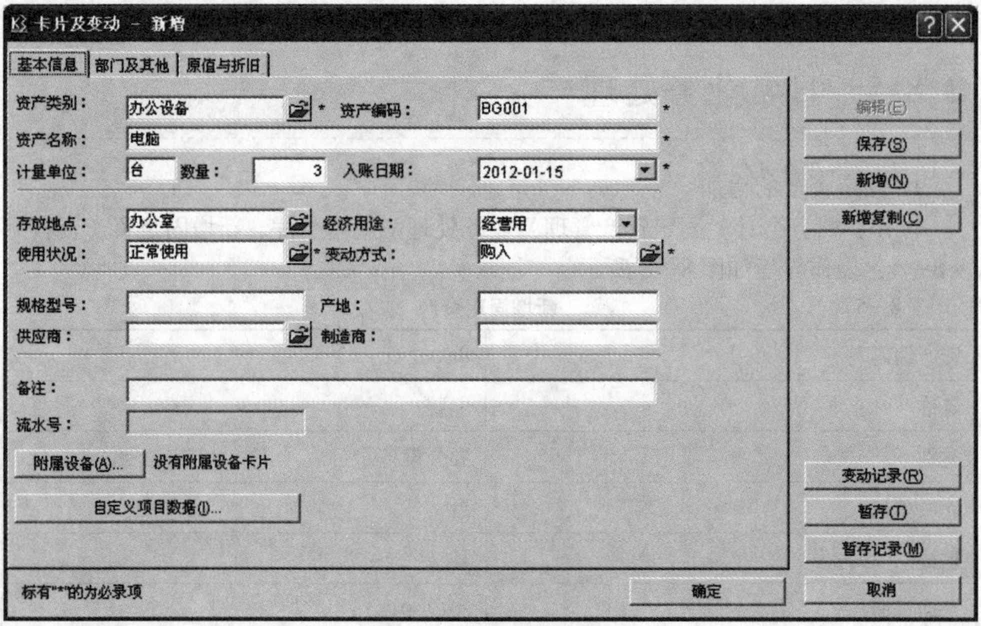

图 8—8 新增固定资产

2. 固定资产的减少

将表 8—6 固定资产卡片中的一台车床报废。清理费用以现金支付，残值收入存入建设银行。操作界面如图 8—9 所示。

表 8—6　　　　　　　　　　　　固定资产减少

清理日期	清理数量	清理费用	残值收入	变动方式
2012—01—20	1	500	4 500	报废

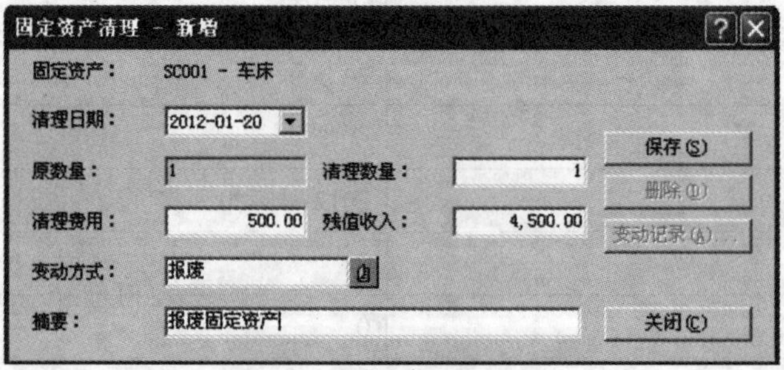

图 8—9　固定资产减少

操作要点：

（1）进行清理操作后，所产生的变动记录是不能直接通过"删除"按钮进行删除操作的，只能重新点击"清理"按钮进入清理界面，选择"删除"才能进行删除操作；

（2）卡片清理后，该固定资产的价值将为零，并且从企业的固定资产管理系统中消失；

（3）多数量的卡片作部分数量减少时只清理了一张卡片中的部分数量，不会影响其余固定资产。

3. 固定资产的其他变动

将 JT001 固定资产卡片中小汽车的使用部门由销售部转为行政部，折旧费用科目也由"产品销售费用——折旧费"转为"管理费用——折旧费"。

操作要点：

（1）同一张固定资产卡片每期只能做一次变动，如当期确需要多次调整，可合并成一次处理，同时做多个项目变动；

（2）不涉及金额的增减调整（如原值调整、累计折旧调整等）的固定资产变动，无需生成凭证。

4. 利用"凭证管理"功能制作增加、减少固定资产的记账凭证

操作要点：

（1）生成记账凭证时，如果"变动方式"中预设的对方科目等信息不全，则系统会提示是否手工调整，选择"是"可打开凭证进行修改保存。科目不全，需补上科目。

（2）如要汇总生成固定资产凭证，需按"CTRL"或"SHIFT"键去选。

（3）固定资产系统所生成的记账凭证会自动传递到总账系统。

5. 查看固定资产清单等各种账表

操作要点：

（1）设定查询方案时，期间选择"初始期间"表示只查看初始数据；

（2）方案设置的报表项目卡片里，可设定要显示或不显示的固定资产报表项目，并对固定资产按一定方式小计、汇总，但汇总前必须先设排序方式。

● 8.6　期末处理

（1）输入本月工作量 2 000 公里，即 0.2 万公里。

（2）计提固定资产折旧。

（3）利用"自动对账"功能进行固定资产管理系统和总账系统的对账。

（4）计提折旧。操作：期末处理 \ 计提折旧。

操作要点：

（1）一旦结账，对于已结账会计期间的业务将不能再进行修改和删除；

（2）如需对已结账期间业务进行修改，可通过按住"SHIFT"键，单击"期末结账"图标，选择"反结账"功能，返回到上一期进行数据修改。

第9章

工资管理系统

实验目的：掌握工资管理系统的处理流程及日常工作的具体操作方法

实验要求：

①对工资系统进行初始化设置，添加基础资料；

②设置工资项目、定义工资计算方法、录入工资数据进行工资计算；

③计算个人所得税，分配工资费用；

④查看各种工资报表，结账。

按如下资料及步骤进行操作。

● 9.1 建立工资类别方案

类别名称：全体员工。

是否多类别：否。

币别：人民币。

操作：人力资源 \ 工资管理 \ 类别管理 \ 新建类别，界面如图9—1所示。

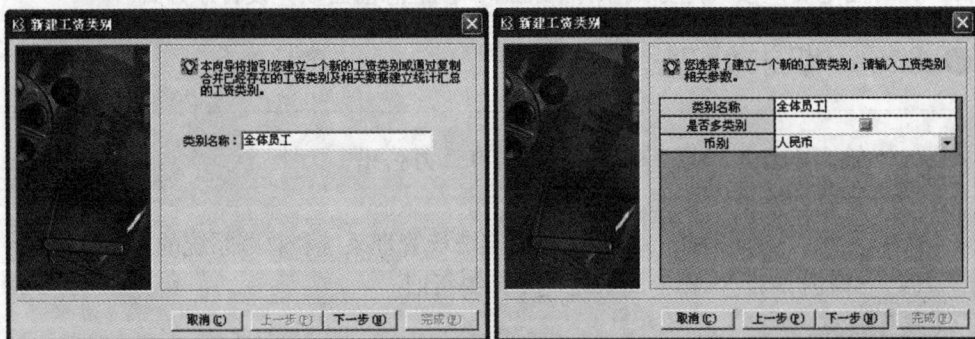

图9—1 新建工资类别

设置工资类别时应注意，单类别才能用于核算工资数据，而汇总类别主要用于汇总多个单类别的工资数据，且只能查看，不能进行工资数据的计算工作。因此，在建立独立的工资类别时，不要选择多类别。

● 9.2　系统维护

系统参数：要求结账与总账期间同步。

操作：系统设置 \ 系统设置 \ 工资管理 \ 系统参数，界面如图9—2所示。

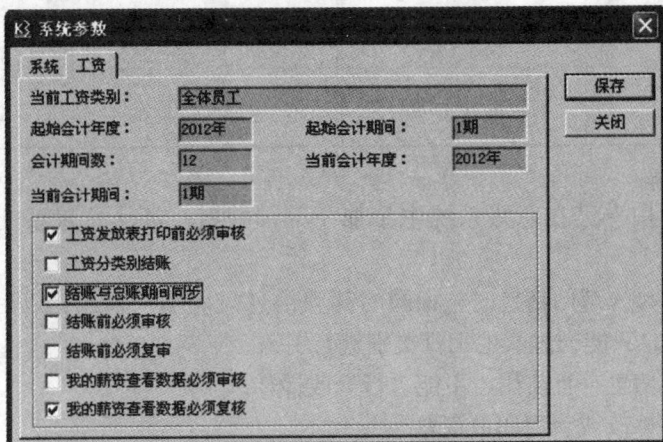

图9—2　工资管理系统参数

● 9.3　设　置

1. 导入或新增部门资料

操作：工资管理 \ 设置 \ 部门管理 \ 导入 \ 总账数据 \ 全选 \ 导入（注意最后的"导入"是图9—3中"全清（2）"按钮下方的"导入（T）"，不是"刷新"旁的"导入"。注意：点击第一个"导入"按钮后，一定要保持窗口全屏，否则显示不出图9—3的"导入（T）"按钮）。如不能直接导入部门资料，可手动添加新增部门资料，见表9—1。

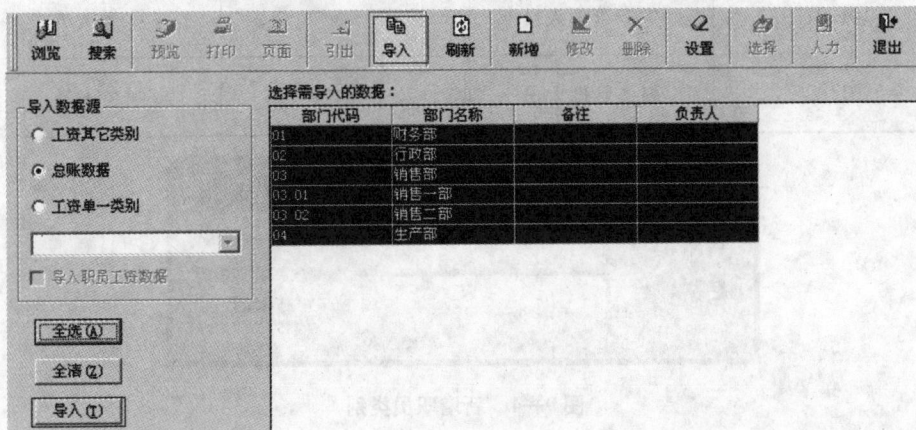

图9—3　导入部门资料

表9—1　　　　　　　　　　　　　　新增部门资料

代码	名称	代码	名称
01	财务部	03.01	销售一部
02	行政部	03.02	销售二部
03	销售部（上级组）	04	生产部

操作要点：

（1）如果用户已在总账系统中添加了部门资料，可从总账系统中导入部门信息；

（2）总账导入部门信息时，相同的部门信息只能引入一次，以后如想再引入相同的部门信息只能通过其他工资类别进行引入；

（3）部门信息一旦使用，不能进行修改操作。

2. 导入并修改或新增职员资料

注意：需要新添加"职员类别"科目。

操作：系统设置 \ 系统设置 \ 基础资料 \ 公共资料 \ 辅助资料管理 \ 职员类别。按表9—2添加职员类别，代码与系统预设资料重复时需要自行拟定代码。点击"新增"按钮，出现"新增职员类别"窗口，如图9—4所示。

表9—2　　　　　　　　　　　　　　职员类别

代码	职员类别	代码	职员类别
01	管理人员	02	销售人员
01.01	生产管理人员	03	生产人员
01.02	财务管理人员	04	财务人员

图9—4　新增职员类别

按表9—3修改职员资料，职员资料修改界面如图9—5所示。

表 9—3　　　　　　　　　　　　　　职员资料

代码	名称	职员类别	部门	个人账号
001	张华	管理人员	财务部	2712356487
002	李萍	管理人员	行政部	2712568435
003	王林	销售人员	销售一部	2713258741
004	赵立	销售人员	销售二部	2713856984
005	刘红	生产人员	生产部	2714521436
006	孙晴	生产管理人员	生产部	2713632541
007	刘洋	财务人员	财务部	2713632870
008	何宇	财务管理人员	财务部	2713632871

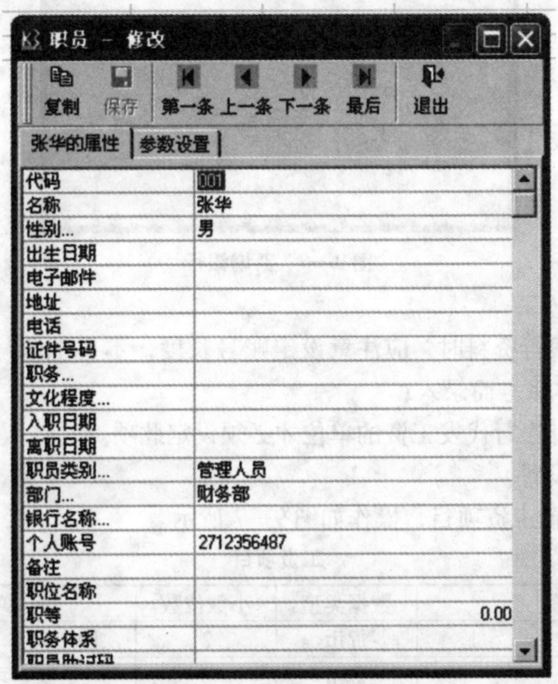

图 9—5　职员资料修改

操作要点：

（1）设定职员资料时应注意，必须设定职员的部门、职员类别，否则无法进行工资费用分配，这两项是分配工资费用的依据。

（2）已离职的职员资料不要直接删除，否则会影响相关历史数据的正确性。对于此类职员可通过变动处理中的人员变动选择"禁用离职人员"选项进行变动处理。

（3）禁用后的职员如想恢复使用，可通过在职员管理窗口中选择禁用按钮恢复职员的资料。

3. 增加银行资料

按资料增加银行资料。代码：1001。名称：建设银行天河支行。账号长度：10。界面如图 9—6 所示。

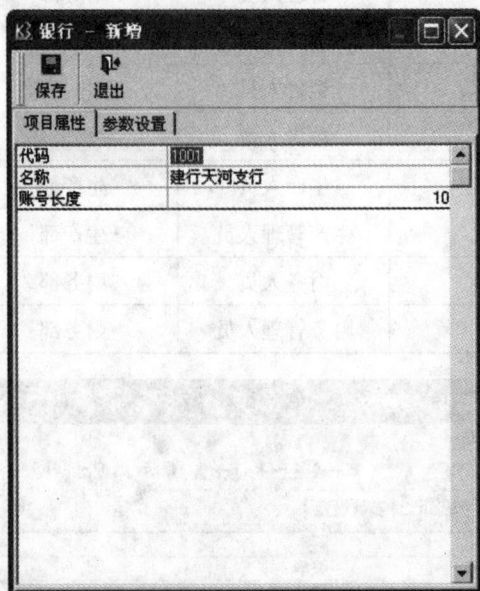

图 9—6　新增银行

操作要点：

（1）在设定银行资料时，应注意设定账号长度，不要把账号长度误认为是企业在此银行的具体账号而录入；

（2）一般只有银行代发工资的单位才必须设定此项。

4. 工资项目设置

按表 9—4 设置工资项目，操作如图 9—7 所示。

表 9—4　　　　　　　　　　　　　　　　工资项目

项目名称	数据类型	小数位数	项目属性
基本工资（修改）	货币	2	固定项目（原为可变项目）
浮动工资（新增）	货币	2	可变项目
津贴（新增）	货币	2	可变项目
加班（新增）	货币	2	可变项目
独补（新增）	货币	2	固定项目
病假（新增）	货币	2	可变项目
事假（新增）	货币	2	可变项目
房租水电（新增）	货币	2	可变项目
代扣所得税（新增）	货币	2	可变项目
医疗保险（新增）	货币	2	固定项目
养老保险（新增）	货币	2	固定项目
工会（新增）	货币	2	固定项目

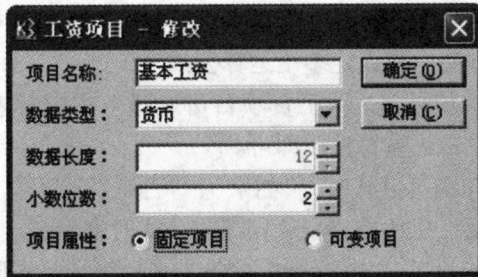

图 9—7　工资项目修改

操作要点：

（1）新增工资项目时，如果在工资项目名称的下拉框中有我们需要增加的项目，必须从下拉框中选择，系统会自动取有关信息进行显示，不需要手工录入（下拉框中工资项目资料主要来源于职员信息卡片）；

（2）设定工资计算公式时所需要用的工资项目，都必须预先在此设定，否则无法设置公式；

（3）设置工资项目时，必须注意设定工资项目的类型，只有数值型的工资项目才能参与工资数据加减运算，文字型的则不能。

5. 工资计算公式设置

操作界面如图 9—8 所示，操作要点如下：

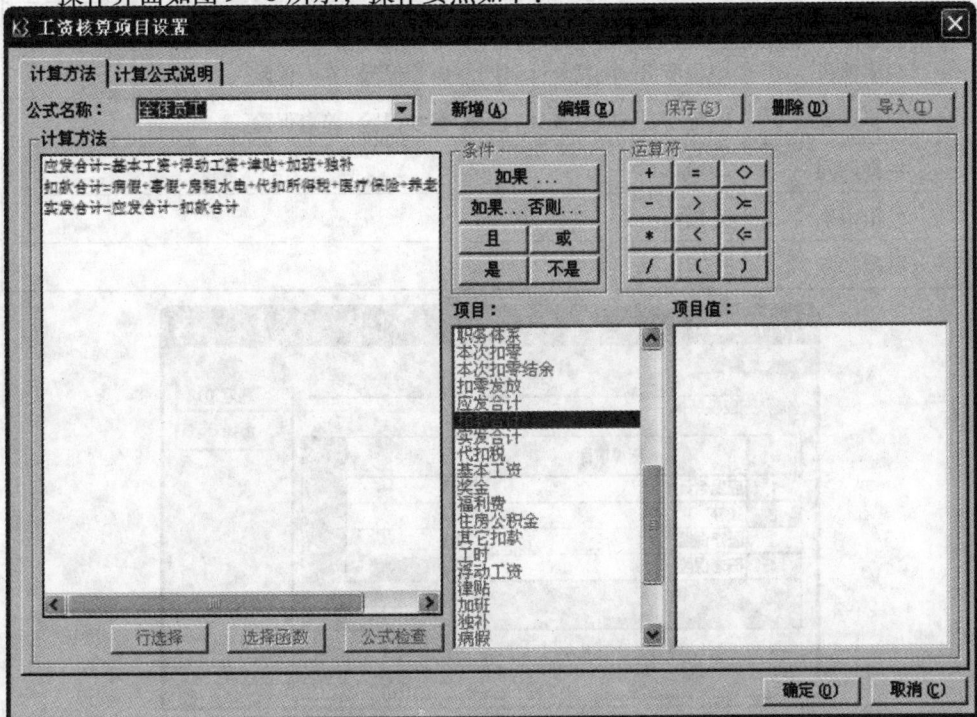

图 9—8　工资核算项目设置

（1）设定计算公式时请先点击"新增"按钮，出错时，可点击"编辑"按钮进行修改。一个计算方法中可设定多个运算公式。

（2）设定公式时，项目框里的工资项目可通过双击鼠标左键进行选择，运算符号、条件语句只要单击运算符按钮即可。

（3）利用条件语句编辑公式时，"如果"、"否则"、"且"、"或"、"是"、"不是"等条件语句前后要注意留空格，否则编辑公式时会出错。

（4）利用条件语句设公式时，语句间的"…"符号要先删除，然后再设判断条件。

公式设置为：

（1）公式名称：全体员工。

（2）应发合计=基本工资+浮动工资+津贴+加班+独补

（3）扣款合计=病假+事假+房租水电+代扣所得税+医疗保险+养老保险+工会

（4）实发合计=应发合计-扣款合计

6. 所得税设置

按表9—5设置所得税。编辑税率项目与所得计算时，操作如图9—9、图9—10所示。

表9—5　　　　　　　　　　　　　　所得税设置

名称	个人所得税计算
税率类别	含税级距税率
税率项目	应税所得=应发合计-独补-医疗保险-养老保险
所得计算	应税所得=应发合计-独补-医疗保险-养老保险
所得期间	2010-01
外币币别	人民币
基本扣除	1 260

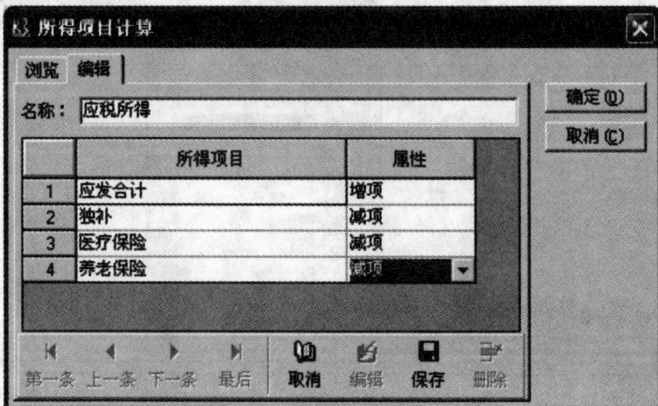

图9—9　所得税计算（1）

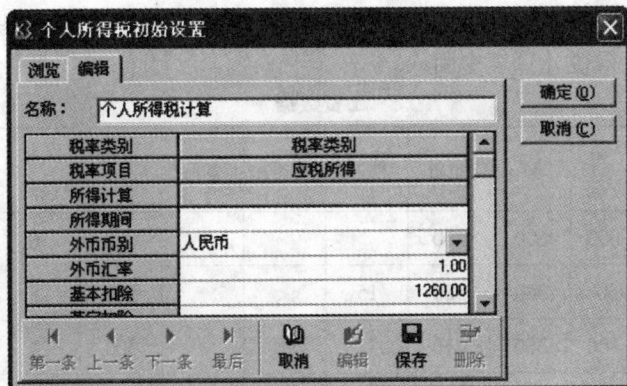

图 9—10　所得税计算（2）

● 9.4　工资业务

操作：人力资源 \ 工资管理 \ 工资业务 \ 工资录入。

1. 设置工资数据输入过滤器

过滤器名称：全体员工。

计算公式：全体员工。

工资项目：全选。

操作界面如图 9—11 所示。

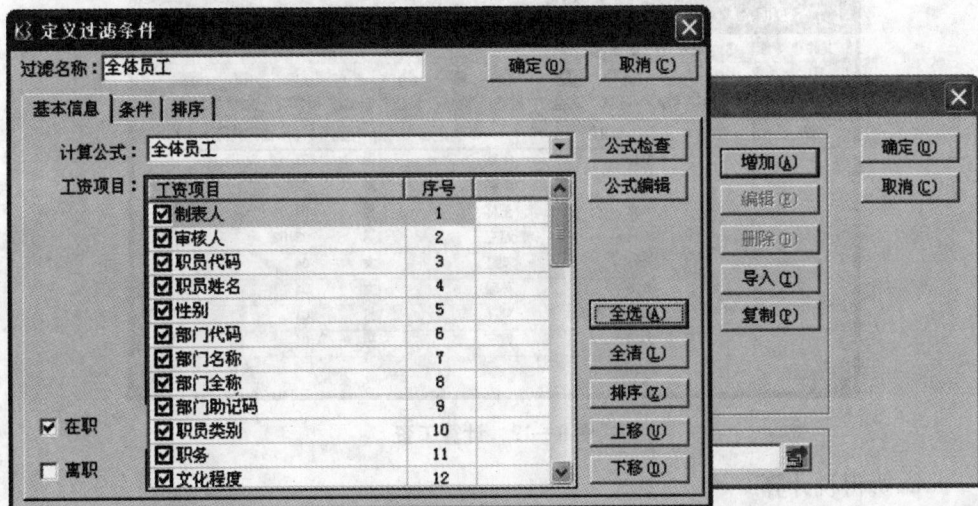

图 9—11　定义过滤条件

2. 工资数据录入

工资数据见表 9—6。注意：①白色单元格可直接录入，黄色单元格由系统自动计算，无需手工录入。②录入整列相同数据时，可利用工具栏中的"计算器"

帮助录入，无需单个录入；③"代扣税"一项可先不录入，待"④所得税计算"完成后，可从所得税计算表中引入。

表9—6   工资数据   单位：元

职员姓名	基本工资	浮动工资	津贴	加班	独补	病假	事假	房租水电	医疗保险	养老保险	工会
张华	1 800	2 000	600	400				800	36	90	9
李萍	1 400	900	380	320	15			331	28	67.5	7
王林	1 200	1 100	360	410		90		500	24	62.5	6
赵立	900	670	240	320			380	228	18	36	4
刘红	1 250	1 000	250	480	15			250	30	75	7
孙晴	1 500	1 600	400		15			327	27	72.5	5
刘洋	1 600	1 600	300	200				330	20	55	5
何宇	1 500	1 500	300	210	15	50	340	220	30	60	7

3. 利用"工资计算"功能计算工资

注意：虽然录入工资数据的同时，系统已同步进行了计算，但当工资公式较为复杂时，这种计算就不很充分，所以录入完毕，用户应利用"工资计算"功能再进行一次计算，操作界面如图9—12所示。

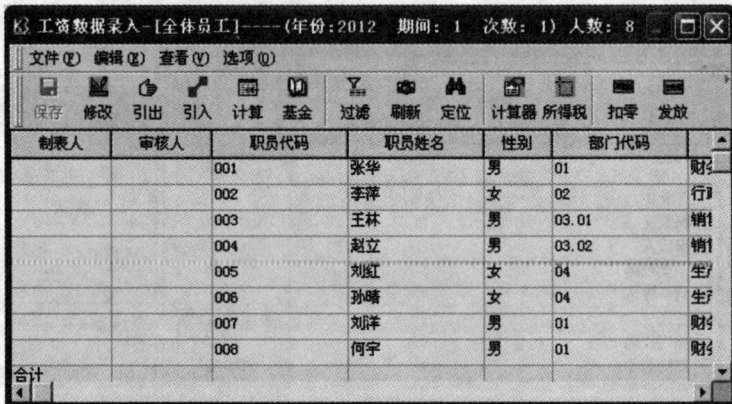

图9—12 计算工资

4. 所得税计算

所得税计算方法为"按工资发放期间计算"，计算方法选择如图9—13所示。

所得税计算操作：选中"所得项目"这一列，点击"设置"按钮，点击"确定"，弹出提示对话框，选择"确定"，出现提示框"重新计算税率和纳税额吗?"，选择"确定"。出现如图9—14所示的结果。

将计算出的所得税引入上文（2）中的"代扣税"栏中，并保存。

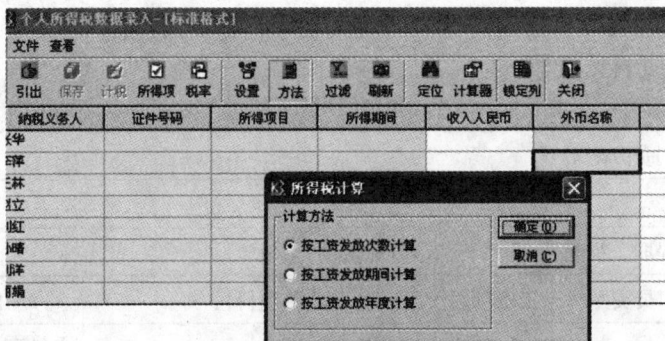

图 9—13　所得税计算 (1)

图 9—14　所得税计算 (2)

操作：工资业务 \ 工资录入。

选中"代扣税"这一列，右键单击，选择"引入所得税"，出现提示框，选择"确定"，引入方式选择"引入本期所得税"，点击"确定"。

5. 工资费用分配

此操作需先补充科目，在科目里补充两个 2 级科目：应付职工薪酬——应付工资，应付职工薪酬——应付福利费。"应付职工薪酬"属于负债类科目，在负债里选择。工资费用分配资料见表 9—7。

表 9—7　　　　　　　　　　　　　　　　工资费用分配

分配名称	工资分配			
凭证字	转账			
摘要内容	分配工资费用		分配比例	100%
部门	职员类别	工资项目	费用科目	工资科目
行政部	管理人员	应发合计	管理费用——工资及福利费	应付职工薪酬——应付工资
财务部	管理人员	应发合计	管理费用——工资及福利费	同上
销售一部	销售人员	应发合计	产品销售费用——工资及福利费	同上
销售二部	销售人员	应发合计	产品销售费用——工资及福利费	同上
生产部	生产人员	应发合计	生产成本——工资及福利费	同上
生产部	生产管理人员	应发合计	制造费用——工资及福利费	同上

6. 福利费用分配

福利费用资料见表9—8。

表9—8　　　　　　　　　　　　福利费用分配

分配名称	福利费分配			
凭证字	转账			
摘要内容	计提职工福利费		分配比例	14%
部门	职员类别	工资项目	费用科目	工资科目
行政部	管理人员	应发合计	管理费用——工资及福利费	应付职工薪酬——应付福利费
财务部	管理人员	应发合计	管理费用——工资及福利费	同上
销售一部	销售人员	应发合计	产品销售费用——工资及福利费	同上
销售二部	销售人员	应发合计	产品销售费用——工资及福利费	同上
生产部	生产人员	应发合计	生产成本——工资及福利费	同上
生产部	生产管理人员	应发合计	制造费用——工资及福利费	同上

注意：如果应发合计里包括了福利费，用户需在工资项目设置处另行定义一个诸如"福利计提基数"的工资项目，并在"公式设置"处定义它的计算公式，把福利费扣除出来，以此作为计提职工福利费的基数。

● 9.5　其他操作练习

（1）变动。

练习将财务部张华转为销售一部员工。

（2）查看各种工资报表。

（3）期末结账。

操作要点：

一旦结账，上月工资数据将不能再修改，如需修改，可通过点击"数据"模块中"期末结账"找到反结账选项，进行反结账。反结账的操作只有系统管理员才能进行。

第 10 章

应收款管理系统

实验目的：掌握应收款管理系统的操作流程及日常发生业务的具体处理方法

实验要求：

①对应收款系统进行正确的初始化设置，录入初始数据；

②对日常发生的各种赊销等欠款业务、收款业务进行处理；

③对发生坏账、坏账收回等特殊业务进行处理；

④进行往来业务核销，查看各种账表，期末结账。

按如下资料及步骤进行操作。

● 10.1　系统维护

1. 系统设置

操作：系统设置 \ 系统设置 \ 应收账款管理 \ 51030 系统参数。

坏账计提方法：备抵法当中的应收账款百分比法。

坏账损失科目：管理费用——坏账损失（寻找会计科目时，发现没有此科目，需新建科目，点击新增，保存后退出科目新增页面，选择新建的该科目。新建科目如图 10—1 所示）。

坏账准备科目：坏账准备。

计提坏账科目：应收账款，计提比例：0.5%。

2. 其他参数

单据审核人与制单人可为同一人。

3. 科目设置

设置单据类型科目如图 10—2 所示。

保存时，如果出现如图 10—3 所示的提示框，应在科目中将应收科目的"科目受控系统"设置为应收应付。

操作：点击销售发票右边的小书图标，进入会计科目菜单，选中会计科目"1122-应收账款"，如图 10—4 所示，选中之后点击修改，将科目受控系统改为：应收应付，如图 10—5 所示。（受控是指被设置成受控的科目只能在应收和应付系统中使用，而不能在总账中手工录入科目、生成凭证）

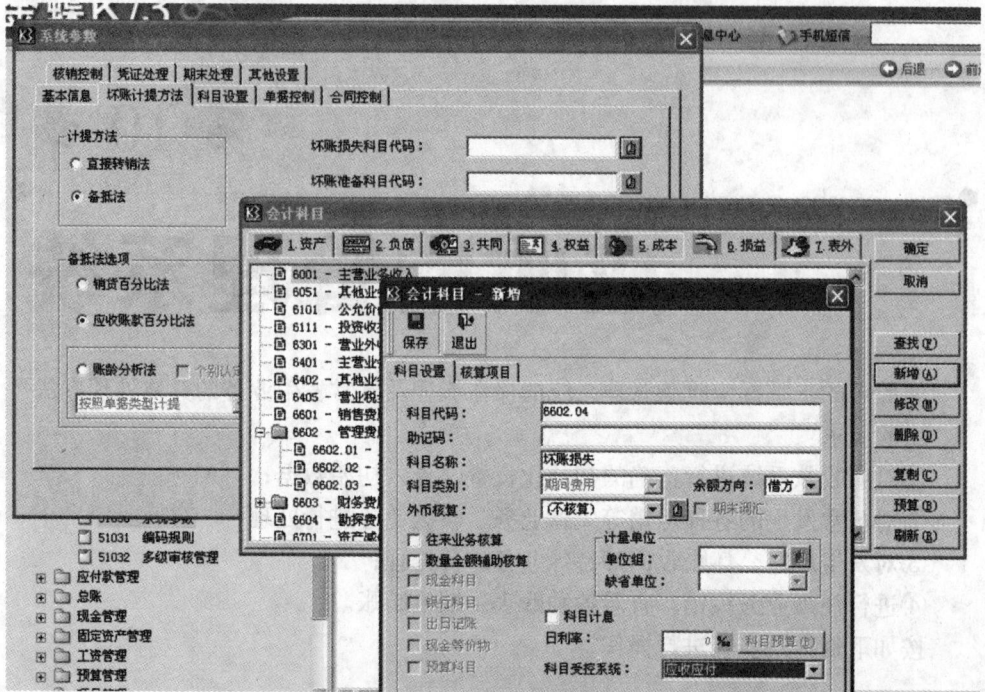

图 10—1　新增会计科目

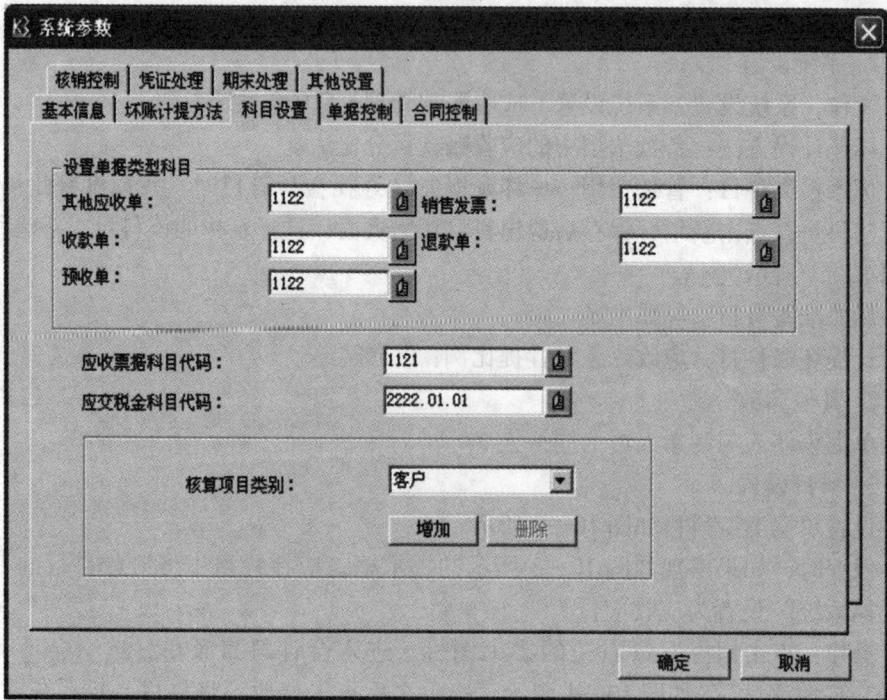

图 10—2　设置单据类型

图 10—3 提示框

图 10—4 设置受控应收应付 (1)

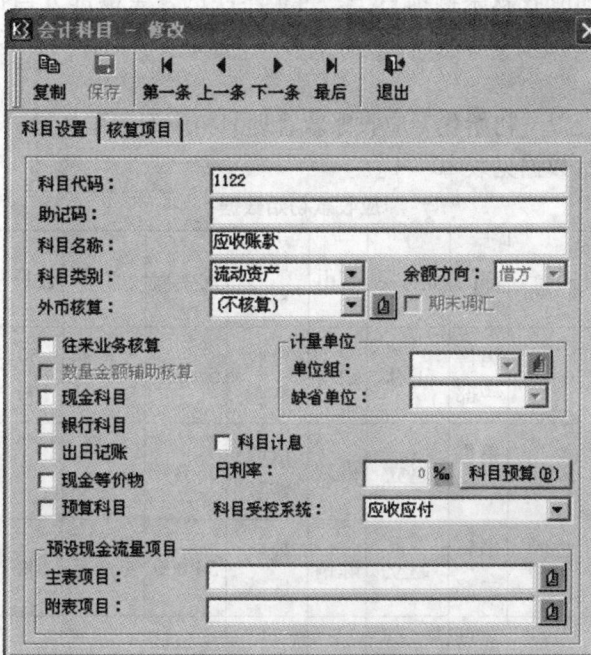

图 10—5 设置受控应收应付 (2)

● 10.2 初始数据录入

操作要点:

(1) 要填好应收款余额的明细框,它提供了余额的分段录入,在统计账龄时,系统将按录入的应收日期来统计应收款金额的账龄，使账龄计算更精确。

（2）通过发票录入初始数据时，可单击"商品"按钮选择调出销售商品明细表录入销售时详细的商品信息，或隐藏销售商品明细表省略录入销售商品信息的工作。

（3）发生额后面的"本年"复选框，将影响本年发生额统计的正确性。

（4）录入初始数据时，要注意设定往来科目的借贷方向，否则在应收款数据传递到总账时数据会不正确。

（5）初始数据录入时，可以根据需要将多张发票汇总输入，也可按每一张发票进行明细录入，汇总录入时，相同收款时间的金额可汇总反映在收款明细中，这样可以减少初始数据录入的工作量，但以后将不能按照单据进行初始化业务跟踪管理。

（6）如果录入初始数据时，出现发生额小于应收款余额的情况，可通过拆分数据的方式，把此数据拆分为两笔业务录入。拆分方法是首先把上年余额拆分出来，当作一笔业务录入，录入时，发生额的本年选项不要选择，然后把拆分出来的余额输入发生额和应收款余额项目中，再把本年的发生额部分当作另一笔业务输入，不同的是此笔业务必须把发生额中的本年选项选中，以此反映出本年发生额数。

操作：系统设置\初始化\应收账款管理\相应的单据新增。

新增单据初始数据见表10—1。

表10—1　　　　　　　　　　应收款初始数据　　　　　　　　　金额单位：元

客户职员	单据类型	日期	部门	业务员	事由	往来科目	发生额	商品	数量	单价	应收日期
长城	增值发票	2011.6.23	销售一部	王林	销售	应收账款	52 650	A产品 B产品	50 100	500 200	2012.1.5
	应收单	2011.9.12	销售二部	赵立	借款	应收账款	35 000				2012.2.12
宏基	销售发票	2011.9.25	销售二部	赵立	赊销	应收账款	50 000	A产品	100	500	2012.1.15
	商业承兑汇票	签发日： 2011.12.9	票号001		销售		20 000				到期日： 2012.3.9
张华	应收单	2011.12.8			职员借款	其他应收款	5 000				2012.1.8
天达	期初坏账	2009.7.2	销售一部	王林	逾期未还		5 000				

● 10.3　结束初始化

操作要点：

（1）如果总账系统未录入应收款初始数据，并且未结束初始化的，可在应收系统结束初始化之前，通过"转余额"按钮将应收款的初始数据传递过去。

（2）一旦结束初始化工作，所有初始数据将不能再修改，确需修改的，单击"工具"菜单的"反初始化"选项，即可回到初始化前的状态。进行反初始化时，系统会自动进行以下操作：所有业务单据取消审核；所有业务单据取消核销及取消坏账处理；所生成凭证全部删除；应收票据背书等处理全部取消。因此，在进行反初始化时应谨慎处理。

（3）结束初始化后，销售系统中先于应收系统结束初始化之前录入的发票将不能传递到应收系统，因此，应收系统必须先于或与销售系统同时结束初始化。

● 10.4　日常业务处理

1. 练习各种单据的制作。

（1）发票。

1月5日，销售一部王林赊销一批 A 产品给天达公司，数量100件，含税单价200元/件，增值税税率17%，发票号256430，预计收款日期为本月15日。

1月10日，销售二部赵立赊销一批产品给长海公司，其中 A 产品数量50件，不含税单价250元/件，B 产品数量100件，不含税单价500元，增值税税率17%，发票号325641，计划本月20日收回货款。

（2）其他应收单。

1月15日，职员李萍因私向公司借款5 000元，预计2月15日归还。

（3）应收票据。

1月20日，收到长城实业签发并承兑的不带息商业承兑汇票一张抵销应收账款，到期日4月20日，票面金额50 000元。票据编号002。

1月9日，将上年12月9日宏基公司签发并承兑的商业汇票拿去建设银行贴现，贴现率3%，手续费10元。结算科目为"银行存款——建设银行"。

（4）收款单。

1月15日，收到天达公司本月5日所欠货款，结算方式为支票，部门为销售一部。（按应收单号生成收款单）

1月20日，收到长海公司还来前欠货款70 000元。结算方式为电汇，部门为销售二部。

1月25日，职员张华还来上年个人借款5 000元。

1月26日，销售一部王林收回天达公司初始坏账5 000元当中的3 000元。结算方式为现金。

注意：如果用户购买了销售管理系统，销售管理系统所录入的发票在本系统中只可查看，不能对其进行审核、生成凭证等操作，但可以修改发票的收款计划。无论该发票在销售管理系统中是否进行了审核或制证，如发票在应收系统进行了核销处理后，将不能修改。

2. 将以上各种单据通过"凭证处理"功能生成记账凭证。

注意：各种单据必须经过审核后才能生成凭证！

3. 坏账处理。

1月31日，将宏基公司逾期未还，且明显无法收回的前欠货款50 000元中的10 000列为坏账。填制坏账损失处理单并制作凭证。

1月26日，收回天达公司期初坏账中的3 000元。填制坏账收回单并制作凭证。

注意：坏账损失、坏账收回、坏账准备的记账凭证都不在"凭证处理"模块中生成，而在坏账处理模块中生成。

4. 计提当年坏账准备。

注意：坏账准备只能一年计提一次，如年中计提了坏账准备，则年末将不能再计提。如要取消计提的坏账准备，只需删除坏账准备的计提凭证即可。

5. 核销往来业务。

6. 查看有关账表。

查看往来对账单及账龄分析表等账表。

操作要点：

（1）要注意区别本位币与综合本位币，如果选择本位币，则输出的汇总表只是本位币的原币发生额，它不包括外币折合的本位币数额。

（2）查看账龄分析表时，如要设定账龄分组，只需通过在"天数"栏目中直接修改，标题栏目中的信息也会相应更改。

● 10.5 期末结账

操作要点：

（1）进行期末结账时，必须注意要确保本期应收款业务已处理完毕并且数据正确无误，否则一旦结账，上期的有关数据将不能再进行修改。如要修改上期记录，必须进行反结账处理。

（2）反结账的操作只有系统管理员才能进行。

第 11 章

现金管理系统

实验目的：掌握现金管理系统日常业务的处理方法

实验要求：

①录入现金管理系统初始数据，进行系统设置；

②录入库存现金日记账，进行库存现金盘点、对账；

③录入银行存款日记账、银行对账单记录，进行银行存款对账、编制银行存款余额调节表；

④进行现金管理系统期末扎账。

按如下资料及步骤进行操作。

● 11.1　初始数据录入

（1）从总账系统引入"库存现金"、"银行存款"科目；

（2）从总账系统引入 2012 年 1 月 1 日的"库存现金"、"银行存款"科目余额；

（3）进行试算平衡检查，如已平衡则结束初始化，将现金管理系统启用时间定在 2012 年 1 月 1 日。

操作要点：

（1）只有会计科目属性为"现金科目"或"银行科目"的会计科目才能从总账系统中引入。

（2）币别核算为"所有币别"的"库存现金"或"银行存款"科目的金额，系统会自动分币别引入多个账户。

（3）设置引入数据期间时，要注意引入的数据期间与系统启用时间保持一致，否则会造成初始数据不正确。

● 11.2　现金处理

（1）登记库存现金日记账。（从总账引入）

（2）进行 1 月 31 日的库存现金对账。

● 11.3　银行存款处理

（1）登记银行存款日记账。（从总账引入）

（2）录入银行对账单。

建设银行银行对账单记录见表11—1。

表11—1　　　　　　　　　　　　　　　　对账单

日期	摘要	借方	贷方
01—05	提现		10 000
01—15	购买办公设备	24 000	
01—15	收回欠款		70 000
01—10	偿还欠款	120 000	
01—20	清理固定资产收入		4 500
01—26	收回坏账		3 000
01—20	购料	70 000	

（3）进行建设银行账户的银行对账。

（4）生成银行存款余额调节表。

● 11.4　现金流量表系统

操作：财务会计 \ 现金流量表 \ 现金流量表 \ 07001 现金流量表 \ 系统 \ 报表方案，如图11—1所示。制作现金流量表分为如下七个步骤：

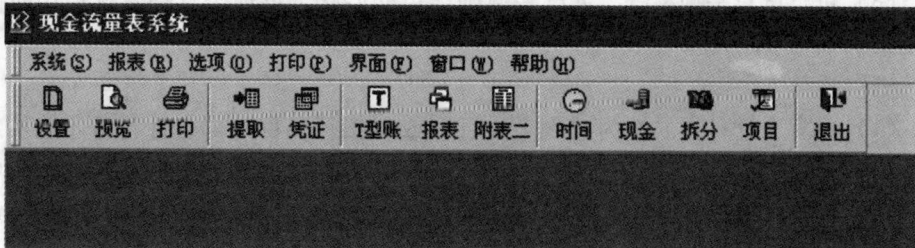

图11—1　制作现金流量表

（1）设定报表时间；

（2）指定现金科目；

（3）修改报表项目；

（4）提取凭证；

（5）T形账分析（针对主表进行的分析）；

（6）附表二分析；

（7）生成现金流量报表。

注意：附表当中"不涉及现金收支的投资和筹资活动"系统不能分析，必须由客户自己手工指定。（"项目"→"属性"→"锁定值"要加"－"号）

衡量报表正确性的两个等式如下：①"T形账"中非现金类科目借贷方发生额之差＝资产负债表当期货币资金期初与期末数之差；②"附表二"中所有科目金额＋损益表当中的净利润＝经营活动产生的现金净流量。

第三篇

综合会计实验

第12章

标准成本核算

● 12.1 标准成本法概述

企业利润最大化的目标从成本角度讲就是成本费用的最小化。很多著名的企业都以成本管理而闻名。美国的"钢铁大王"就十分重视成本管理。卡内基常说："盯紧成本，利润就随之而来。"成本管理在降低企业成本、增加企业盈利、提高企业经济效益、增强企业活力等方面具有重要意义，而成本管理的基础是成本核算。

标准成本法又称标准成本控制系统、标准成本制度，就是为克服实际成本计算系统的缺陷，提供有助于成本控制的确切信息而建立的一种成本计算与控制系统。它把成本的事前计划、日常控制和最终产品成本的确定有机地结合起来，成为加强成本控制、全面提高生产经营效益的重要工具。

12.1.1 标准成本法的内涵

标准成本是指在正常和高效率的运转情况下制造产品的成本，不是指实际发生的成本，是一种目标成本，也叫"应该成本"。

标准成本按所在的生产技术和经营管理水平，分为理想标准成本和正常标准成本。

理想标准成本是在最优的生产条件下，利用现有规模和设备能达到的最低成本，是理论上的业绩标准、生产要素的理想价格和可能实现的最高生产能力的利用水平，即：生产过程中毫无技术浪费时，最熟练的工人全力以赴工作，不存在废品损失和停工时间等条件下可能实现的生产要素消耗量的最优业绩；理论上可能达到的设备利用程度，只扣除不可避免的机器修理、改换品种、调整设备的时间，而不考虑产品销路不畅、生产技术故障造成的损失。这种标准是"工厂的理想世界"，很难成为现实，即使出现也不可能持久。它的主要用途是提供一个完美无缺的目标，揭示成本下降的潜力。

正常标准成本是在效率良好的条件下，根据下期一般应该发生的生产要素消耗量、预计价格和预计生产经营能力利用程度制定出来的。正常标准成本是根据已经达到的生产技术水平，以有效经营条件为基础而制定的标准成本。它把难以避免的损耗和低效率等情况也计算在内，使之切实可行。在制定时，一般以历史平均水平为基础，剔除生产经营中的异常因素和难以避免的损耗和低效，并考虑今后的变动趋势来进行调整。因此，它是一种经过努力可以达到的成本标准，因而在实际工作中被广泛采用。从数量上看，它大于理想标准成本，但又小于历史平均水平，实施以后实际成本可能是逆差，是要经过努力才能达到的一种标准。

具体的标准成本法包括标准成本的制定、成本差异的分析和处理。其中，标准成本的制定与成本的前馈控制相联系，成本差异的分析与成本的反馈控制相联系，成本差异的处理则与成本的日常核算相联系。

12.1.2 标准成本的制定

产品的标准成本由产品的直接材料、直接人工和制造费用三部分组成。其中，直接材料成本包括标准用量和标准单位成本两方面；直接人工成本包括标准用量和工资率两方面；制造费用分为变动制造费用和固定制造费用两部分。每个成本项目都是由用量标准和价格标准或者标准分配率组成的。制定标准成本时，应充分考虑所需要的材料和人工数量、应分摊的间接费用等因素，需要销售、生产、计划、采购、物料、劳动工资、工艺、车间、会计等有关部门的人员参加，共同商定。单位产品材料消耗量、单位产品的直接人工工时等用量标准，主要由生产技术部门研究制定；原材料单价、小时工资率、小时制造费用分配率等价格标准，由会计部门和有关的责任部门（如采购部门、人力资源部门和生产部门等）共同研究确定。

1. 直接材料标准成本的制定

直接材料的用量标准是指在现有的生产技术条件下生产单位产品所需的各种材料的数量。直接材料的价格标准是取得某种材料所支付的单位材料价格，包括材料的买价和采购费用。制定了直接材料的用量标准和价格标准以后，即可依据公式计算出单位产品的直接材料标准成本：

某单位产品耗用某种材料的标准成本 = 直接材料用量标准 × 直接材料价格标准

某单位产品的直接材料标准成本 = $\sum$ 该种产品所耗用的各种材料的标准成本

2. 直接人工标准成本的制定

直接人工的用量标准是指在现有的正常生产条件下，生产单位产品所需的标准工时，包括产品制造过程所必需的工时、必要的间歇和停工时间、不可避免的废品损失所耗工时等。制定标准工时应以作业研究和工时研究为基础，参考有关统计资料正确确定，按产品的加工工序分别计算，然后按产品加以汇总。

直接人工价格标准是指工资率标准——计件工资制下就是单位产品的计算单价，计时工资制下就是小时工资率——它是在对现行工资水平及有关福利费用进行分析、计量基础上确定的。

某单位产品直接人工标准成本是由该产品生产所需的各工序的直接人工用量标准和相应的价格标准计算求得的，计算公式是：

单位产品某工序直接人工标准成本 = 该工序直接人工用量标准 × 直接人工价格标准

单位产品的直接人工标准成本 = $\sum$ 单位产品生产工序直接人工标准成本

3. 制造费用标准成本的制定

制造费用的用量标准通常用单位产品直接人工工时标准，在直接人工标准成本制定时已经确定。有的企业也采用机器工时或其他用量标准。制造费用的价格标准是每一工时应负担的制造费用，即制造费用分配率标准。它取决于制造费用预算和生产量标准两个因素。生产量标准通常用直接人工工时或机器台时表示。制造费用预算额是指由标准生产能力所决定的制造费用预算额，一般按固定性制造费用和变动性制造费用两部分分别编制。

固定性制造费用标准分配率=固定性制造费用预算总额/直接人工标准总工时

变动性制造费用标准分配率=变动性制造费用预算总额/直接人工标准总工时

确定了用量标准和价格标准之后，两者相乘即可计算出制造费用标准成本。

固定性制造费用标准成本=单位产品直接人工标准工时×固定性制造费用标准分配率

变动性制造费用标准成本=单位产品直接人工标准工时×变动性制造费用标准分配率

标准成本的制定不能高不可攀，以避免打消员工的积极性，但也不能门槛太低，否则就失去了成本管理的意义。标准成本的制定应该是切实可行的，大部分人通过努力能够达到。同时，企业要定期对标准成本进行评审和维护，以保持标准成本的先进性和稳定性。

12.1.3 成本差异的计算分析

成本差异是实际产量下标准成本与实际成本之间的差额。实际成本低于实际产量下标准成本所形成的差额称为有利差异，实际成本高于实际产量下标准成本所形成的差额称为不利差异。计算分析成本差异，就是要查明产生差异的原因，进而有针对性地采取相应措施，以降低产品成本，加强成本控制。

1. 直接材料成本差异的计算分析

直接材料成本差异是指直接材料实际成本与实际产量下的直接材料标准成本之间的差额，包括直接材料用量差异和直接材料价格差异两部分。

直接材料成本差异=直接材料的实际成本−实际产量下直接材料的标准成本

或：

直接材料成本差异=直接材料用量差异+直接材料价格差异

其中：

直接材料用量差异=（实际用量−标准用量）×标准价格

直接材料价格差异=（实际价格−标准价格）×实际用量

【例12—1】阳光公司生产甲产品，耗用 B 材料的实际成本为 11 550 元，其中实际用量 2 100 千克，实际价格为 5.5 元/千克，材料的标准成本为 12 000 元。标准用量为 2 000 千克，标准价格为 6 元/千克，则：

直接材料成本差异=11 550−12 000=−450（元）

其中：

直接材料用量差异=（2 100−2 000）×6=600（元）

直接材料价格差异=（5.5−6）×2 100=−1 050（元）

直接材料用量差异是在材料耗用过程中形成的，通常能反映生产部门的成本控制业绩。影响用量差异的因素很多，主要包括工人的技术熟练程度和责任心、加工设备的完好程度、产品质量控制制度、废品的多少、用料的节约与浪费等。有时，用量差异可能并非生产部门的责任，如购入材料的质量与规格不符合生产要求、材料在保管中质量受损等。因此，要对差异进行具体分析，才能明确责任。

直接材料的价格差异是在采购过程中形成的，通常由采购部门负责。采购部门未按标准价格进货的原因有很多，如厂家价格的变动、舍近求远致使运费增加、不必要的罚款、紧急订货的额外成本、材料供应者的选择等。当然，有些因素造成的价格差异可能并非采购部门的责任，如受生产的影响导致采购批量的增减、技术的落后要求采购较高质量的材料等。因此，在分析价格差异时，也要查明原因，以便采取措施予以改进。

2. 直接人工成本差异的计算分析

直接人工成本差异是指直接人工实际成本与实际产量下标准成本之间的差额，包括直接人工效率差异和工资率差异两部分。

直接人工成本差异＝实际成本－实际产量下标准成本

或：

直接人工成本差异＝直接人工效率差异＋工资率差异

其中：

直接人工效率差异＝（实际工时－标准工时）×标准工资率

工资率差异＝（实际工资率－标准工资率）×实际工时

【例12—2】阳光公司本月生产甲产品实际使用工时为 500 工时，支付工资 4 000元，直接人工的标准工时为 520 工时，标准工资率为 8 元/小时，则：

直接人工成本差异＝4 000－520×8＝－160（元）

其中：

直接人工效率差异＝（500－520）×8＝－160（元）

工资率差异＝（4 000÷500－8）×500＝0

直接人工效率差异的形成原因，包括工人的劳动生产率、设备的完好程度、动力的供应情况、材料半成品的供应保证情况等，主要由生产部门负责，但也不是绝对的，因为材料质量不好也会影响生产效率，多消耗工时。

工资率差异形成的原因主要有工人工资结构和工资水平变动、工人升级或降级使用等。工资率差异一般由人力资源部门负责，但有时也可能涉及生产部门或其他部门。

3. 变动性制造费用差异的计算分析

变动性制造费用差异是指实际变动性制造费用与实际产量下标准变动性制造费用之间的差额，包括变动性制造费用耗费差异和变动性制造费用效率差异两部分。

变动性制造费用差异＝实际变动性制造费用－实际产量下标准变动性制造费用

或：

变动性制造费用差异＝变动性制造费用耗费差异＋变动性制造费用效率差异

其中：

$$变动性制造费用耗费差异=实际工时\times\left(\frac{变动性制造费用}{实际分配率}-\frac{变动性制造费用}{标准分配率}\right)$$

变动性制造费用效率差异=（实际工时-标准工时）×变动性制造费用标准分配率

【例12—3】阳光公司本月实际发生变动性制造费用4 200元，实际工时950小时，标准工时1 000小时，变动性制造费用标准分配率为4元/小时，则：

变动性制造费用差异=4 200-1 000×4=200（元）

其中：

变动性制造费用效率差异=（950-1 000）×4=-200（元）

变动性制造费用耗费差异=950×（4 200/950-4）=400（元）

变动性制造费用效率差异，是由实际工时脱离标准工时造成的，其形成原因与人工效率差异相同。

变动性制造费用耗费差异，是在承认实际工时是必要的前提下，耗费水平即单位工时发生的变动性制造费用脱离标准造成的。耗费差异是部门经理的责任，他们有责任将变动性制造费用控制在弹性预算额内。

4. 固定性制造费用差异的计算分析

固定性制造费用差异是指固定性制造费用实际发生额与其实际产量下标准固定性制造费用之间的差额。其计算公式如下：

固定性制造费用差异=实际固定性制造费用-实际产量下标准固定性制造费用

或：

固定性制造费用差异=固定性制造费用耗费差异+固定性制造费用效率差异

其中：

固定性制造费用标准分配率=固定性制造费用预算总额÷预算产量的标准总工时

固定性制造费用差异的分解有两种方法：一种是两差异法，另一种是三差异法。

（1）两差异法

两差异法将固定性制造费用分为耗费差异（又称预算差异）和数量差异（又称能量差异）。耗费差异是指固定性制造费用实际数与预算数的差额；数量差异是指固定性制造费用预算数与实际产量的标准费用的差额，即预算产量的标准工时与实际产量的标准工时的差额用标准分配率计算的差额。

固定性制造费用耗费差异=固定性制造费用实际数-固定性制造费用预算数

$$固定性制造费用数量差异=\left(\frac{预算产量}{标准工时}-\frac{实际产量}{标准工时}\right)\times固定性制造费用标准分配率$$

【例12—4】阳光公司本月固定性制造费用实际发生2 280元，预算总额为2 100元；本月实际产量为600件，实际工时为1 140小时；预算产量为500件，预算工时为1 000小时，即单件产品标准固定性制造费用为4.2元，单位产品标准工时为2小时，标准分配率为2.1元/小时，则：

固定性制造费用差异=2 280-600×2.1×2=-240（元）

其中:

固定性制造费用耗费差异＝2 280-2 100=180 （元）

固定性制造费用数量差异＝（500×2-600×2）×2. 1=-420 （元）

（2）三差异法

三差异法将固定性制造费用差异分为耗费差异、效率差异和能力利用差异。其中，耗费差异与两差异法中的计算相同，效率差异和能力利用差异之和等于两差异法中的数量差异。

$$固定性制造费用能力利用差异＝\left(\frac{预算产量}{标准工时}-\frac{实际产量}{实际工时}\right)×\frac{固定性制造费用}{标准分配率}$$

$$固定性制造费用效率差异＝\left(\frac{实际产量}{实际工时}-\frac{实际产量}{标准工时}\right)×\frac{固定性制造费用}{标准分配率}$$

依【例12—4】的资料计算，并将数量差异-420元分解为能力利用差异和效率差异：

固定性制造费用能力利用差异＝（1 000-1 140）×2. 1=-294 （元）

固定性制造费用效率差异＝（1 140-600×2）×2. 1=-126 （元）

固定性制造费用的耗费差异表示费用的超支或节约，具体原因应结合实际情况进行具体分析，以明确责任，便于改进。

效率差异和能力利用差异反映的是现有生产能力的利用程度，并不表示费用的超支或节约。出现不利差异，说明现有生产能力未得到充分利用；反之，说明生产能力已得到充分利用。

● 12.2 标准成本核算实验

12.2.1 实验资料

1. 企业基本情况介绍

本实验分析的主角是创立于1996年的瑞翔公司。瑞翔公司2002年在中国A股主板上市，主营业务定位为高端包装印刷品和包装材料的研究生产，主要产品是高技术和高附加值的烟标（俗称烟盒）。

烟草行业的上游产业——烟标行业，对烟草行业有着异常强的依附性。截至2009年年末，"白沙"品牌卷烟年销量已超过270万箱；"红塔山"、"红河"、"红金龙"、"红旗渠"等品牌卷烟年销量超过200万箱；"黄果树"、"红梅"、"双喜"、"云烟"、"黄山"、"哈德门"、"七匹狼"等7个品牌卷烟年销量超过100万箱。2010年1月19日，国家烟草专卖局局长姜成康在2010年全国烟草工作会议上明确提出了5年内培养出2个年产量在500万箱、3个300万箱、5个200万箱以上知名品牌的要求。随着烟草市场的高度集中，与之相关的烟标印刷业竞争必将越来越激烈。目前，虽然我国与《烟草控制框架公约》规定的"必须在烟标上印刷'腐烂的肺'等警示图片"还没有完全的加印，但随着全球控烟形势的严峻，在不远的未来，烟标上印刷警示图片恐怕将是不可避免的事实，这就增加了烟标行业在烟标改版、技术改造上的成本。

瑞翔公司虽然属于印刷行业，但它具有自身的生产特性。其一，公司的烟标产品具有专属性，生产出的产品只能属于某家客户，不会用于两家不同的客户。这就会形成其品种繁多、订单量少、生产排程复杂等特点。同时，各种产品在产品设计和生产工艺上都有不同的流程处理。每个客户对产品都具有较严格的时间要求。如果交期不能及时送货，则产品可能报废，将导致公司遭受重大的经济损失。另外，客户对产品有较高的安全要求。其产品标识受到法律保护，不能非法流于市场。这就要求仓库管理要及时地对产品出入做好记录，严格控制存放时间，以免产生品质问题，形成呆滞产品。其二，公司的原材料定制性高。不同的客户所要求的纸张、膜、油墨等均不同，在原材料的采购和库存管理上，公司都要保持合理的生产库存，以免过多原材料因没有订单而产生呆滞物料，给公司带来损失。原材料占产品成本比例较高，比例接近八成，所以这是产品成本控制的重点。在原材料耗用上，因为是批量生产，工单的产品原材料消耗程度只能在该工单产品完工后才能统计出来，所以给生产过程的管理及成本核算带来一定的难度。其三，公司的产品流转环节衔接性较强。生产计划排程要求与销售订单计划紧密地结合在一起，需要及时跟踪生产状态和物料消耗情况。采购计划安排受生产计划、库存原材料的制约。其四，公司的产品生产对设备、技术要求很高，造成固定资产投入较大。每台用于印刷的设备至少要花费 200 万元以上，而九色印刷机更达到 5 000 万元以上。因而，固定成本较高，成本保本点起点也处于高位，给订单业务带来很大的压力。

瑞翔公司产品的主要类别有：胶印产品、凹印产品、柔印产品。其产品生产工艺流程如图 12—1 所示。

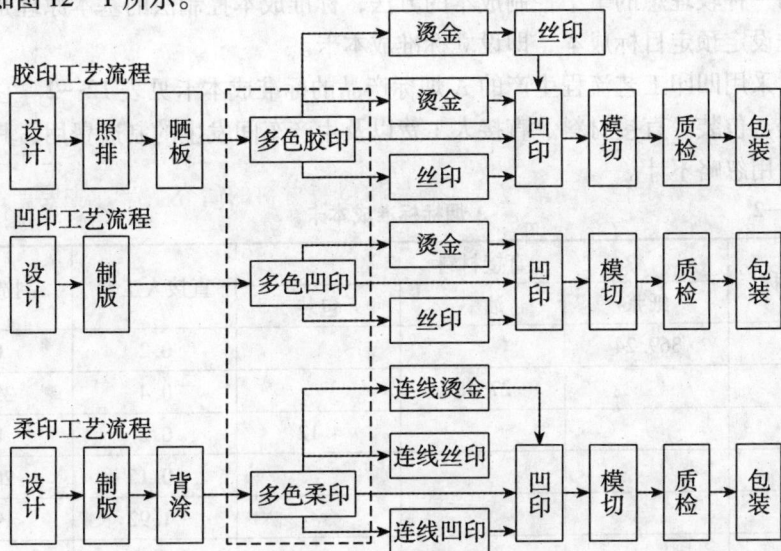

图 12—1　产品生产工艺流程图

2. 瑞翔公司的成本现状

瑞翔公司在 2009 年增加销售收入的情况下，销售成本率在增长。2008 年销售成本率为 71.33%，2009 年销售成本率为 72.56%，增长了一个多百分点，相当于成本增加了 1 200 多万元。利润简表见表 12—1。因而，瑞翔公司的成本控制势在必行。

表 12—1　　　　　　　　　　　　　**利润简表**　　　　　　　　　金额单位：万元

项目	2008 年	比率（%）	2009 年	比率（%）
一、营业收入	94 248.83	100	103 969.41	100
减：营业成本	67 229.70	71.33	75 442.23	72.56
销售税金及附加	59.60	0.06	54.49	0.05
销售费用	4 517.61	4.79	4 317.10	4.15
管理费用	6 524.51	6.92	8 226.97	7.91
财务费用	330.17	0.35	55.27	0.05
资产减值损失	767.02	0.81	1 145.02	1.10
加：投资收益	2 842.02	3.02	2 675.11	2.57
二、营业利润	17 662.23	18.74	17 403.43	16.74
加：营业外收入	2 090.25	2.22	889.32	0.86
减：营业外支出	192.17	0.20	12.84	0.01
三、利润总额	19 560.31	20.75	18 279.91	17.58
减：所得税费用	3 195.30	3.39	3 352.53	3.22
四、净利润	16 365.01	17.36	14 927.38	14.36

作为一种较理想的事中控制成本的方法，标准成本控制法的基本原理是对控制对象事先设定预定目标成本，即设立标准成本卡。

本月采用凹印工艺流程生产的 A 烟标产品的标准成本卡见表 12—2。它包括纸张、油墨、包装等直接材料、直接人工费以及生产车间发生的制造费用，其中固定性制造费用忽略不计。

表 12—2　　　　　　　　　　　　**A 烟标标准成本卡**　　　　　　　单位：元／千张

工序名称	直接材料			直接人工费	制造费用
	纸张	油墨	包装		
切纸	369.24			0.2	0.91
胶印		27.48		0.4	33.85
质检			4.12	0.2	8.45
烫金				0.15	20.21
凹凸				1.92	19.81
模切				2.05	19.81
合计	369.24	27.48	4.12	4.92	103.04

表 12—2 中的标准用量是由工艺部门、企管部等共同制定的，原材料的标准单价则依据上半年的平均材料单价确定。标准单价维护每半年更新一次。相关主要的纸张、油墨、纸箱材料标准成本明细见表 12—3。

表 12—3　　　　　　　　A 烟标直接材料用量标准成本表

	单价（元/千克）	用量（千克/千张）	标准（元/千张）
纸张	6.154	60	369.24
红黑墨	120	0.229	27.48
纸箱	0.206	20	4.12

A 产品本月共耗费工单价格为 6.20 元/千克的大张纸 120 万千克，其中实际生产合格品 1 990 万张，消耗红黑油墨为 4 500 千克，单价近年来一直维持为 120 元/千克；包装纸箱共耗费 40 万千克，单价为 0.2 元/千克。

工厂实行计件工资制。本月支付生产工人的工资总额为 97 908 元。本月实际发生变动性制造费用 206 万元。

12.2.2　实验要求

请计量每个 A 烟标产品的标准成本，评价本月完成的 A 烟标产品的成本情况，并给出未来的努力方向。

第 13 章

作业成本法

● 13.1　作业成本法概述

成本作为一种资源耗费，是企业为获得一定经济效益所付出的代价，最终从企业收入中得到补偿。在收入一定的情况下，需要补偿的成本越低，企业的经济效益就越高。因此，成本管理是企业管理的一个重要方面。成本管理的基础是提供准确的成本信息资料。世界上许多先进的公司已经实施作业成本法，以改善原有的会计系统，为资源决策、产品定价及组合决策等方面提供完善的信息，改善经营过程，增强企业的竞争力。作业成本法受到了广泛的赞誉。

13.1.1　作业成本法的内涵

作业成本法（Activity-Based Costing，ABC）是西方国家于 20 世纪 80 年代末开始研究、20 世纪 90 年代以来在先进制造企业首先应用起来的一种全新的企业管理理论和方法。作业成本法是以生产产品或提供劳务所进行的作业为成本归集的中心，按作业对资源的耗费情况将成本分配、归集到各项作业，再按成本对象所消耗的作业情况将作业成本分配、归集到产品或劳务等成本对象的一种成本计算方法。

其中，作业是指为了特定目的而进行的耗费资源的工作，是联系投入与产出的纽带。广义的作业（Activities）是指产品制造过程中的一切经济活动。

作业具有以下几个基本的经济特征：①作业是"投入—产出"因果联动的实体，其本质是一种交易；②作业贯穿于动态经营的全过程，构成联系企业内部与外部的作业链；③作业是可以量化的基准。

作业成本法通过对所有作业活动追踪地进行动态反映，借以更好地发挥决策、计划和控制作用，以促进作业管理水平的不断提高。因此，作业成本计算不仅是以作业为基础的先进的成本计算方法，着眼于成本动因，依据资源耗费的因果关系进行成本分析，提供相对准确的成本信息，而且还具备系统管理能力，能提供改善经营管理的非财务信息，是实现成本计算与成本管理（控制）相结合的"全成本管理制度"。

13.1.2　作业成本计算原理

1. 作业成本计算的原理图

在作业成本法下，作业被认为是由生产产品（或提供劳务）引起的。生产导致作业的发生，产品消耗作业，作业消耗资源，并导致间接成本和间接费用的发生。产品成本就是制造和运送产品所需的全部作业的成本总和。作业成本计算的内容就是把各类资源价值分配归集到各作业成本库，再把各作业成本库所汇集的成本分配给各种产品。作业成本法的实质就是在资源耗费与产品耗费之间借助"作业"这一"桥梁"来分离、归纳、组合，最后形成产品成本。由此可见，作业成本法将着眼点放在作业上，以作业为核算对象，依据作业对资源的消耗情况将资源的成本分配到作业，再由作业依据成本动因追踪到产品成本的形成和积累过程，由此得出最终产品成本，如图 13—1 所示。

图 13—1　作业成本计算原理图

作业动因反映了产品或其他最终成本对象对作业的需求，能够反映和计量"产品消耗作业"。如果作业是交付货物，成本动因就是将要被交付的货物的数量。成本动因通常与容易度量的单位联系起来。作业与作业动因之间的联系会对作业和交易成本的关系产生影响，即作业会影响交易成本。简易的度量可以很容易地度量出作业成本的多少、作业的产品或者服务的使用情况。一般的采购作业成本动因包括申请所要求的货物数量、零件规格的数量、进度表变动的数量、供应商的数量或者延迟交付的数量等等，因此：

作业动因分配率＝作业成本÷各产品消耗的作业动因总和

作业中心分配到的作业成本＝作业动因分配率×该作业中心消耗的作业动因数量

资源动因就是衡量作业对于资源需求的强度和频率的最恰当的单一数量度量标准，包含了资源被消耗的方式和原因，表现了资源消耗量与作业之间的关系，能够反映和计量"作业消耗资源"，是把资源成本分配到作业的基本依据。通过对资源消耗、资源分配的分析，可以评价并确定如何改进和降低作业成本，提高作业效率。

2. 作业成本计算的程序

（1）定义、识别和确认主要作业，建立作业成本库

这一步工作应在了解生产流程的基础上确定各个作业，如订单处理、产品设计、员工培训、材料处理、机器调试、质量检查、包装、销售、一般管理等。作业的划分不宜太细也不宜太粗：太细则不仅不能得到更多的有用信息，反而有可能造成分析混乱；太粗则难以揭示管理改善的机会。确定了作业之后，就要选择有代表性的主要作业，建立作业成本库。一个成本库是由同质的作业组成的。所谓作业的

同质性是指这些作业都是为同一个目的或同一项服务而产生的，对产品的生产起某一方面相同的作用。

（2）归集资源费用到各个作业成本库中

作业量的多少决定着资源的耗用量，资源耗用量的高低与最终的产出量没有直接关系。这种资源耗用量与作业量的关系一般被描述为资源动因，即资源被各作业消耗的方式和原因。资源动因反映了作业对资源的消耗状况，因而是把资源库价值分解到各作业库的依据。若直观地将某一项资源耗费确定为某一特定产品所消耗，则将其直接计入该特定产品成本。此时资源动因也是作业动因，可以认为该动因是"终结耗费"。材料费用往往适用于该原则。如果某项资源耗费可以从发生领域上划分为各作业所耗，则可以直接计入各作业成本库。此时可以认为资源动因是"作业专属耗费"。各作业各自发生的办公费一般适用这种原因。各作业按实付工资额核定应负担工资费时，也适用这一原则。如果某项资源耗费在最初消耗上呈混合耗费形态，则需要选择合适的量化依据将资源耗费分解分配到各作业。这个量化依据就是资源动因，如动力费一般按各作业实用电力度数分配等等。各资源库价值应根据资源动因一项一项分配到特定范围内各作业成本库中去。

（3）选择成本动因

选择成本动因即从中选择作业对资源需求的强度和频率最恰当的单一数量度量标准，作为计算成本分配率的基准，如人工小时、机器小时、机器准备次数、产品批数、收料次数、物料搬运量、订单份数、检验次数、流程改变次数等，并进一步计算成本库分配率。

（4）把作业库中的费用分配到产品上去

某产品某成本动因成本 = 某成本库分配率×成本动因数量

（5）计算产品成本

直接成本可单独作为一个作业成本库处理。将产品分摊的制造费用，加上产品直接成本即为产品成本。

$$产品成本 = \sum 成本动因成本 + 直接成本$$

3. 作业成本计算的数学表达

作业成本计量是单向不可逆的。作业成本分配包括 5 个部分：资源—第一阶段成本动因（资源动因）—作业（成本库）—第二阶段成本动因（作业动因）—产品等成本对象。作业成本计量时，通过资源成本向成本库进行分配，然后从成本库分配作业成本到最终消耗作业的产品（服务）。作业成本计算基本原理的数学模型如下：

设企业生产 m 种产品，消耗 s 种资源，整个企业在生产过程有 n 种作业。设列向量 $C = (C_1, C_2, \cdots, C_m)^T$ 表示产品成本。矩阵 D、R 分别表示产品消耗作业的数量以及单位作业消耗资源的数量，矩阵 P 表示单位资源的费用，则有：

$C = D \times R \times P$

表示如下：

$$
\begin{bmatrix} C_1 \\ C_2 \\ \vdots \\ C_m \end{bmatrix} = \begin{bmatrix} d_{11} & d_{12} & \cdots & d_{1n} \\ d_{21} & d_{22} & \cdots & d_{2n} \\ \vdots & & & \vdots \\ d_{m1} & d_{m2} & \cdots & d_{mn} \end{bmatrix} \begin{bmatrix} r_{11} & r_{12} & \cdots & r_{1s} \\ r_{21} & r_{22} & \cdots & r_{2s} \\ \vdots & & & \vdots \\ r_{n1} & r_{n2} & \cdots & r_{ns} \end{bmatrix} \begin{bmatrix} p_1 \\ p_2 \\ \vdots \\ p_s \end{bmatrix} = \begin{bmatrix} \sum\limits_{j=1}^{n} d_{1j} & \sum\limits_{i=1}^{s} r_{ji} & p_i \\ \sum\limits_{j=1}^{n} d_{2j} & \sum\limits_{i=1}^{s} r_{ji} & p_i \\ \vdots & & \\ \sum\limits_{j=1}^{n} d_{mj} & \sum\limits_{i=1}^{s} r_{ji} & p_i \end{bmatrix}
$$

成本从总成本追踪到作业，再到产品（服务）。反之，追踪成本到作业再到资源就不再可能，没有可逆性，因为在资源成本被分配到成本库的成本分配的第一阶段，资源被累积或者混合，生成矩阵 R，离开了作业分析的两阶段过程，矩阵 R 未知，因此，P 实际上难以反向确定。作业分析成为一种单向的成本计算方式，由此产生了一些问题：如在消除绩效低的产品线 C_k 时，不只是简单从总成本中消除该产品线的成本，即矩阵 D 减少一行 d_{k1}，d_{k2}，$\cdots$，d_{kn} 的问题。该产品线相关作业减少或者消除导致共享作业消耗资源数量发生变化，资源成本要重新分配到剩余的作业中，R 矩阵要重新确定。

当然，在实践中，如果数据量不大，通常直接通过表格列示计算或代数运算。

13.1.3　作业价值链

作业成本法在计算产品成本的同时，确定了产品与成本之间具有因果联系的结构体系。它是诸多作业构成的链条，即作业链（Activity Chain）或者说各种作业所创造的价值相应形成的价值链（Value Chain）的一个集合，即作业价值链，简称价值链，是企业为了满足顾客需要而建立的一系列有序的作业及其价值的集合体。作业价值链可以表示为：产品的研究与开发→产品设计→产品生产→营销配送→售后服务。通过作业价值链的分析，能够明确各项作业，并计算最终产品增值的程度。按照作业成本法的原理——"产品消耗作业，作业消耗资源"，一项作业转移为另一项作业的过程，同时也伴随着价值量的转移，由此形成作业价值链。一种经济活动事项的各种作业，有的会发生成本，有的不会发生成本；有的能创造附加价值，即增值作业（Value-added Activity），有的不能创造附加价值，即非增值作业（Non-Value-Added Activity）。作业价值链的管理目标，就是消除不增值作业，改进增值作业。

作业成本法的主要目的是计算产品成本，因此依据作业价值链，只考虑会发生成本的作业，而从管理角度出发，无附加价值的作业要尽量剔除。所以，通过对作业成本的确认、计量，可以为尽可能消除"不增加价值的作业"，改进"可增加价值的作业"及时提供有用的信息，从而促使有关损失、浪费减少到最低限度。这就克服了传统成本计算系统下间接费用分配盲目主观、责任不清的缺陷，使以前的许多不可控间接费用在作业成本系统中变成可控的费用。同时，作业成本法还拓展了成本核算的范围，改进了成本分摊方法，及时提供了相对准确的成本信息，优化了业绩评价标准。

13.1.4　作业成本法与传统成本法的联系与区别

1. 两者之间的联系

作业成本法与传统成本法都是一种成本核算办法。它们相互联系，有共同之处。

（1）作业成本法与传统成本法都有与其相适应的环境和特定条件。一方面，企业使用作业成本法必须考虑其自身的技术水平和成本结构。例如，采用多品种、小批量方式以及制造费用和人工费用较高的企业运用作业成本法的效果会更好，而在非制造行业中，传统成本法则有较大的适用空间。另一方面，一些企业采用作业成本法的实施成本会大于所增加的收益。例如，在工艺复杂的企业中，作业的划分通常会多达几十种，甚至更多。面对这些作业——进行分析不仅没有必要而且还会大大增加实施成本。因此，要想让作业成本法在实际应用中发挥最大的功效，必须针对企业的实际情况和企业所处的环境对作业成本法进行适当的改造，使其有利于实施。

（2）两种成本核算体系中对直接费用的处理一致。产品成本的构成项目分为原材料、能源、制造费用、人工费用、折旧费及修理费用等。在这些成本项目中，原材料和能源费通常都能直接计量，分别计入不同类别的产品成本中；人工费用中，直接参与生产的工人的计时工资和计件工资均可根据服务对象直接计入不同类别的产品成本中；可以归属到某个产品中的机器设备折旧和维修费用也可以直接计入不同类别的产品成本中。上述几类成本项目作为直接费用项目，不论是作业成本法还是传统成本法，其核算和处理一致。

（3）作业成本法和传统成本法相互融合是一种现实的成本核算体系。企业的生存和发展是通过消耗企业所拥有的人力、物力、财力资源，将它们的价值不断转移到企业新产品或劳务的价值中实现的。消除不增值作业从而优化这条价值链，就要从作业成本入手。从企业的角度来看，企业成本可以划分为可控成本和不可控成本两大类，而成本管理则主要是针对可控成本进行的。由于作业成本法对可控成本核算具有明显的优势，因此，企业所拥有的可控性较好的资源可以采用作业成本法来核算，而可控性较差或不可控的资源消耗可以仍然采用传统成本法来核算。这样一来，企业既可以利用其现有成本核算体系，又可以减轻作业成本法的核算量，也就是保留传统成本法中的合理做法，将作业成本法与传统成本法的优势相融合。

2. 两者之间的区别

作业成本法和传统成本法的主要区别在于对制造费用（间接费用）在各个产品或劳务之间分配的方法不同。

作业成本法先汇集各个作业中心消耗的各种资源（资源就是作业实施中所运用的要素，是一定时期内为了生产产品或提供劳务而发生的各类成本、费用项目，或者作业执行过程中所需要花费的代价，如原材料、动力、人工及所使用的固定资产、办公费、修理费、运输费等），再将各作业中心的成本按各自的作业成本动因（成本动因即成本驱动因素，引起成本发生和变化的原因，或者说是决定成本额与作业量之间的内在联系的根本动因，是分配成本的依据）单独计算其分配率，最后把该作业的成本分配到每一种产品。

传统成本计算法则按照单位（如车间）汇集本单位发生的费用，然后按照产量（或工时、人工工资）等确定分配率（按照一种方式确定分配率，但每月分配率可能会不同），最后按照分配率将制造费用（间接费用）分配到各种产品。传统成本计算方法有其自身的缺陷，在劳动密集型或间接费用比重不大的产品成本计算时误差不大，在间接费用在成本中所占比重很大的情况下可能会导致各产品成本计算不准，从而影响产品的定价以及经营战略。

作业成本法克服了传统制造成本法中间接费用责任不清的缺点，并且使以往一些不可控的间接费用在作业成本法系统中变为可控，主要区别见表13—1。

表13—1　　　　　　　　作业成本法与传统成本法的主要区别

项目	传统成本法	作业成本法
适用对象不同	批量生产，劳动密集型的企业，直接成本所占比重大；间接成本与工时/产量相关	技术密集型的企业和多品种小批量生产的企业，间接成本比重大且与工时/产量不相关
成本归集对象不同	按产品生产部门或成本中心归集成本	按消耗资源的作业归集成本
成本分配动因不同	按单一的人工工时/机器工时分配成本到产品	基于不同成本动因分配成本到产品

● 13.2　作业成本法实验

13.2.1　实验资料

1. 企业基本资料

宝田医药化工有限公司于2005年5月在一座海滨城市成立，占地面积300亩，主要从事中成药、精细化工产品及半成品的研发、生产和销售。公司的主营业务为：医药原料、天然植物提取物、激素化学品、化工原料、营养保健食品添加剂、印染助剂。2011年第一季度，我国医药制造业企业景气指数为147.8，较上年同期上升0.6。总体来看，我国医药制造业企业景气指数呈上升状态，景气水平一直高于同期工业企业景气指数，景气水平较高。

宝田公司现有员工1 700人，拥有一批新产品开发能力较强、生产经验丰富的高级技术和管理人才，各类专业技术人员占公司总人数的30%，致力于高新技术产品的研究、开发、生产，能够将不断创新的产品推向市场，并保证在新产品的开发及生产转化的数量上、速度上、质量上处于国内领先地位。宝田公司成为我国国民经济中发展较快的行业医药制造业的佼佼者之一，已通过 ISO 9001 质量体系认证。

2010 年"天价芦笋片"事件的曝光，将药物定价拉近大家的视线。2011 年 12 月 1 日，国家发展和改革委员会发布《药品差比价规则》，其中明确规定了同种药品不同剂型、规格或包装之间最高零售价格的核定原则和方法，以严防药品改名换姓变相涨价。在药物价格受到管制的条件下，要想提高利润，企业应该采用更加先进的方法核算产品成本。宝田公司也不例外。

2. 企业成本核算资料

企业一直以来采用传统成本核算方法。宝田公司主要生产两种中成降压药品——A 药品和 B 药品。中医认为，高血压病是在情志所伤、饮食失节、内伤虚损等综合因素作用下，人体内阴阳失调所致，尤其是肝肾阴阳失衡，肾阳不足，肝阳上亢的下虚上实，病久不愈，阴损及阳，最后形成阴阳两虚症候。两种中成降压药品分别针对轻度和重度高血压患者，调理肝肾，阴阳平衡，从而达到降压效果。近年来，两种药品患者反响良好、不良反应少，相对其他同类药品价格较低、销量稳定。

两种药品 2011 年 11 月的成本资料见表 13—2。

表 13—2　　　　　　　　　　A 药品和 B 药品的成本资料　　　　　　　　金额单位：元

药品	A 药品	B 药品
产量（千克）	1 000 000	200 000
售价	15.95	12
单位制造费用（元/千克）	6.41	2.9
每千克直接成本	4.27	3.13
产品成本	10.68	6.03

宝田公司现阶段尝试使用作业成本法重新核定成本。找了一家专门从事作业成本法咨询的公司，协助收集了以下相关资料：

企业的主要作业中心归集为生产准备作业中心、机械作业中心、验收作业中心、工程作业中心、搬运作业中心。具体的成本作业动因及其计量见表 13—3。

表 13—3　　　　　　　　　　　　作业动因及其计量

作业成本库	作业动因	计量单位
生产准备成本	生产循环次数	次
机械成本	机器小时	小时
验收成本	验收通知单	张
工程成本	工程小时	小时
搬运成本	材料搬运次数	次

每个作业中心的成本都能都独立核算制造费用，具体的成本明细见表 13—4。

表 13—4　　　　　　　　　　　　制造费用明细表　　　　　　　　　　　　单位：元

制造费用库	成本
生产准备成本	240 000
机械成本	1 750 000
验收成本	2 100 000
工程成本	2 000 000
搬运成本	900 000
合计	6 990 000

其中：A 药品和 B 药品消耗的作业动因资料见表 13—5。

表 13—5　　　　　　　　　　各药品的作业动因

作业动因	A 药品	B 药品	合计
生产循环次数（次）	100	200	300
验收通知单（张）	400	1 000	1 400
机器小时（小时）	125 000	60 000	185 000
直接人工小时（小时）	250 000	22 500	272 500
工程小时（小时）	5 000	5 000	10 000
材料搬运次数（次）	500	400	900

13.2.2　实验要求

依据以上资料，请判断企业的 A、B 药品定价是否合理。

第 14 章

全面预算管理

● 14.1　全面预算管理概述

随着市场竞争的日趋激烈和经济环境的复杂化，企业内部财务管理理念、管理模式、管理手段等都面临更加严峻的考验和挑战。全面提高企业财务管理、加快企业信息化建设步伐的要求更为迫切。企业全面预算管理是国内外大中型企业普遍采用的一种管理模式，是建立和完善现代企业制度的重要组成部分，便于实施以全面预算管理为核心，资金管理、绩效考评与激励机制为辅助的一整套管理体系，被看做"使企业的资源获得最佳生产率和获利率的一种方法"。

14.1.1　全面预算管理的内涵

预算，是指企业未来一定时期内经营、资本、财务等各方面的收入、支出、现金流的总体计划，即：将各种经济活动用货币的形式表现出来。全面预算是在市场需求的预测与决策的基础上，关于企业在一定的时期内（一般为一年或一个既定期间内）按照企业既定的经营目标和程序，规划企业未来的销售、生产、成本、现金收支等各方面活动，以便对企业特定计划期内全部生产经营活动有效的组织与协调，最终以货币为主要计量单位，通过一系列预计的财务报表及附表展示企业经济活动过程的全部计划的数量说明。

全面预算体系是由一系列预算按其经济内容及相互关系有序排列组成的有机体，从企业的战略目标出发，以公司所有部门全部业务为基础确定业务项目内容及实施方案，从而产生相应的财务预算，测算所有业务活动最终产生的经营效果，是一种全要素、全过程、全方位的管理方法，具体包括销售预算、生产预算、直接人工预算、直接材料耗用量、制造费用预算、现金预算、预计利润表、预计资产负债表等等。这些预算可以划分为业务预算、资本预算和财务预算 3 类。

1. 业务预算

业务预算是指为供、产、销及管理活动所编制的、与企业日常业务直接相关的预算，主要包括销售预算、生产预算等。业务预算以公司经营预算目标为基础，分析用户需求、资费标准、市场份额和市场竞争情况，对预算年度各业务的用户发展数量等进行预测，并以此为起点编制业务收入预算；同时根据业务发展需要，预测业务促销、委代办等支出，编制业务发展费用预算。这些预算以实物量指标和价值量指标分别反映企业收入与费用的构成情况。

2. 资本预算

资本预算（又称特种决策预算）是对企业投资和筹资业务的预算，最能体现直接决策的结果。它实际是企业特种决策中选方案的进一步规划，一般包括长期投资预算和长期筹资预算。

3. 财务预算

财务预算包括反映现金收支活动的现金预算、反映企业财务状况的预计资产负债表、反映企业财务成果的预计利润表和预计现金流量表等内容。财务预算是总预算，其余预算是辅助预算。财务预算使决策目标具体化、系统化和定量化，有助于财务目标的顺利实现。财务预算是反映某一方面财务活动的预算，如反映现金收支活动的现金预算，反映销售收入的销售预算，反映成本、费用支出的生产费用预算（又包括直接材料预算、直接人工预算、制造费用预算）、期间费用预算，反映资本支出活动的资本预算等。综合预算是反映财务活动总体情况的预算，如反映财务状况的预计资产负债表、预计财务状况变动表、反映财务成果的预计利润表。

4. 各种预算之间的关系

上述各种预算间存在下列关系：企业根据长期市场预测和生产能力，编制长期销售预算。以此为基础，确定本年度的销售预算，并根据企业财力确定资本支出预算。销售预算是各种预算的编制起点，根据"以销定产"的原则确定生产预算，构成生产费用预算、期间费用预算、现金预算和资本预算的编制基础；现金预算是销售预算、生产费用预算、期间费用预算和资本预算中有关现金收支的汇总；预算利润表要根据销售预算、生产费用预算、期间费用预算、现金预算编制，预计资产负债表要根据期初资产负债表和销售、生产费用、资本等预算编制，预计财务状况表则主要根据预计资产负债表和预计利润表编制。各种预算间的关系如图 14—1 所示。

5. 全面预算管理的必要性

"凡事预则立，不预则废"充分体现了预算管理的价值。全面预算通过合理分配企业的人、财、物等战略资源协助企业实现既定的战略目标，并与相应的绩效管理配合，以监控战略目标的实施进度，控制费用支出，并预测资金需求、利润和期末财务状况等。简单地说，全面预算管理是协调目标和监控目标实施的一种管理工具，也是一套系统的管理方法。

（1）协调目标

预算中规定了企业一定时期的总目标以及各级各部门的子目标。企业内部各级各部门必须协调一致才能最大限度地实现企业的总目标。企业的目标是多重的，包括销售、生产、成本和费用、收入和利润等。各级各部门因其职责不同，往往会出现互相冲突的现象。例如，企业的销售、生产、财务等各部门可以分别编出对自己

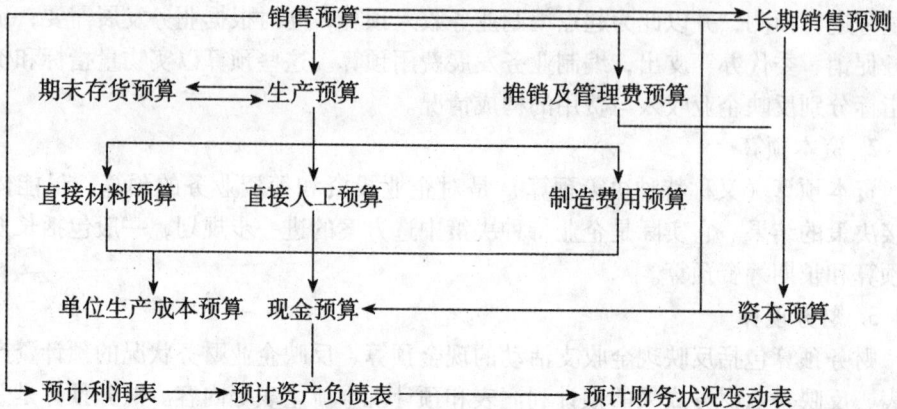

图 14—1   全面预算体系图

来说最好的计划，而该计划在其他部门不一定能行得通。销售部门根据市场预测，提出一个庞大的销售计划，生产部门可能没有那么大的生产能力；生产部门可以编制一个充分发挥生产能力的计划，但销售部门却可能无力将这些产品推销出去；销售和生产部门都认为应当扩大生产能力，财务部门却认为无法筹集到必要的资金等。

全面预算管理把销售、生产、财务等多种目标协调起来，运用货币度量来表达，具有高度的综合能力，经过综合平衡以后可以体现各级各部门冲突的最佳解决办法，可以使各级各部门的工作在此基础上协调起来，通过预算分解成各级各部门的具体目标来安排各自的活动，保障了企业总目标的实现。

（2）监控目标实施

企业现代化生产是许多共同劳动的过程，不能没有责任制度，而有效的责任制度离不开工作成绩的考核。通过考核，对每个人的工作进行评价，并据此实行奖惩和安排人事任免，可以促使人们更好地工作。比过去实际效果更好、超过上年或历史最好水平，只能说明有所进步。预算作为考核依据还能够说明这种进步已经达到了应有的程度。

全面预算是公司管理层进行事前、事中、事后监控的有效工具。控制过程包括经济活动的状态的计量、实际状态和标准的比较，两者差异的确定和分析，以及采取措施调整经济活动等。当实际状态和预算有较大差异时，要查明原因并采取措施。各级部门甚至个人都有一个为完成预算目标所需的各种计划任务。通过寻找经营活动实际结果与预算的差距，可以迅速发现问题并及时采取相应的解决措施。通过强化内部控制，可以降低公司日常的经营风险。当然，考核时也不能只看预算是否被完全执行了，某些偏差可能是有利的，如增加销售费用可能对企业总体有利；反之，年终突击花钱，虽未超过预算，也不是一种好的现象。

特别值得注意的是，协调目标和监控目标实施两者之间存在一定的矛盾冲突，在实际工作中要适当地平衡。预算管理要为不同的目的服务，而且这些不同的目的对预算管理体系的设计提出了不同的要求。这必然会产生在各个目标中进行取舍和协调的问题，要求企业根据本企业所面临的特殊环境做出决策。比如在销售预算的制定过程中，销售人员掌握着一些专门信息。如果预算仅仅是为了管理决策服务，销售人员就会把他所掌握的信息毫无保留地拿出来，与各部门进行分享；但如果预算的目的之一是作为业绩评价标准，销售收入数值要在年末用来对企业销售部门的经营业绩进行评价，并由于这一信息的不对称性，销售人员就会对其掌握的信息进行一定的"裁剪"，以在不被人识破的前提下实现自身利益的最大化。销售部门有可能有意低估未来的销售收入金额，从而有利于其业绩评价。然而，如果销售部门低估销售收入，就会相应地造成生产计划数量的减少，而企业的生产就不能达到效率最高的状态。也就是说，目标决策和目标控制两项预算的职能之间存在冲突。若过分强调预算的目标控制功能，将不可避免地影响目标决策功能的发挥；而若要保证目标决策功能发挥到最佳状态，则不可避免地要部分放弃目标控制功能。

14.1.2　全面预算编制的程序

全面预算是管理人员规划和控制经营活动的重要工具，应尽可能地让各级管理人员参与到预算编制的全过程中，并向全体职工广泛征求意见。全面预算的编制程序如下：

（1）由预算委员会拟订企业预算总方针，提出预算期的企业生产经营总目标及各部门的任务。其中，预算委员会一般由各个主要职能部门的经理组成，由首席执行官担任主席。这个委员会的工作是使公司内各部门甚至部门内各员工专门信息的交流更为方便，并使各部门就基础假设达成一致。同时，要确定预算管理的第一责任人为各单位、部门的行政主要负责人，切实加强领导，明确责任，落实措施。比如，玉柴股份构建了由预算管理委员会、预算管理部、预算责任单位组成的预算管理组织体系，明确了每个组织的责任与权利，从而使全面预算管理工作在相应的组织体系下有序、高效运行，大大增强了企业内部各级管理人员对全面预算管理的重视程度。

（2）各部门的基层主管人员根据上级下达的企业总目标和本部门应完成的任务，自编预算草案。其中，预算编制的顺序是先业务预算、资本预算，后财务预算。

（3）各部门管理人员负责审核修订基层报送的自编预算草案。

（4）预算委员会的预算员审核、汇总基层预算，在经委会多次协调平衡与协商调整后，汇编企业的全面预算。

（5）审议预算并上报企业董事会、经理（厂长）审查、批准全面预算，监事会列席审批会，并提出意见，最后通过企业的综合预算和部门预算。

（6）预算委员会将获批的预算分解到各部门，下达给各级各部门执行。

预算经批准后具有严肃性，具有法律效力，任何人不得擅自突破预算。

从预算管理实践来看，预算在一些企业只是流于形式，企业领导对企业预算不是很重视，很多企业只是指定由财务部门完成预算并进行实施。这显然不利于处理好各部门之间的利益关系，同时也降低了预算的权威性，造成各部门在实际工作中对预算并没有切实遵行，也就是我们常说的企业预算软约束问题。解决问题的方法之一是让企业最高领导参与到预算的制定中来，并对预算的制定有最后的决策权。这样才能从整个企业的大局出发，制订出切实可行的预算方案。

14.1.3　全面预算编制的具体内容

围绕全面预算体系的核心组成内容，具体的做法如下：

1. 销售预算

销售预算是指在销售预测的基础上，根据企业年度目标利润，用于规划预算期内各季度销售目标和实施计划的一种经营预算。它是整个预算的起点，其他预算的编制都以销售预算为基础。销售预算的主要内容是销量、单价和销售收入，通常要分品种、分月份、分销售区域、分推销员来编制。销售收入预算是全面预算管理的中枢环节，上承市场调查与预测，下启企业在整个预算期的经营活动计划。销售收入预算是否得当，关系到整个全面预算的合理性和可行性。在实际工作中，产品销售往往不能及时全部收回货款，会产生应收账款。因此，销售预算中通常还包括预计现金收入的计算，其目的是为编制现金预算提供必要的资料。

2. 生产预算

生产预算是在销售预算的基础上编制的，是经营预算中唯一仅以数量形式反映预算期内各季度有关产品生产数量及品种构成的一种预算。因为企业的生产和销售不能做到同步，生产除了用于销售外，还要有一定的存货量，以保证应付不时之需，节省赶工的额外开支。生产预算涉及销售量、期初和期末存货、预计生产量等。

3. 直接材料预算

直接材料预算是以生产预算为基础编制的，同时要考虑原材料存货水平。它是为规划预算期内直接材料情况及采购活动而编制的，是用于反映预算期各种材料消耗量、采购量、材料采购成本等预算信息的一种经营预算。其主要内容有直接材料的单位产品用量、生产需用量、期初和期末存量等。为了便于以后编制现金预算，通常要预计材料采购各季度的现金支出。

4. 直接人工预算

直接人工预算是以生产预算为基础编制的，是一种既反映预算期内人工工时消耗水平，又规划人工成本开支的经营预算。其内容包括预算产量、单位产品工时、人工总工时、每小时人工成本和人工总成本等。

5. 制造费用预算

制造费用分为变动制造费用和固定制造费用。变动制造费用以生产预算为基础编制；固定制造费用需要逐项预计，通常与本期产量无关，按每季实际需要的支付预计，然后求出全年数。制造费用和人工费用一般需要当期用现金支付，折旧除外。

6. 产品成本预算

产品成本预算是根据生产预算、直接材料预算、直接人工预算、制造费用预算进行汇总编制的，是反映预算期内各种产品生产成本水平的一种经营预算。其内容包括产品单位成本和总成本。

7. 销售及管理费用预算

销售及管理费用预算以销售预算为基础，分析销售收入、销售利润和销售费用之间的关系，力求实现销售费用的最有效使用。在对以往费用支出的必要性、合理性进行分析后，销售及管理费用预算反映预算期内为销售商品和维持一般行政管理工作而发生的各项费用支出的预算。费用预算与产品成本预算一起构成的成本费用预算是预算支出的重点。在收入一定的情况下，成本费用是决定企业经济效益高低的关键因素。制造成本和销售、财务及管理费用构成的期间费用的控制也是企业管理的基本功能，可以反映出企业管理的水平。

8. 现金预算

现金预算是企业预算期现金流转时间及金额数量的预算，是企业的一种综合性预算，其主要内容包括现金收入、现金支出、现金多余或现金不足、现金的筹集和运用等 4 个方面。现金预算一般包含年度、季度和月份以及旬或周的预算。

现金收入主要是指经营业务活动的现金收入，包括期初现金余额和预算期现金收入，如现销收入、收回的应收账款、应收票据到期兑现和票据贴现收入等。销货取得的现金收入即现销收入是其主要来源。现金支出包括预算期的各项现金支出。除直接材料、直接人工、制造费用、销售及管理费用等经营性现金支出外，还包括偿还应付款项、所得税费用、购置设备、股利分配等现金支出。现金多余或不足列示现金收入合计与现金支出合计的差额。差额为正，说明收大于支，现金有多余，可用于偿还过去向银行取得的借款，或者用于短期投资；差额为负，说明支大于收，现金不足，要向银行取得新的借款。

现金预算的编制以各项营业预算和资本预算为基础，反映各预算期的收入款项和支出款项，并作对比说明。其目的在于，在资金不足时筹措资金，在资金多余时及时处理现金余额，并且提供现金收支的控制限额，发挥现金管理的作用。现金预算是企业在预算期内全部经营活动和谐运行的保证，否则整个预算管理将是"无米之炊"。

现金预算的编制要根据一系列的预算来进行。首先，要按目标利润进行的销售预测编制销售预算，并在此基础上编制生产预算、产品成本预算、各项费用预算，然后才能得出现金预算。现金预算实际上是销售预算、生产预算、直接材料预算、直接人工预算、制造费用预算、产品成本预算、销售及管理费用预算等预算中有关现金收支部分的汇总，以及收支差额平衡措施的具体计划。所有部门的预算都对现金预算产生影响。现金预算与其他预算之间的关系如图 14—2 所示。

9. 预计报表

按照全面预算体系的内容，在编制完现金预算以后，即可编制预计利润表和预

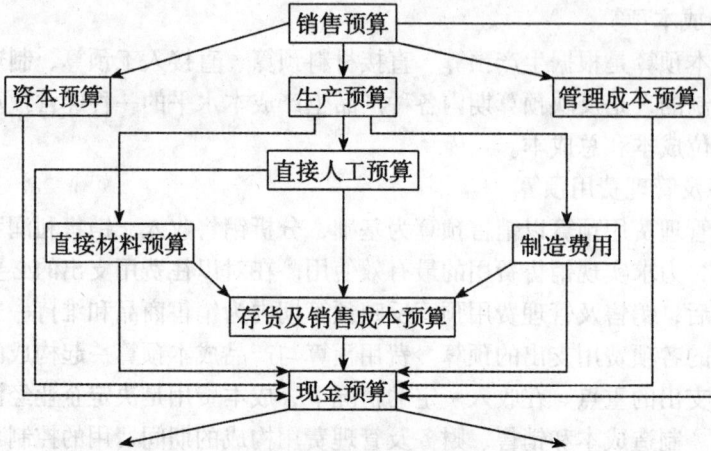

图14—2 现金预算与其他预算的关系

计资产负债表。通常先编制预计利润表，再编制预计资产负债表。

通过编制预计的利润表，可以了解企业预期的盈利水平。如果预算利润与最初编制方针中的目标利润有较大的不一致，就需要调整部门预算，设法达到目标，或者经企业领导同意后修改目标利润。

预计资产负债表是利用本期期初资产负债表，根据销售、生产、资本等预算的有关数据加以调整编制的。编制预计资产负债表的目的，在于判断预算反映的财务状况的稳定性和流动性。如果通过预计资产负债表的分析，发现某些财务比率不佳，必要时可修改有关预算，以改善财务状况。预计资产负债表，与实际的资产负债表内容、格式相同，但数据反映的是预算期末的财务状况。利用预算期初资产负债表，根据销售、生产、资本等预算的有关数据加以整理就可以编制预计资产负债表。

14.1.4 全面预算编制的方法

常见的预算编制方法主要包括固定预算与弹性预算、增量预算与零基预算、定期预算与滚动预算。这3对方法中，前者均属于传统的预算方法，后者则属于比较现代的方法。这些方法均广泛应用于企业全面预算的编制。

1. 固定预算与弹性预算

编制预算的方法按其业务量基础的数量特征不同，可分固定预算和弹性预算方法两大类。

固定预算又称静态预算，是指以预算期内正常的、可实现的某一固定的业务量（如生产量、销售量）水平为基础编制预算的方法。预算编制后，在预算期内若无特殊情况，一般不进行修改或更正，具有相对固定性，通常适用于业务量水平较为稳定的生产和销售业务的成本费用预算的编制，如直接材料费、直接人工费和制造费用预算等。因为比较简单，传统预算大都采用这种编制方法。

弹性预算又称动态预算，是为克服固定预算的缺点而设计的，是在成本性态分析的基础上，以业务量、成本和利润之间的联动关系为依据，按照预算期内可预见的各种业务量（如产量、销售量、直接人工工时、材料消耗量等）水平编制系列预算的方法。业务量范围的选择要视企业或部门的业务量变化情况而定。一般来说，可定在正常生产销售能力的 70%~110% 之间，或以历史最高业务量和最低业务量为其上下限，每 5%~10% 分为一种情况。弹性预算适用于与业务量有关的预算的编制，从实用角度看，主要用于编制弹性成本预算和弹性利润预算。

【例 14—1】假设一家公司固定制造费用总额为 9 000 元，变动制造费用的小时费用率为 0.7 元/小时，正常工时为 6 000 小时，从工时的 70%~110% 中，每 10% 分为一种情况，编制制造费用弹性预算表，见表 14—1。

表 14—1 制造费用的弹性预算 金额单位：元

工时（小时）	4 200	4 800	5 400	6 000	6 600
变动制造费用	2 940	3 360	3 780	4 200	4 620
固定制造费用	9 000	9 000	9 000	9 000	9 000
制造费用合计	11 940	12 360	12 780	13 200	13 620

2. 增量预算与零基预算

增量预算和零基预算主要用于销售费用预算和管理费用预算的编制。两者之间的区别在于出发点的特征不同。

增量预算是指以基期成本费用水平为基础，分析预算期内业务量水平及有关影响因素的变动情况，通过调整原有成本费用项目及数额，编制相关预算的方法。应用增量预算的前提条件是：现有的业务活动是企业所必需的；原有的各项业务都是合理的，必须予以保留；增加成本费用预算是应该的、值得的。

零基预算全称为"以零为基础编制预算的方法"，是指在编制销售费用、管理费用等预算时，不考虑以往基期所发生的费用项目和费用数额，而是以所有的预算支出均为零为出发点，一切从实际需要和可能出发，分析费用项目和费用数额的合理性，综合平衡编制费用预算的一种方法。应用零基预算法编制费用预算，打破了旧基础的框框，不受前期费用项目和费用水平的制约，防止不必要的资金开支和费用的螺旋式上升，能够调动各部门降低费用的积极性，真正把有限的资金用在刀刃上，发挥资金的最大使用效益。零基预算现已被西方国家广泛采用，是一种新的管理间接费用的有效方法。

零基预算的编制：首先，由各基层单位提出设想，这个设想应与企业的总体经营目标相一致；其次，编制费用预算方案。在深入调查、充分讨论的基础上，各基层单位应说明其各项业务的性质和目的，详细说明需要开支的费用是什么、数额是多少，划分不可避免项目和可避免项目；然后，对不可避免费用项目优先分配资金，以保证资金供应；对可避免费用项目则按"成本—效益分析"方法逐项将所费与所得进行对比，分析评价其费用开支的必要性以及它所产生的效益大小。在进行成本效益分析时，主要由企业高层管理者、总会计师等人组成预算委员会来进行。成本效益分析把各个费用开支方案权衡轻重缓急后，分为若干层次，排出先后顺序，划分不可延缓项目和可延缓项目；然后，审核和分配资金，应优先满足不可延缓费用项目的开支；对可延缓费用项目则根据可动用资金情况，按轻重缓急以及每项项目所需经费的多少分成等级，逐项下达费用预算；最后，编制预算表——根据资金分配方案编制财务收支预算，按部门、项目进行规划，同时要按月编制具体执行计划。

3. 定期预算与滚动预算

定期预算和滚动预算是根据预算期间的固定性和滚动性而区分的两项预算编制方法。

定期预算是指在编制预算时以固定不变的会计期间（如年度、季度、月份）作为预算期的一种编制预算的方法。定期预算能够使预算期间与会计年度相配合，便于依据会计报告的数据与预算的比较，考核和评价预算的执行结果。但是，它不利于前后各个期间的预算衔接，远期指导差，滞后可能大，不能适应连续不断的业务活动过程，不利于企业的长远发展。

滚动预算是为了克服定期预算的缺陷而设计的，是指在上期预算完成情况的基础上，调整和编制下期预算，将预算期与会计年度脱离开，将预算期间逐期连续向前滚动推移，使预算期保持一定的时期跨度的方法（一般是使预算期永远保持 12 个月，每过 1 个月，立即在期末增列 1 个月的预算）。滚动预算能够保持预算的连续性，实现与日常管理的紧密衔接，有利于管理人员从动态的角度把握企业近期的目标和远期的战略布局，有利于充分发挥预算的指导和控制作用。因此，滚动预算适用于连续性强的业务或项目的预算安排。

滚动预算的编制按其预算编制和滚动的时间单位不同，可以逐月滚动、逐季滚动或者混合滚动。采用长计划短安排的方式，就是在基期编制预算时，先按照年度分为 4 季，第一季度再分月份确定。第一季度结束后，要对一季度的预算执行情况进行分析评价；第一季度结束前，编制第二季度到明年第一季度的预算；排在前面的季度再列出分月预算，后面的 3 个季度只列季度总数，依此类推。此时，预算始终保持 4 个季度，且首季分月。

● 14.2　全面预算管理实验

14.2.1　实验资料

本案例的主角是 XY 制造有限公司。

1. 企业基本资料

XY 制造有限公司是注塑成型加工以及模具制造企业，主要生产制造大、中型精密塑料模具及塑料制品，以家电、汽车、通讯、电子仪表及民用产品为主。公司具有雄厚的实力和发展潜力，注册资本 28 000 千元，固定资产 80 000 千元，占地面积 21 000 平方米，建筑面积 27 000 平方米；公司现有员工 260 人，其中工程技术人员 36 人、各类专业管理人员 30 人；拥有主要生产设备 97 台，其中数控加工中心机床 9 台、数控电加工机床 8 台、锁模力 40T-1800T 的进口及国产注塑机 35 台；引进日本最先进的、全自动机械手操作的塑料零件表面喷涂生产线 2 条，形成了模具开发—注塑成型—表面涂装—丝印—产品装配一体化的生产能力；模具设计及制造全部采用计算机辅助设计与制造系统（CAD/CAM、PRO/EDELCAM 等）进行。公司拥有的注塑机 T40-T1800 共 30 台，适合各种尺寸及精度要求的塑料产品生产。公司于 2002 年 7 月一次通过国家 ISO 9001 质量体系认证。

公司的组织结构如图 14—3 所示。

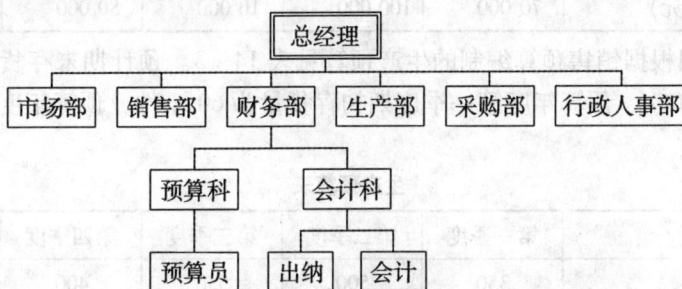

图 14—3 组织结构图

2. 企业预算管理现状

公司于 2008 年开始实行全面预算管理，具体预算流程如下：

（1）市场部、销售部每年在 10 月 30 日前，将下一年度产品的"销售预算"送财务部、生产部。

（2）生产部根据销售部报出的"销售预算"，结合生产布局，编制下一年产品"生产预算"，于 11 月 9 日前报送财务部、人事部、采购部。

（3）采购部根据生产部编制的"生产预算"，编制下一年公司原材料的"采购预算"，并于 11 月 14 日前报送财务部。

（4）行政人事部根据生产部编制的"生产预算"，结合市场物价增长水平及劳动力市场价格，编制下一年公司的"直接人工预算"，并于 11 月 24 日前报送财务部。

（5）财务部对各部门报送的部门预算进行审核，结合企业的长期发展规划提出调整意见。各部门再结合调整意见，对预算进行修正。

（6）12 月 31 日，财务部完成下一年"全面预算"第一稿的编制工作。

（7）1 月 31 日前，完成"全面预算"终稿。

月度预算的编制程序和年度预算的编制程序大致相同，只是报送各种预算的时间不同——市场部、销售部在每月 24 日前报送"销售预算"；生产部于每月 25 日前报送"生产预算"；采购部在每月 25 日前报送"采购预算"；财务部根据以上各部门编制的各项预算，通过对以上预算的审核，编制下月的财务预算。

3. 预算资料

销售部门提供的数据见表14—2。预计下一年度企业当期的销售收入中有60%可以收回，其余40%在下期收回。预计预算年度第一季度可收回上年第四季度的应收账款16 000元。

表14—2　　　　　　　　　　　　　　销售预算表

季度	第一季度	第二季度	第三季度	第四季度	全年
预计销售量（千件）	350	500	550	400	1 800
预计单位售价（元）	200	200	200	200	200
销售收入（千元）	70 000	100 000	110 000	80 000	360 000

生产部门根据销售预算编制的生产预算见表14—3。预计期末存货量为下一季度销售量的10%，预算年度第一季度期初存货量为60千件，预算年度期末存货量为50千件。

表14—3　　　　　　　　　　　　　　生产预算表　　　　　　　　单位：千件

季度	第一季度	第二季度	第三季度	第四季度	全年
预计销售量	350	500	550	400	1 800
加：预计期末存货量	50	55	40	50	50
减：预计期初存货量	60	50	55	40	60
预计生产量	340	505	535	410	1 790

企业的单位产品材料消耗定额是4千克/件，单位产品工时是3小时，单位小时人工成本是5元/人，材料成本是12元/千克。按照企业的正常情况，每季度末的材料存量为下一季度生产用量的20%，每季度的购料款当季付70%，其余款项在下一季度支付。预算年度第一季度应付上年第四季度赊购材料款4 000千元，估计预算年度期初材料存量为500千克，期末材料存量为450千克。

经生产部门预计，预算期间内变动制造费用为32 220千元（包括间接人工费用10 000千元、间接材料费用8 000千元、水电费12 000千元、维修费2 220千元），固定制造费用为46 980千元（包括管理人员工资12 000千元、维护费4 980千元、保险费10 000千元、设备折旧费20 000千元）。变动制造费用分配一直按产量计算，以现金支付的各项制造费用均于当期付款。

销售部门和其他职能部门预计预算期内变动销售及管理费用总计为3 600千元，按销售量计算的分配率为2（3 600÷1 800）；固定及管理费用为12 000千元，因此每季度固定销售及管理费用支出为3 000千元（12 000÷4）。

已知期初现金余额为50 000千元；期末现金余额少于20 000千元时，需要向银行借款，年利率为10%，最多也只能借款50 000千元。原5年期长期借款2亿元年利率为7%，每年末付息。

14.2.2　实验要求

根据以上资料，请判断年末该企业是否有足够的现金购买 90 000 千元的设备？编制该公司预算期的预计利润表。

第 15 章

预测分析

● 15.1　预测分析概述

一般来说，事物发展的未来结果是不确定的，但大多数事物有某种规律可循。我们可以根据某事物过去发展的规律性，基于反映客观现象的信息资料，运用各种科学的方法和技术来预计或推测其未来。这种对未来的推测称为预测。因此，预测是根据过去和现在预计未来，根据已知推测未来。

预测分析的应用范围极为广泛，已形成了一门综合性的学科。预测分析可以减少对未来事物认识的不确定性，以指导我们的决策行动，减少决策的盲目性。随着经济全球化、信息化和知识经济的深入，企业面临的竞争越来越激烈。为了求生存、谋发展，就需要对市场的瞬息万变和经济形势的发展趋势进行深入的调查研究，在取得大量信息资料的基础上，做出科学的预测分析，为企业的决策与规划提供相关的信息。

预测分析的一般方法有：

（1）定性分析法

定性分析法一般是在企业缺乏完备、准确的历史资料的情况下，首先由熟悉该企业业务和市场的专家，根据过去所积累的经验进行判断，提出预测的初步意见，然后再通过召开座谈会或发出征求意见函等各种形式，对上述预测的初步意见进行修订、补充，并作为预测分析的最终依据。

（2）定量分析法

定量分析法就是运用现代数学方法对各种资料进行科学的加工处理，并建立经济数学模型，充分揭示各有关变量之间的规律性联系，作为预测分析的依据。定量分析方法又可分为趋势分析法和因果预测分析法。

预测分析一般包括以下步骤：

（1）确定预测目标

预测必须首先搞清对什么进行预测，将达到什么目的。这需要根据企业经营的总体目标来设计和选择。既不能盲目随意确定，又不应追求面面俱到，不突出重点。在预测目标确定的同时，还应根据预测的具体对象和内容确定预测的期限和范围。

（2）收集和整理资料

预测目标确定后，应着手收集有关经济的、技术的、市场的计划资料和实际资料。在占有大量资料的基础上，按照一定方法对资料进行加工、整理、归纳，尽量从中发现与预测对象有关的各因素之间的相互依存关系。

（3）选择预测方法并分析判断

对不同的预测对象和内容，应采用不同的预测方法。对于那些可以建立数学模型的预测对象，应反复筛选比较，以确定最适当的定量预测方法；对于那些缺乏定量资料、无法开展定量分析的预测对象，应当结合以往经验，选择最佳的定性预测方法。根据预测模型及掌握的未来信息，进行分析判断，揭示事物的变化趋势，并预测其发展结果。

（4）报告预测结论

通过检查前期预测结论是否符合当前实际，分析产生差异的原因，验证预测方法是否科学有效，以便在本期预测过程中及时加以改正。任何一个预测分析结论都不是单靠模型计算出来的，而是要考虑各种不同非计量的因素。这就需要结合定性分析的结论对其进行修正和补充，使其更接近实际，最终通过一定形式和程序报告预测结论。

预测分析的内容主要包括销售预测、成本预测、利润预测和资金需求量预测。

15.1.1　销售预测

销售预测是指企业在一定的市场环境和一定的行销规划下，估计和推算某种产品在未来一定时期内的市场销售量或销售额水平及变化趋势的过程。

1. 判断分析法

判断分析法就是由本企业有丰富经验的经营管理人员或外界经济专家，对计划期间的销售状况进行综合研究，并做出推测和判断的方法。此法适用于不具备完整可靠的历史资料、无法利用数据进行预测分析的企业。判断分析法具体又可以分为以下 3 种方法：

（1）推销员判断法

推销员判断法又称意见汇集法，是由企业的推销人员根据他们的调查，将各个顾客或各类顾客对特定预测对象的销售预测值填入卡片或表格，然后由销售部门经理对此进行综合分析，以完成预测销售任务的一种方法。此法的原理是基层销售人员最熟悉市场，能直接倾听顾客的意见，因而能够提供直接反映顾客要求的信息，因此该法也称用户期望法。

采用此法进行销售预测所需的时间短、费用低，比较实用，但这种方法是建立在假定推销人员都能够向企业反映真实情况的基础上的，而推销人员的素质各异，他们对形势的估计有可能过于乐观或悲观，从而干扰预测结论。如果企业在销售量方面对其规定定额，则他们就会有意地低估预测值，为自己留有充分的余地；若企业按预测销售业务量核拨业务经费，则推销员就有可能有意高估预测值。另外，也可能因为顾客对预测对象不了解或推销员介绍的资料不够详细，而使得所汇报的意见过于分散。为避免这种现象出现，可以把企业过去的预测与实际销售量资料、企业的未来规划以及未来的社会经济发展趋势信息都提供给各推销人员，供他们参考；同时，要组织多人对同一产品或市场进行预测判断，再将这些数据加以平均处理，以消除人为的偏差。

（2）经营管理人员判断法

经营管理人员判断法是由企业召集有关经营管理人员，特别是那些最熟悉销售业务的销售主管人员，以及各地经销商负责人集中开会，由他们在会上根据多年的实践经验和判断能力，对特定产品的未来销售量进行判断和预测的一种方法。这种方法能够集思广益、博采众长，快捷、实用，但预测结果也会受到有关人员主观判断能力的影响。因此，应用此法时，应事前向预测人员提供近期有关政治、经济形势以及市场情况的资料，并在他们各自预测的基础上进行讨论、分析、综合平衡，最终做出结论。

（3）专家判断法

专家判断法是由见识广博、知识丰富的经济专家，根据他们多年的实践经验和判断能力对特定产品的未来销售量进行判断和预测的一种方法。这里的"专家"是指本企业或同行业的高级领导人、销售部门经理以及其他外界专家等，但不包括推销员和顾客。可以采用专家个人意见集合法、专家小组法或者德尔菲法等形式。

2. 趋势预测分析法

趋势预测分析法，首先把本企业的销售历史资料按时间的顺序排列下来，然后运用数理统计的方法来预计、推理计划期间的销售数量或销售金额。

（1）算数平均法

算术平均法是根据过去若干期的销售量或销售金额计算简单的算术平均数，作为未来的销售预测数。其公式如下：

计划期销售预测值 = 各期销售量（或销售额）总和÷期数

应用算术平均法预测销售量（额），方法比较简单，但它把各个时期的销售差异平均化，没有考虑不同时期实际销售量（额）对销售预测值的不同影响。此方法一般只适用于销售量（额）变化比较平稳的商品，如食品、日常用品等。

（2）移动加权平均法

它是对距离预测期较近的若干期间内的实际销售量（额）进行加权平均计算，以其平均值作为销售预测值的一种预测方法。根据各时期的实际值与预测值的影响程度对其分别规定不同的权数，进行加权平均计算，以求得预测值的一种方法。其计算公式如下：

$$S = \frac{\sum_{t=1}^{m} S_t w_t}{\sum w_t}$$

式中：

S——销售预测值；

S_t——第 t 期销售量（额）；

m——销售资料期数；

w_t——第 t 期权数。

移动加权平均法既考虑近期的发展趋势，又根据时期的远近分别加权，从而消除了各个月份销售差异的平均化，故其预测结果比较接近计划期的实际情况。

（3）指数平滑法

指数平滑法是根据前期销售量的实际数和预测数，以加权因子为权数，进行加权平均来预测下一期销售量的方法。其计算公式如下：

预测期销售量=平滑系数×上期实际销售量+（1-平滑系数）×上期预测销售量

$F_t = \alpha A_{t-1} + (1-\alpha) F_{t-1}$

式中：

F_t——本期预测数；

A_{t-1}——上期实际数；

F_{t-1}——上期的预测值；

α——平滑系数。

α 的取值范围为 $0 < \alpha < 1$，一般取中值，即在 $0.3 \sim 0.7$ 之间。这样可以使得出的预测值较平稳，能反映企业有关数据稳定的变化趋势。

使用指数平滑法的关键问题是确定一个合适的平滑系数 α。因为不同的 α 会对预测结果产生不同的影响。一般而言，当时间数列有较大的随机波动时，宜选择较大的 α，以便能很快跟上近期的变化；当时间数列比较平稳时，宜选择较小的 α。

3. 因果预测分析法

因果预测分析法利用事物发展的因果关系来推测事物发展趋势，即根据过去掌握的历史资料，找出需要预测的变量与其相关联的变量之间的依存关系，从而建立相应的因果预测分析的数学模型。

因果预测分析法的主要步骤是：

（1）确定影响销售的主要因素

影响销售的主要因素可以考虑以下几个方面：国民收入、国民生产总值、特定消费人口、个人可支配收入、相关产品销量或产量需求的价格弹性与收入弹性及市场占有率等。

（2）根据有关资料确定销量 Y 与 X 间的数量关系，建立因果预测模型

考虑自变量与因变量之间的数量关系时，要考虑到其直接联系和间接联系。直接联系是指一种产品产销量的增减会直接引起另一种产品的产销量的相应增减。间接联系是指一种产品产销量的增减会引起另一种或多种产品产销量的变化，但不一定有固定的数量关系。

这类方法中最为人们所常用的是"回归分析法"。这里介绍一元线性回归分析

法。一元线性回归法是假定预测对象销售量的变量因素只有一个，根据直线方程式 $Y = a+bx$，按照数学上的最小二乘法来确定一条误差最小、能正确反映自变量 x 和因变量 y 之间关系的直线。其中，a 代表起点销售量，即直线的截距；b 代表单位时间增加的销售量，即直线的斜率；x 代表时间变量；y 代表销售量；n 代表观测值的个数。它的常数项 a 和系数 b 可以按下列公式计算：

$$a = \frac{\sum y - b \sum x}{n}$$

$$b = \frac{n \sum xy - \sum x \sum y}{n \sum x^2 - \left(\sum x \right)^2}$$

为了简化计算，可令时间变量 $\sum x = 0$，则公式简化为：

$$a = \frac{\sum y}{n}$$

$$b = \frac{\sum xy}{\sum x^2}$$

回归分析法在理论上比较健全，计算结果精确，但是计算过程比较繁琐。如果使用计算机的回归分析程序来计算回归系数，则可以较好地克服这个缺点。

以时间为自变量建立的回归方程也称为趋势方程。建立趋势方程必须具备如下条件：①需要连续的历史资料；②预测对象或逐渐上升或逐渐下降，如果起伏较大则会影响预测值的准确性；③近期预测较为准确，远期预测误差较大。

15.1.2　成本预测

成本预测就是根据企业目前的经营状况和发展目标，利用专门的方法对企业未来成本水平和变动趋势所进行的预计和推测。通过成本预测，掌握未来的成本水平和变动趋势，将有助于提高经营管理工作中的预见性，减少盲目性，有利于控制成本、促进成本降低、提高企业生产经营的经济效益，同时也为进行科学决策提供依据。

1. 成本预测的步骤

成本预测的一般步骤主要有：

（1）提出目标成本草案

所谓目标成本是指在确保实现目标利润的前提下，企业在成本方面应达到的目标。它规定着企业未来降低成本的努力方向。目标成本的提出与测定应经过反复测算，一般可采用目标利润或同行业先进的成本水平。目标利润法以事先确定的目标利润为前提，通过市场调查，根据销售预测和国内外同类企业的情报资料，考虑具有竞争能力的价格水平，按照预计销售收入扣除目标利润就可得到所需的目标成本。这种方法可以使目标成本与目标利润的水平衔接起来，但它无法直接确定目标固定成本和目标单位变动成本指标，还需在此基础上继续分析。

此外，确定目标成本还可以从本企业历史最好的成本水平或国内外同类产品先进水平中选择标准，也可以将上年实际水平减成本降低额作为目标成本。这种方法可以直接确定单位目标成本，但无法与目标利润联系起来。

目标成本是在确保目标利润前提下的成本，是企业未来在成本方面的奋斗目标。通常目标成本与企业的内部经济责任紧密相连。目标成本的确定应得到企业内全体员工的认可。

（2）预测成本的发展趋势

提出目标成本后，企业应该收集相关信息资料，利用有关总成本模型预测总成本发展趋势，检验在现有条件下实现目标成本的可能性与现实性。

（3）报告结论并修订目标成本

经过上一步骤，既可以了解企业在目前条件下实现目标成本的可能性究竟有多大，又能促使企业积极采取措施降低成本，并测算出这些措施对未来成本水平的影响。这就为形成最终下达的目标成本方案奠定了基础。若经过测算比较，原定目标成本草案与现实可能相距太大，难以达到，则应适当修正目标，使之尽量符合客观实际，并与相应保证措施相联系。

2. 成本预测的方法

成本预测方法包括历史资料分析法、因素预测法、定额测算法和预计成本测算法等。这里仅介绍应用最为广泛的历史资料分析法。成本预测中的历史资料分析法是指在掌握有关成本等历史资料的基础上，采用一定的方法进行数据处理，建立有关成本模型，并据此预测未来成本的一种方法。关键问题是如何利用有关历史资料确定总成本模型。在实际操作中，数学模型为 $y=a+bx$，即前述的一元一次基本模型。确定模型中待定参数 a、b 的方法有直线回归法、高低点法和加权平均法。直线回归法已在销售预测中进行了详细介绍，这里不再赘述。

（1）高低点法

高低点法是选用一定时期历史资料中的最高业务量和最低业务量的成本之差除以最高业务量和最低业务量之差，计算出单位变动成本，然后确定固定成本的一种计算方法。模型 $y=a+bx$ 中待定参数 a、b 的计算公式为：

b＝（最高业务量的成本−最低业务量的成本）÷（最高业务量−最低业务量）

a＝最高业务量的成本−b×最高业务量

或：

a＝最低业务量的成本−b×最低业务量

总成本预测值 $y=a+b$×预计业务量

显然，高低点法比直线回归法简单，但是没有考虑其他历史资料，仅受最高、最低两点数据的影响，适用于企业产品成本的变动趋势比较稳定的情况。

（2）加权平均法

除以上两种方法外，成本预测中还常采用加权平均法确定待定参数 a、b。所谓加权平均法是指，根据若干期固定成本总额和单位变动成本的历史资料，按照事先确定的权数进行加权，以计算加权平均的成本水平，从而建立成本预测模型，进而预测未来总成本的一种定量分析方法。权数的确定仍按照上述远小近大的原则。该方法需要各时期固定成本、单位变动成本的详细资料，适用于各期成本水平变动比较频繁的企业。

15.1.3   利润预测

利润预测是通过对有关产品产销数量、价格、成本等因素进行综合分析与计量，判定和测算企业在未来一定时期的利润水平、变动趋势和实现预期目标利润的可行途径。利润预测不仅能科学地确立企业未来一定期间的利润目标，为经营决策指明方向，而且可以为拟订达到既定利润目标的可行性方案提供依据。

利润预测主要采取的方法是本量利分析法。

1. 本量利之间的关系

为了正确进行预测，必须研究成本、销售量与利润之间的关系。这里的成本要划分成固定成本和变动成本两部分。所谓固定成本是指成本总额在一定时期和一定业务量范围内，不受业务影响而固定不变的成本。例如，固定的月工资、固定资产折旧、取暖费、财产保险费、职工培训费、科研开发费、广告费等。所谓变动成本是指一定业务量范围内成本总额与业务量总数呈正比例增减变动的成本。例如，直接材料、直接人工、外部加工费等都属于变动成本。

目前多数企业都使用损益法来计算利润，即首先确定一定期间的收入，然后计算与这些收入相配合的成本，两者之差为期间利润：

利润 = 销售收入 – 总成本

  = 销售收入 – （变动成本总额 + 固定成本总额）

  = 销售量 × 单价 – 变动成本总额 – 固定成本总额

  = 销售量 × 单价 – 销售量 × 单位变动成本 – 固定成本总额

  = 销售量 × （单价 – 单位变动成本）– 固定成本总额

成本、销售量和利润之间的关系可用下列公式表示：

利润 = 销售量 × （单价 – 单位变动成本）– 固定成本总额

这个公式是明确表达本量利之间数量关系的基本公式。它含有 5 个相互联系的变量，给定其中 4 个，便可求出另一个变量的值。

在规划期间利润时，通常把单价、单位变动成本和固定成本视为稳定的常量，只有销售量和利润两个自由变量。在给定目标利润时，可利用公式直接计算出预期利润；在给定销售量时，可计算出预计利润水平下应达到的销售量。

2. 预测盈亏临界点

它主要研究如何确定盈亏临界点、有关因素变动对盈亏临界点的影响等问题，并可以为决策提供在何种业务量下企业将盈利，以及在何种业务量下会出现亏损等信息。

盈亏临界点又称为保本点，是指既没有盈利也没有亏损的销售量或销售额。当销售量在此点时，企业利润等于零。

计算利润的公式为：

利润＝销售量×（单价−单位变动成本）−固定成本总额

将公式中利润定义为零，计算得出的销售量即为盈亏临界点销售量，即：

0＝盈亏临界点销售量×（单价−单位变动成本）−固定成本总额

得到盈亏临界点销售量的计算公式为：

$$盈亏临界点销售量 = \frac{固定成本}{单价 - 单位变动成本}$$

3. 预测目标利润

目标利润预测的目的是在考虑企业生存发展对利润的需求的基础上，充分考虑企业的主客观条件，提出未来一定期间从事生产经营活动应实现的利润目标。确定目标利润，一般可根据不同的预定利润率来进行，主要有 3 种：

（1）根据销售利润率（销售利润/销售收入总额）来确定，即：

目标利润＝预计销售收入总额×销售利润率

（2）根据产值利润率（销售利润/工业总产值）来确定，即：

目标利润＝预计工业总产值×产值利润率

（3）根据资金利润率（销售利润/资金平均占用额）来确定，即：

目标利润＝预计资金平均占用额×资金利润率

4. 预测实现目标利润的销售量

企业为保证目标利润的实现，销售量应达到的数量称为保利量。

由于计算利润的公式为：

利润＝销售量×（单价−单位变动成本）−固定成本总额

因此：

$$实现目标利润销售量 = \frac{固定成本 + 目标利润}{单介 - 单位变动成本}$$

15.1.4　资金需求量预测

资金需求量预测是财务预测的重要组成部分，也是企业合理筹集资金所必需的一个基础环节。资金需求量预测最常用的方法是销售百分比法。其基本程序是：假设收入、费用、资产、负债与销售收入存在稳定的百分比关系，根据预计的销售额和相应的百分比预计资产、负债和所有者权益的增加额，然后利用会计等式确定企业外部融资需求量。

具体的计算方法有两种：一种是基于总量计算的思想，即先根据销售总额预计资产、负债和所有者权益的总额，然后确定融资需求量；另一种基于增量计算的思想，即根据销售的增加额预计资产、负债和所有者权益的增加额，然后确定企业外部融资需求量。

1. 根据销售总额确定融资需求量

根据销售总额确定融资需求量具体的计算步骤如下：

（1）确定资产和负债项目的销售百分比

资产、负债等项目占销售收入的百分比既可以根据上年的数据确定，也可以根据以前若干年度的平均数确定。在确定时，要注意区分直接随销售收入变动的资产、负债等项目和不随销售收入变动的资产、负债项目。一般假设流动资产和固定资产都随销售收入成正比例变动，应付账款和其他应付款与销售收入也成正比例变动，而其他项目如短期借款、应付票据、长期负债和所有者权益等与销售收入无关。

（2）预计各项资产和负债

在一定销售收入水平下，预计所需要的资产和负债各项目的资金数额。其计算公式为：

各项资产（负债）=预计销售收入×各项目销售收入百分比

（3）预计留存收益增加额

留存收益是公司内部的融资来源。只要公司有盈利并且不全部支付股利，留存收益就会使股东权益自然增长，可以全部或部分满足企业的融资需求。这部分资金的多少取决于净利润的多少和股利支付率的高低。其计算公式为：

留存收益增加=预计销售收入×计划销售净利率×（1-股利支付率）

这里需要注意一个问题：该留存收益增加额的计算隐含了一个假设，即计划销售净利率可以涵盖增加的利息。提出该假设的目的是为了摆脱融资预测的数据循环。在融资预测时，需要先确定留存收益的增加额，然后确定需要增加的借款，但是借款的改变反过来又会影响留存收益。其数据关系如下：股利支付率确定后，留存收益受净利润的影响；净利润受利息费用的影响；利息费用受借款数额的影响；借款增加额要视留存收益增加额而定。解决该数据循环问题有两种办法：一种办法是使用多次迭代法，逐步逼近可以使数据平衡的留存收益和借款增加额；另一种简单的办法是假设计划销售净利率可以涵盖借款增加的利息，先确定留存收益，然后确定借款增加额。一般企业为了简便计算而采用后一种处理方法。

（4）计算外部融资需求

需要的外部融资额，可以通过增加借款或增发股本筹集。通常，在企业目标资本结构允许的情况下，企业会优先使用借款融资。如果不易再增加借款，则需要增发股本。外部融资需求计算公式为：

外部融资需求=预计总资产-预计总负债-预计股东权益

2. 根据销售增加额确定融资需求量

计算公式为：

融资需求量=资产增加-负债增加-留存收益增加

$$=\left(\begin{array}{c}\text{资产销售}\\\text{百分比}\end{array}\times\begin{array}{c}\text{新增销}\\\text{售收入}\end{array}\right)-\left(\begin{array}{c}\text{负债销售}\\\text{百分比}\end{array}\times\begin{array}{c}\text{新增销}\\\text{售收入}\end{array}\right)-\begin{array}{c}\text{计划销售}\\\text{净利率}\end{array}\times\begin{array}{c}\text{销售}\\\text{收入}\end{array}\times\left(1-\begin{array}{c}\text{股利}\\\text{支付率}\end{array}\right)$$

采用销售百分比法能为财务管理提供短期预计的财务报表，以适应外部筹资的需要。计算方法简单，且易于使用。但是，该方法也有不足的地方：若有关销售百分比与实际不符，据以进行预测就会形成错误的结论。

● 15.2 预测分析实验

15.2.1 实验资料

北方化学公司的塑料事业部成立于 2001 年。当时，北方化学公司收购了一家名为德克的年销售额为 15 万元的小型塑料制造企业，主要产品是三明治包装袋、塑料桌布以及塑料皮的晾衣绳。

如今北方化学公司的塑料事业部已经成长为一家在全国有 5 个地区利润中心、年销售额超过两亿元的事业部。每个地区中心都有制造设施和销售人员，每个地区都有 4 个产品组。每个产品组都由一位产品经理和一位地区销售经理共同监管，而这两位经理则负责向地区营销经理报告。销售代表直接向地区销售经理报告，但碰到有关定价与产品的问题时则会同产品经理共同工作。5 位地区总经理向塑料事业部的副总裁李明报告工作。尽管北方化学公司为一家跨国石油公司所拥有，这个塑料事业部自其在 2001 年成立以来一直在经营上保持着实际上的独立性。

最近一段时间，地区销售经理王刚一直忙于制订下一年的销售计划。他深知，年度销售预测不仅关系到公司预算，而且与部门每个人的绩效都密切相关。王刚阅读了有关销售量的历史记录。经过他的总结和筛选，得到了一个关于销售量的简表，见表 15—1。

表 15—1　　　　　　　　　北方塑料 2006—2011 年的销售情况　　　　　　　单位：万件

年份	2006	2007	2008	2009	2010	2011
销售量	510	530	550	540	560	590

王刚深知销售预测不仅要进行销售预测，还要对下一年的资金需求进行预测。资金是企业运作的生命线。如果需要企业筹资的话，要早作打算，不能等到企业用资金时再筹集，那会让企业顿时陷入困境。王刚立即通知财务部门送来上一年度的资产负债表和利润表，细细研读。

通过利润表，王刚了解到，公司 2011 年的销售收入为 3 000 万元，年末资产负债表（简表）见表 15—2。该公司现在还有剩余的生产能力，即增加收入不需进行固定资产方面的投资。公司股利支付率为 30%。如果公司 2012 年的销售额提高到 4 000 万元，预计销售利润率为 4.5%，那么公司应该筹集多少资金呢？

资金需求量确定了，企业下一期的生产经营就能顺利展开了。然而，任何一个企业要在激烈的市场竞争中生存发展，仅仅靠简单大规模的生产是行不通的，必须要确定自身的经营目标，而经营目标包括经营利润的实现。王刚注意到，现在的市场呈现出不容乐观的趋势。目前，在东南部地区有近 20 家制造商在以超量供给的

表15—2　　　　　　　北方塑料公司资产负债表（简表）　　　　　金额：万元

资产	金额	负债及股东权益	金额
货币资金	100	短期借款	60
应收账款（净额）	200	应付票据	5
存货	350	应付账款	176
预付账款	50	其他应付款	9
固定资产	800	长期负债	810
其他长期资产	500	实收资本	100
		资本公积	16
		盈余公积	600
		未分配利润	224
资产总计	2 000	负债及股东权益总计	2 000

方式竞争。售价已经持续几个月下降，但预计在下半年将会保持稳定。作为地区销售经理，他必须对这一地区的总体利润进行预测，以便安排各个地区的销售情况。王刚从企业成本会计那里了解到企业产品的成本情况：产品的单价为120元，单位变动成本为50元，全年固定成本为385 000万元。

利润是企业生产经营中的一个最重要的指标，它直接反映企业的经济效益和财务成果。这也是各地区经理们普遍关注的问题。利润预测的准确与否直接影响目标利润的确定。利润预测通常采用本量利分析法。

确定了所要预测的内容，王刚就开始了预测工作。

15.2.2　实验要求

①采用回归分析法对2012年的销售量进行预测。

②对企业的资金需求量进行预测，并判断企业需向外融资金额。

③利用本量利分析法预测企业的盈亏临界点、目标利润以及实现目标利润时的销售量。

第 16 章

财务报表分析

● 16.1　财务报表分析概述

16.1.1　财务报表分析的内涵

1. 资产质量状况分析

企业总资产表明企业资产的存量规模，随着企业经营规模的变动，也处在经常变动之中。资产存量规模过小，将难以满足企业经营的需要，影响企业经营活动的正常进行；资产存量规模过大，将造成资产闲置，使资金周转缓慢，影响资产的利用效率。对企业资产的质量状况分析主要从以下几个方面进行：第一，反映总资产规模的变动状况以及各类、各项资产的变动状况。第二，发现变动幅度较大或对总资产变动影响较大的重点类别和重点项目。第三，分析资产变动的合理性。第四，考察资产变动与权益总额变动的适应性。第五，注意分析会计政策变动的影响。

2. 负债状况分析

负债是指由于企业过去的交易或事项而形成的现时义务，履行该义务预期会导致经济利益流出企业。负债是企业重要的筹资手段。企业的资金来源除所有者投入资金和企业内部积累外，就是对外举债获得。实践中，几乎没有一家企业是只靠自有资金，而不运用负债就能满足需求的。企业通过举债方式来开展生产经营活动，不但能促使企业经营规模的扩大，而且能提高所有者权益的报酬率。但举债就像一把双刃剑，当举债过多时，一旦企业经营不善或者资金调度不力，企业就可能面临无力偿债而被清算或被接管的风险。因此，企业管理人员必须合理把握负债的规模，在避免可能产生财务风险的情况下，充分发挥负债经营的积极作用。

例如，企业在对流动负债进行分析时，应关注流动负债的借款数量是否与流动资产的相关项目相适应，有无不正常之处，还应关注流动负债的偿还时间，预测企业未来的现金流量，评判企业短期流动负债的偿还能力。对于长期负债而言，在进行报表分析时，应关注长期负债的借款额度、增减变动及其对企业财务状况的影响程度。在分析长期借款的质量状况时，应注意长期借款是否与企业固定资产、无形资产的规模相适应，是否与企业的当期收益相适应。此外，还应关注长期借款费用处理的合规性与合理性。

3. 所有者权益状况分析

所有者权益，是指所有者在企业资产中享有的经济利益，其金额为资产减去负债后的余额，包括实收资本（或股本）、资本公积、盈余公积、未分配利润四个部分。所有者权益分析，可以向投资者、债权人等提供有关资本来源、净资产的增减变动、分配能力等与其决策有用的信息。因此，在进行报表分析时，应对所有者权益的金额、增减变动及其对企业财务状况的影响引起足够的重视。

例如，对实收资本进行分析时，企业投资者增加投入资本，会使营运资本增加，表明投资者对企业未来的生产经营充满信心。可以将实收资本（或股本）与企业注册资本数额相比较，如果该项目的数额小于注册资本的数额，说明该企业的注册资本存在不到位的现象，对此应做出进一步的了解，搞清资本金未到位的原因，查清企业注册资本是否可靠。在对资本公积分析时，应注意资本公积项目的数额，如果该项目的数额本期增长过大，就应进一步了解资本公积的构成。因为有的企业在不具备法定资产评估条件的情况下，通过虚假评估来虚增企业的净资产，借此调整企业资产负债率，蒙骗企业债权人或潜在的债权人。对留存收益的分析可以了解留存收益总量的变动及其原因和变动趋势，同时分析留存收益的构成及其变化。

4. 现金流量状况分析

现金流量表主要提供有关企业现金流量方面的信息。在市场经济条件下，企业的现金流转的情况在很大程度上影响着企业的生存和发展。企业现金充裕，就可以及时购入必要的材料物资和固定资产，及时支付工资、偿还债务、支付股利和利息；反之，轻则影响企业正常的生产经营，重则危机企业的生存。

例如，对经营活动产生的现金流量进行分析时，如果该值小于零，意味着企业通过正常的商品购、产、销所带来的现金流入不足以支付上述经营活动引起的现金流出。对现金流量的总量进行分析时，重点掌握现金净流量增加额与资产总额的配比状况。分析企业现金资源的总量流动情况，以及企业的现金流量变动的来源与构成对企业整体现金净流量增加额的影响程度，评价企业现金流量状况和资金来源情况的合理性、稳定性。在对现金流量表的各项目变动进行分析时，不能只是通过对期末与期初数量的简单对比就得出现金流量状况"好转"、"恶化"或"维持不变"的结论，更要分析各因素变动对现金流量的影响，揭示现金状况变动的真正原因。

16.1.2 财务报表分析的内容

财务报表分析的内容可归纳为短期偿债能力分析、长期偿债能力分析、营运能力分析、盈利能力分析、发展能力分析几个方面。

1. 偿债能力分析

（1）短期偿债能力分析

偿债能力是企业偿还各种到期债务的能力。由于债务按到期时间分为短期债务和长期债务，所以偿债能力分析也分为短期偿债能力分析和长期偿债能力分析两部分。

短期偿债能力是指企业以流动资产偿付流动负债的能力，是衡量企业当前财务能力，特别是流动资产变现能力的重要标志。该类财务指标主要有：流动比率、速动比率和现金比率等。

①流动比率

流动比率是流动资产与流动负债的比率，表明企业每 1 元流动负债有多少流动资产作为偿还的保证，反映企业可在短期内便显得流动资产偿还到期流动负债的能力。其计算公式为：

流动比率＝流动资产÷流动负债

流动比率是相对数，排除了企业规模的影响，更适合同业比较以及本企业不同历史时期的比较。国际上通常认为流动比率的下限为 1，而流动比率等于 2 时较为适宜。流动比率计算简单，被广泛应用。但是流动比率有某些局限性，在使用时应注意：流动比率假设全部流动资产都可以变为现金并用于偿债，全部流动负债都需要还清。实际上，有些流动资产的账面金额与变现金额有较大差异，如产成品等；经营性流动资产是企业持续经营所必需的，不能用于全部偿债；经营性应付项目可以滚动存续，无需动用现金全部结清。因此，流动比率是对短期偿债能力的粗略估计。此外，该指标还受到行业特点的影响，在实际使用时应注重行业平均值的比较。

②速动比率

构成流动资产的各项目，流动性差别很大。其中，货币资金、交易性金融资产和各种应收、预付款等，可以在较短时间内变现，称为速动资产；而存货、1 年内到期的非流动资产和其他流动资产等，称为非速动资产。

速动比率是指从流动资产中扣除非速动资产部分，再除以流动负债的比率。速动比率比流动比率更能反映企业的短期偿债能力。其计算公式为：

速动比率＝速动资产÷流动负债

速动比率假设速动资产是可偿债资产，表明企业每 1 元流动负债有多少易于变现的资产作为支付保证。通常认为，正常的速动比率为 1 较合适。

③现金比率

速动资产中，流动性最强、可直接用于偿债的资产称为现金资产。现金资产包括货币资金、持有的有价证券（即资产负债表中的交易性金融资产）等。与其他速动资产不同，它们本身就是可以直接偿债的资产，而其他速动资产需要等待不确定的时间，才能转换为不确定金额的现金。

现金比率是企业现金类资产与流动负债之间的比率。其计算公式为：

现金比率＝（现金+有价证券）÷流动负债

现金比率假设现金资产是可偿债资产，表明每 1 元流动负债有多少现金资产作为偿债保证。一般来说，现金比率在 0.2 以上为好，但也不能认为这项指标越高越好。

④现金流动负债比率

现金流动负债比率，是企业一定时期的经营现金净流量同流动负债的比率，它可以从现金流量角度来反映企业当期偿付短期负债的能力。其计算公式为：

现金流动负债比率=年经营现金净流量÷年末流动负债

现金流动负债比率越大，表明企业经营活动产生的现金净流量越多，越能保障企业按期偿还到期债务。但是，该指标也不是越大越好，指标过大表明企业流动资金利用不充分，获利能力不强。一般该指标大于1，表示企业流动负债的偿还有可靠保证。

（2）长期偿债能力分析

长期偿债能力是指企业偿还长期负债的能力。长期偿债能力的强弱是反映企业财产状况稳定和安全程度的重要指标。评价企业长期偿债能力的指标有资产负债率、长期资本负债率、产权比率、已获利息倍数和现金流量利息保障倍数。

①资产负债率

资产负债率又称负债比率，是企业负债总额对资产总额的比率。其计算公式为：

资产负债率=负债总额÷资产总额

资产负债率反映总资产中有多大比例是通过负债取得的。它可以衡量企业清算时对债权人利益的保护程度。资产负债率越低，企业偿债越有保障，贷款越安全；资产负债率还代表企业的偿债能力。一个企业的资产负债率越低，举债越容易。如果一个企业的资产负债率高到一定程度，就没有人愿意提供贷款了，则表明企业的举债能力已经用尽了。对资产负债率，比较保守的经验判断为一般不高于50%，因此如果资产负债率高于50%，则债权人的利益就缺乏保障。

②长期资本负债率

长期资本负债率是指非流动负债占长期资本的百分比。长期资本负债率反映企业的长期资本的结构，由于流动负债的数额经常变化，资本结构管理大多使用长期资本结构。企业的长期资金来源（长期资本）包括非流动负债和股东权益，因此，该指标的含义就是长期资本中非流动负债所占的比例。如果企业不存在流动负债的话，该指标与资产负债率是一样的。其计算公式为：

长期资本负债率=非流动负债÷（非流动负债+股东权益）

③产权比率和权益乘数

产权比率是负债与所有者权益的比率，反映的是债权人和股东对公司资金的相对贡献。产权比率表明每1元所有者权益借入的债务额。其计算公式为：

产权比率=负债÷所有者权益

权益乘数是总资产对所有者权益的比率。权益乘数表明每1元所有者权益拥有的资产额。其计算公式为：

权益乘数=总资产÷所有者权益=1÷（1−资产负债率）

产权比率和权益乘数是两种常用的财务杠杆比率。财务杠杆表明债务多少，与偿债能力有关。财务杠杆既影响总资产净利率和权益净利率之间的关系，又表明权益净利率的风险高低，与盈利能力有关。

④已获利息倍数

已获利息倍数又称利息保障倍数，用以衡量公司偿付借款的能力，这是对公司借款的最低要求。其计算公式为：

已获利息倍数=息税前利润÷利息费用

=（净利润+利息费用+所得税费用）÷利息费用

长期债务不需要每年还本，却需要每年付息。已获利息倍数表明每 1 元利息支付有多少倍的息税前利润作保证，它可以反映债务政策的风险大小。如果企业一直保持按时付息的信誉，则长期负债可以延续，举借新债也比较容易。已获利息倍数越大，利息支付越有保障。如果利息支付尚且缺乏保障，归还本金就更难指望了。因此，已获利息倍数可以反映长期偿债能力。国际上通常认为，该指标为 3 时较为合适。从长期来看，若要维持正常偿债能力，已获利息倍数至少应当大于 1。如果已获利息倍数小于 1，表明企业自身产生的经营收益不能支持现有的债务规模。已获利息倍数等于 1 也很危险，因为息税前利润受经营风险的影响，很不稳定，而利息支付却是固定的。已获利息倍数越大，公司拥有的偿还利息的缓冲资金越多。已获利息倍数为负值时没有任何意义。

⑤ 现金流量利息保障倍数

现金流量利息保障倍数是指经营现金净流量为利息费用的倍数。它比收益基础的利息保障倍数更可靠，因为实际用以支付利息的是现金，而非收益。该比率表明每 1 元的利息费用有多少倍的经营现金净流量作保障。其计算公式为：

现金流量利息保障倍数=经营现金净流量÷利息费用

2. 营运能力分析

营运能力是指公司资产投入水平相对于销售产出的能力，即资产的周转使用效率。反映公司营运能力的指标主要有：应收账款周转率、存货周转率和总资产周转率等。

（1）应收账款周转率

应收账款周转率是指年度内应收账款转化为现金的平均次数，反映应收账款的周转速度。其计算公式为：

应收账款周转率=营业收入÷应收账款平均余额

应收账款周转天数=365÷应收账款周转率

应收账款周转率，表明 1 年中应收账款周转的次数，或者说明每 1 元应收账款投资支持的营业收入。应收账款周转天数，也称为应收账款收现期，表明从销售开始到收回现金平均需要的天数。

（2）存货周转率

存货周转率是衡量和评价公司购入存货、投入生产、销售收回等各环节管理状况的综合性指标。其计算公式为：

存货周转率＝营业成本÷存货

存货周转天数＝365÷存货周转率

存货周转率，表明 1 年中存货周转的次数。存货周转天数表明存货周转一次需要的时间，也就是存货转换成现金平均需要的时间。

（3）总资产周转率

总资产周转率反映公司总资产的周转速度，用以衡量总资产的使用效率。其计算公式为：

总资产周转率＝营业收入÷资产占用额

总资产周转天数＝365÷总资产周转率

总资产周转率，表明 1 年中总资产周转的次数，或者说明每 1 元总资产支持的营业收入。总资产周转天数表明总资产周转一次需要的时间，也就是总资产转换成现金平均需要的时间。

（4）资产现金回收率

资产现金回收率是经营现金净流量与全部资产的比率。该指标旨在考评企业全部资产产生现金的能力，该比值越大越好。其计算公式为：

资产现金回收率＝经营现金净流量÷资产总额

如果把该指标求倒数，则可以分析全部资产用经营活动现金回收的程度、需要的期间长短。因此，这个指标体现了企业资产回收的含义。回收期越短，说明资产获现能力越强。

3. 盈利能力分析

盈利能力是指公司通过经营管理活动获得收益的能力。获取利润是企业的重要经营目标，是企业生存和发展的物质基础。从持续经营的角度看，盈利是公司正常运营的基础，是公司负债偿还的保证，是股东利益的源泉。因此，无论是投资人、债权人还是企业经营者，都日益重视和关心企业的盈利能力。所以盈利能力分析是报表分析的重点。

（1）销售利润指标分析

销售毛利率又叫营业毛利率，是销售毛利占销售收入的比率。其中毛利是销售收入与销售成本的差额。其计算公式为：

销售毛利率＝（销售收入－销售成本）÷销售收入

该指标表示每 1 元销售收入扣除销售成本后，有多少钱可以用于各项期间费用和形成盈利。一个企业能否实现利润，首先要看销售毛利的实现情况。一般来说，销售毛利率越高，说明销售收入中销售成本所占的比重越小，毛利额越大，实现价值的盈利水平越高。

销售利润率又叫营业利润率，是指企业的营业利润与营业收入的比率。它是衡量企业经营效率的指标，反映了在不考虑非营业成本的情况下，企业管理者通过经营获取利润的能力。其计算公式为：

营业利润率＝营业利润÷营业收入

销售净利率是公司税后净利润与营业收入的比率，反映公司盈利能力的大小，它表明每 1 元营业收入能赚取多少税后净利。其计算公式为：

销售净利率＝净利润÷营业收入

成本费用利润率是企业一定期间的利润总额与成本费用总额的比率。成本费用一般指主营业务成本和三项期间费用之和。成本费用利润率指标表明每付出 1 元成本费用可获得多少利润，体现了经营耗费所带来的经营成果。该项指标越高，反映企业的经济效益越好。其计算公式为：

成本费用利润率＝利润总额÷成本费用总额

（2）总资产报酬率

总资产报酬率是公司利润与资产总额（账面值）的比值，它是从公司总资产的利用角度所反映的盈利能力。其计算公式为：

总资产报酬率＝净利润÷平均资产总额

总资产报酬率还可以分解为销售净利率和总资产周转率。其计算公式为：

总资产报酬率＝销售净利率×总资产周转率

（3）净资产收益率

净资产收益率是公司净利润与净资产（账面值）的比率，反映股东的投资回报。其计算公式为：

净资产收益率＝税后利润÷平均股东权益额

（4）销售获现比率

销售获现比率，又叫作销售收现比率，它是销售商品、提供劳务收到的现金与主营业务收入的比值。其计算公式为：

销售获现比率＝销售商品或提供劳务收到的现金÷主营业务收入

该指标反映公司每 1 元主营业务收入中，有多少是实际收到现金的收益。一般地，其数值越大表明公司销售收现能力越强，销售质量越高。如果该比率等于 1，说明本期销售收到的现金与本期的销售收入基本一致，没有形成挂账，资金周转良好；如果该比率大于 1，即本期收到的销售现金大于本期主营业务收入，不仅当期销售全部变现，部分前期应收款项也被收回，这种状况应与应收款项的下降相对应；如果该比率小平 1，即本期销售收到的现金小于当期的主营业务收入，说明账面收入高，而变现收入低，应收款项增多，必须关注其债权资产的质量和信用政策的调整。若该比率连续几期下降且都小于 1，则预示可能存在大量坏账损失，利润质量的稳定性会受到不利影响。

（5）盈余现金保障倍数

盈余现金保障倍数是指企业一定时期经营现金净流量同净利润的比值，反映了企业当期净利润中现金收益的保障程度，真实地反映了企业的盈余的质量。盈余现金保障倍数从现金流入和流出的动态角度，对企业收益的质量进行评价，对企业的实际收益能力再一次修正。其计算公式为：

盈余现金保障倍数＝经营现金净流量÷净利润

一般而言，当企业当期净利润大于 0 时，该指标应当大于 1。该指标越大，表明企业经营活动产生的净利润对现金的贡献越大。但是，由于指标分母变动较大，致使该指标的数值变动也比较大，所以，对该指标应根据企业实际效益状况有针对性地进行分析。

4. 发展能力分析

发展能力是企业在生存的基础上，扩大规模、壮大实力的潜在能力。发展能力分析主要有以下几个方面。

（1）增长率指标

销售增长率又叫营业收入增长率，是企业本年销售收入增长额与上年销售收入总额的比率。其计算公式为：

销售增长率=本年销售收入增长额÷上年销售收入总额

该指标若大于 0，表明企业本年的销售收入较上年有所增长；若该指标小于 0，则说明企业当年产品销售不畅，市场萎缩。

营业利润增长率又称销售利润增长率，是企业本年营业利润增长额与上年营业利润总额的比率，反映企业营业利润的增减变动情况。其计算公式为：

营业利润增长率（销售利润增长率）=本年营业利润增长额÷上年营业利润总额

其中：本年营业利润增长额=本年营业利润总额-上年营业利润总额

净利润增长率是企业本年净利润增长额与上年净利润总额的比率，反映企业净利润的增加变动情况。其计算公式为：

净利润增长率=本年净利润增长额÷上年净利润总额

=（本年净利润总额-上年净利润总额）÷上年净利润总额

（2）资本积累率

资本积累率是企业本年所有者权益增长额与年初所有者权益的比率。其计算公式为：

资本积累率=本年所有者权益增长额÷年初所有者权益

该指标若大于 0，表明企业的资本积累越多，应对风险、持续发展的能力越强；该指标若小于 0，表明企业资本受到侵蚀，所有者利益受到损害。

（3）总资产增长率

总资产增长率是企业本年总资产增长额与年初资产总额的比率，它反映企业本期资产规模的增长情况。其计算公式为：

总资产增长率=本年总资产增长额÷年初总资产总额

从企业资产总量方面衡量企业的发展，表明企业规模增长水平对企业发展后劲的影响。该指标越高，表明一定时期内资产经营规模扩张的速度越快。

16.1.3 财务报表分析的方法

1. 比较分析法

比较分析法是通过对相关经济指标数值的比较，来揭示经济指标间的数量关系和数量差异的一种方法。通常有以下三种形式的对比：实际指标同计划定额指标相比较；本期指标同上期指标或历史最高水平比较；本单位指标同国内外先进单位指标比较。

2. 比率分析法

比率分析法是通过计算财务指标比率来确定财务活动变动程度的一种分析方法。

（1）构成比率

构成比率又称结构比例，用于计算部分占总体的比重，反映的是部分与总体的关系。其计算公式为：

构成比率＝某个组成部分数额÷总体数额

（2）效率比率

效用比率是用来计算某项财务活动中所费与所得的比率，反映投入与产出、耗费与收入的比例关系。例如，成本利润率、销售利润率。

（3）相关比率

相关比率是用来计算除部分与总体关系、投入与产出关系之外的具有相关关系的指标的比率，以反映有关经济活动中财务指标间的相互关系。

3. 趋势分析法

趋势分析法又称水平分析法，是将两期或连续若干财务报告中的相同指标或比率进行对比，求出它们的增减变动的方向、数额和幅度的一种方法。具体运用主要有三种：

（1）重要财务指标的比较

重要财务指标的比较是将不同时期财务报告中的相同指标或比率进行比较，有两种方法：

①定基动态比率

它是以某一时期数额为固定基期数额而计算出来的动态比率。其计算公式为：

定基动态比率＝计算期数额÷固定基期数额

②环比动态比率

它是以计算期的前一期数额为基期数额而计算出来的动态比率。其计算公式为：

环比动态比率＝计算期数额÷前一期数额

（2）会计报表的比较

会计报表的比较是将连续数期的会计报表的金额并列起来，比较其相同指标的增减变动金额和变动幅度，据以判断企业财务状况和经营成果发展变化的一种方法。比较时，既要计算出表中有关项目增减变动的绝对额，又要计算出其增减变动的相对数。

（3）会计报表项目构成的比较

这是以会计报表中的某个总体指标作为100%，再计算出其各组成指标占该总体指标的百分比，比较各构成项目百分比的增减变动，以判断企业有关财务活动的变化趋势。

4. 因素分析法

因素分析法是依据分析指标与其影响因素的关系，从数量上确定各因素对分析指标影响方向和影响程度的一种方法。采用这种方法的假设前提是，当有若干因素对分析对象产生影响作用时，假定其他各个因素都无变化，从而顺序确定每一个单独变化所产生的影响。

16.1.4　杜邦财务分析体系

杜邦财务分析体系，又称杜邦分析体系，简称杜邦体系，是利用各主要财务比率之间的内在联系，对企业财务状况和经营成果进行综合系统评价的方法体系。该方法体系是以权益净利率为龙头，以资产净利率和权益乘数为分支，重点揭示企业获利能力及杠杆水平对权益净利率的影响，以及各相关指标间的相互关系。因其最初由美国杜邦公司成功运用，所以得名。

杜邦分析体系的核心比率是权益净利率，可用于不同企业之间的比较。由于资本具有逐利性，总是流向投资报酬率高的行业和企业，因此各企业的权益净利率会比较接近。杜邦分析体系中的主要财务指标关系如下：

$$权益净利率=净利润÷股东权益$$
$$=资产净利率×权益乘数$$
$$=销售净利率×总资产周转次数×权益乘数$$
$$=\frac{净利润}{销售收入}×\frac{销售收入}{总资产}-\frac{总资产}{股东权益}$$

杜邦财务分析体系的基本框架如图16—1所示。

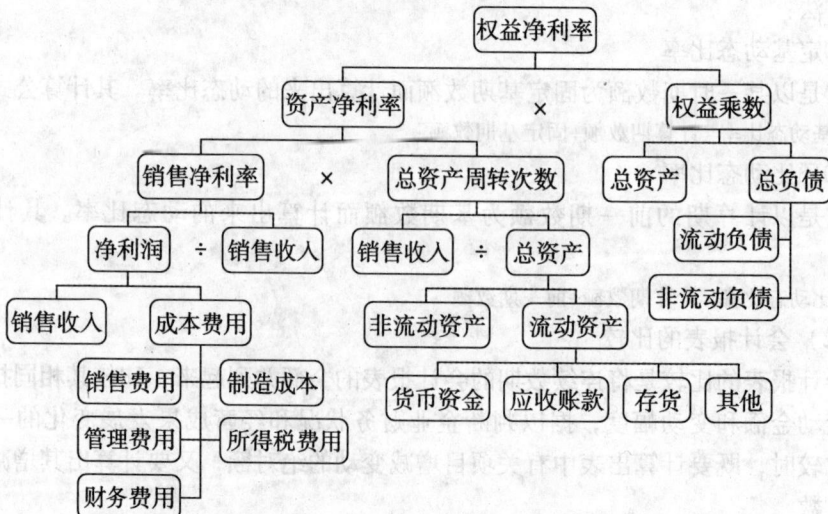

图16—1　杜邦财务分析体系

从杜邦分析图中，可以了解到以下情况：

(1) 权益净利率是一个综合性最强的财务比率，是杜邦分析体系的核心。该指标反映了所有者投入资本的获利能力，它取决于企业的资产净利率和权益乘数。资产净利率反映了企业运用资产进行生产经营活动的效率高低，而权益乘数则主要反映企业的筹资情况，即企业资金来源结构。

(2) 资产净利率是影响权益净利率的最重要的财务比率，也是整个财务分析体系中十分重要的财务指标，综合性很强。它是销售净利率和资产周转次数的乘积。因此，要进一步从销售活动和资产管理方面来分析。

(3) 销售净利率反映了企业净利润和销售收入之间的关系，提高销售净利率是提高企业盈利的关键。一般来说，销售收入增加了，企业的利润会随之增加，但要想提高销售净利率，必须一方面提高销售收入，另一方面降低各种成本费用，这样才能使净利润的增长高于销售收入的增长，从而使销售净利率得到提高。

(4) 资产周转次数揭示出企业运用资产实现销售收入的综合能力。对资产周转次数的分析，可以从资产构成比例是否恰当、资产的使用效率是否正常、资产的运用效果是否理想等方面进行详细分析。

(5) 权益乘数主要受资产负债率的影响。负债比例大，权益乘数就高，说明企业有较高的负债程度，能给企业带来较大的杠杆利益，同时也给企业带来较大的风险。

由此可见，权益净利率与企业的销售规模、成本水平、资产运营、资本结构等有着密切的联系，这些相关因素构成一个相互依存的系统，只有将这个系统内的各相关因素合理安排协调好，才能使权益净利率达到最大，才能实现股东财富最大化的理财目标。

然而，传统的杜邦分析体系虽然被广泛应用，但也存在某些局限性。

(1) 计算总资产净利率的"总资产"与"净利润"不匹配。总资产为全部资产提供者享有，而净利润则专属于股东，两者不匹配。由于总资产净利润率的"投入与产出"不匹配，该指标不能反映实际的报酬率。为了改善该比率，要重新调整分子和分母。

(2) 没有区分经营活动损益和金融活动损益。传统杜邦分析体系没有区分经营活动和金融活动。对于大多数企业来说金融活动是净筹资，它们在金融市场上主要是筹资，而不是投资。筹资活动不产生净利润，而是支出净费用。这种筹资费用是否属于经营活动费用，在会计准则制定过程中始终存在很大争议，各国会计准则对此的处理不尽相同。从财务管理角度看，企业的金融资产是尚未投入实际经营活动的资产，应将其与经营资产相区别。与此相应，金融损益也应与经营损益相区别，才能使经营资产和经营损益匹配。因此，正确计量基本盈利能力的前提是区分经营资产和金融资产，区分经营损益和金融损益。

(3) 没有区分金融负债与经营负债。既然要把金融活动分离出来单独考察，就需要单独计量筹资活动成本。负债的成本（利息支出）仅仅是金融负债的成本，经营负债是无息负债。因此，必须区分金融负债和经营负债，利息与金融负债相除，才是真正的平均利息率。此外，区分金融负债与经营负债后，金融负债与股东权益相除，可以得到更符合实际的财务杠杆。经营负债没有固定成本，本来就没有财务杠杆，将其计入财务杠杆，会歪曲杠杆的实际效应。

针对上述问题，人们对传统的财务报表和财务分析体系作了一系列的改进，逐步形成了新的管理用财务报表和财务分析体系。

改进的财务分析体系的基本框架如图16—2所示。

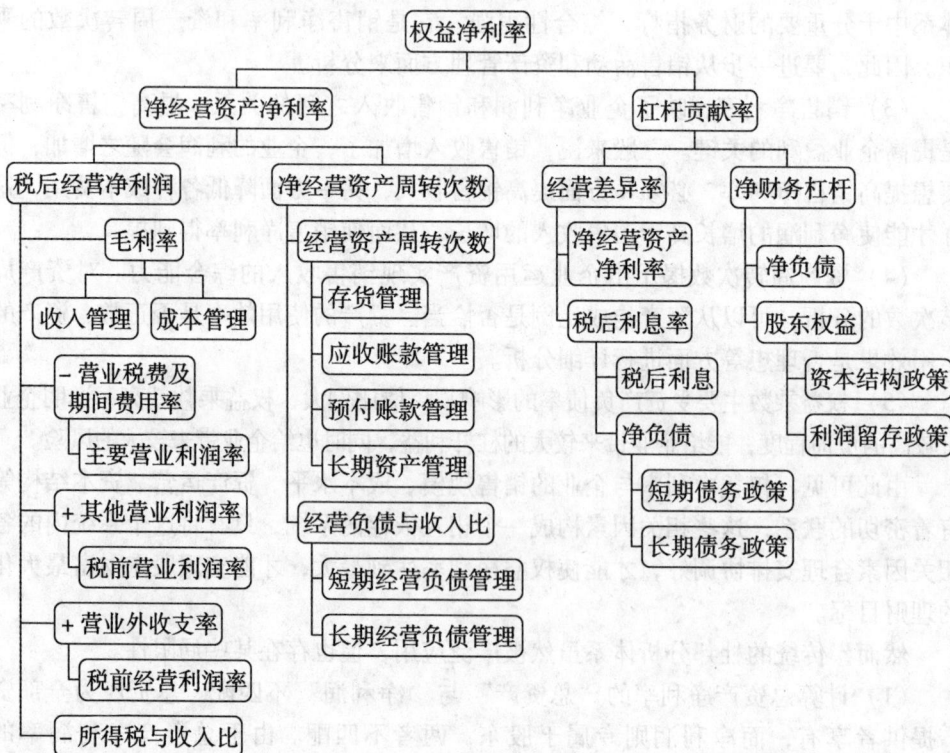

图16—2　改进的杜邦财务分析体系

● 16.2　财务报表分析实验

16.2.1　实验资料

海胜公司的前身是一家小型的运动类产品制造厂，自1993年从国有企业改制为股份制企业以来，进入了企业的快速发展时期，管理层及全体职工一直保持艰苦奋斗的创业精神，企业逐步发展壮大，历经合资、重组、二次创业等考验，销售收入、利税等经济指标逐年递增，连续多年被C市政府列为产值、利税、最佳经济效益50强企业之一。

公司目前的经营范围逐步扩大，产品类别日益增多，并且开始进入高端市场，现已成为所在地区最大的综合性运动产品及设施的生产企业之一。

公司的经营方式主要是批发销售给超市和零售商，同时在全国二线、三线城市开设销售网点进行直销，公司通过广告、赠品等各种方式促销并占领市场，但是，因产品本身的技术含量低，替代品多，竞争对手强大，因此近年来越来越面临挑战。

海胜公司主要财务数据见表 16—1、表 16—2、表 16—3。

表 16—1　　　　　　　　　海胜公司近三年主要财务数据简表　　　　　　　　　单位：元

一、财务状况	2008 年 12 月 31 日	2009 年 12 月 31 日	2010 年 12 月 31 日
货币资金	44 064 325.49	50 049 275.26	25 890 276.09
应收账款	15 218 796.36	16 984 869.82	12 770 745.78
其他应收款	44 528 634.09	52 613 480.59	51 889 424.55
存货	14 602 515.25	24 395 563.97	30 832 021.20
流动资产合计	135 403 293.17	149 071 950.64	138 990 842.86
长期股权投资	29 693 838.19	14 563 402.85	14 368 921.54
固定资产	90 811 684.46	52 075 930.09	46 315 334.37
在建工程	25 034.14	742 594.14	5 663 487.74
无形资产（土地使用权）	18 810 931.49	18 357 050.01	17 780 327.47
资产总计	274 744 781.45	234 810 927.73	223 118 913.98
短期借款	26 902 000.00	25 869 000.00	21 380 000.00
应付账款	7 673 665.14	12 449 975.06	20 700 175.38
预收账款	3 281 895.23	5 161 562.02	10 361 805.98
应付职工薪酬	22 757 682.66	24 563 951.48	23 959 715.09
应交税费	10 195 725.72	9 065 186.24	9 225 805.18
流动负债合计	100 200 127.50	106 571 409.60	112 708 439.57
长期借款	40 000 000.00	40 000 000.00	20 000 000.00
长期应付款	593 019.00	593 019.00	593 019.00
负债合计	140 793 146.50	147 164 428.60	133 301 458.57
股本	75 000 000.00	75 000 000.00	75 000 000.00
资本公积	53 689 210.80	53 689 210.80	53 689 210.80
盈余公积	25 195 089.53	25 195 089.53	25 195 089.53
未分配利润	−19 932 665.38	−66 318 932.99	−64 147 976.71
股东权益合计	133 951 634.95	87 646 499.13	89 817 455.41
二、经营状况	2008 年	2009 年	2010 年
营业收入	234 329 524.91	227 578 703.43	227 402 975.32
营业利润	−17 356 763.25	−29 997 399.53	−82 043.33
利润总额	−18 648 319.26	−46 151 023.29	2 499 686.49
净利润	−18 648 319.26	−46 151 023.29	2 170 956.28
三、现金流量状况	2008 年	2009 年	2010 年
销售商品、提供劳务收到的现金	269 439 578.10	273 703 203.67	289 588 419.79
收到的其他与经营活动有关的现金	4 266 863.74	7 726 358.82	12 489 339.91
购买商品、接受劳务支付的现金	209 269 068.58	208 469 996.34	236 331 848.44
支付的其他与经营活动有关的现金	62 827 871.44	45 069 802.04	28 104 309.71
经营活动产生的现金流量净额	5 532 115.47	−3 097 354.76	6 532 808.52
收回投资所收到的现金	535 000.00	15 440 000.00	134 948.00
取得投资收益所收到的现金	1 052 532.06	0	0
投资所支付的现金	0	0	0
投资活动产生的现金流量净额	−1 757 775.89	14 257 527.80	−2 846 444.00
筹资活动产生的现金流量净额	−12 264 371.30	−5 175 233.27	−27 665 363.69
现金及现金等价物净增加额	−8 490 031.72	5 984 949.77	−24 158 999.17

备注：详细财务数据见海胜公司 2008—2010 年三年期财务报表。

表 16—2 　　　　　　　　海胜公司 2008—2010 年利润表简表 　　　　　　　单位：元

项目	2008 年	2009 年	2010 年
一、营业收入	234 329 524.91	227 578 703.43	227 402 975.32
减：营业成本	193 597 627.89	177 164 726.85	184 331 164.75
营业税金及附加	3 260 251.48	2 739 908.63	2 435 756.40
期间费用	53 188 754.96	49 273 313.63	40 893 005.64
其中：财务费用	2 600 881.35	3 611 191.18	2 873 202.86
资产减值损失	746 541.49	23 299 152.94	-234 441.45
投资收益	-893 112.34	-5 099 000.91	-59 533.31
二、营业利润	-17 356 763.25	-29 997 399.53	-82 043.33
加：营业外收入	88 258.25	800 541.82	2 986 629.58
减：营业外支出	1 379 814.26	16 954 165.58	404 899.76
其中：非流动资产处置损失	1 311 798.25	14 416 949.20	123 393.78
三、利润总额	-18 648 319.26	-46 151 023.29	2 499 686.49
减：所得税费用			328 730.21
四、净利润	-18 648 319.26	-46 151 023.29	2 170 956.28
未分配利润	-19 932 665.38	-66 318 932.99	-64 147 976.71

表 16—3 　　　　　　　　　海胜公司近三年财务指标 　　　　　　　　　单位：元

类别	指标名称	2008 年	2009 年	2010 年
短期偿债能力	流动比率	1.35	1.40	1.23
	速动比率	1.21	1.17	0.96
	现金比率	0.44	0.47	0.23
	现金流动负债比率	0.06	-0.03	0.06
长期偿债能力	资产负债率	51.25%	62.67%	59.74%
	长期资本负债率	23.26%	31.65%	18.65%
	已获利息倍数	-6.17	-11.78	1.87
	现金流量利息保障	2.12	-0.86	2.21
营运能力	应收账款周转率	15.40	13.4	18.4
	存货周转率	13.26	7.26	5.99
	总资产周转率	0.85	0.97	1.02
	资产现金回收率	0.02	-0.01	0.003
盈利能力	营业毛利率	17.38%	22.15%	18.94%
	营业利润率	-7.41%	-3.96%	-0.04%
	成本费用利润率	-7.60%	-20.39%	1.14%
	总资产报酬率	-5.84%	-18.12%	2.41%
	净资产收益率	-13.92%	-52.66%	2.42%
获现能力	销售获现比率	1.15	1.20	1.27
	盈余现金保障倍数	-29.67%	6.71%	292.63%
发展能力	营业收入增长率		-2.88%	-0.08%
	营业利润增长率		-72.83%	-99.73%
	净利润增长率		147.48%	-104.70%
	总资产增长率		-14.53%	-4.98%

注：财务数据保留小数点后两位小数。

为了更好的对其财务状况进行评价，我们选取了 8 家生产运动类产品的上市公司作为行业先进数据进行对比评价分析（见表 16—4）。以此 8 家上市公司 2010 年的各项财务指标与海胜公司 2010 年的对应财务指标进行对比，这 8 家上市公司分别简称为 C1、C2、C3、C4、C5、C6、C7 和 C8。

表 16—4　　　　运动类产品行业 8 家上市公司 2010 年各项指标数据

指标名称	C1	C2	C3	C4	C5	C6	C7	C8
流动比率	1.84	0.78	1.40	2.47	0.67	3.06	2.34	2.04
速动比率	1.30	0.48	1.08	1.80	0.44	2.51	1.77	1.42
现金比率	0.43	0.11	0.32	1.12	0.13	1.63	0.53	0.89
现金流动负债比率	0.43	0.11	0.32	1.12	0.13	1.56	0.53	0.89
资产负债率	32.15%	58.60%	44.06%	41.97%	63.08%	17.27%	26.86%	32.11%
已获利息倍数	2.27	2.60	-9.65	1.96	0.64	0.08	0.69	23.16
现金流量债务比	0.14	0.09	0.60	0.01	0.13	-0.38	-0.29	0.61
存货周转率	7.52	3.66	9.03	3.64	8.79	4.01	1.70	4.10
应收账款周转率	7.26	6.01	5.49	6.00	16.51	4.97	2.61	12.18
总资产周转率	1.53	0.70	1.90	0.68	1.15	0.20	0.36	1.48
营业毛利率	12.56%	21.37%	11.8%	19.24%	9.76%	21.17%	32.99%	51.43%
营业净利率	0.58%	2.98%	-7.87%	3.65%	-0.55%	0.93%	1.15%	7.48%
总资产报酬率	0.89%	2.10%	-14.93%	2.49%	-0.64%	0.18%	0.41%	11.07%
净资产收益率	1.31%	5.12%	-26.69%	4.31%	-1.73%	0.21%	0.56%	16.31%
销售获现比率	0.94	0.99	1.12	1.14	1.16	1.04	1.04	1.15
盈余现金保障倍数	5.13	2.44	-0.18	0.21	-13.22	36.36	-19.05	1.77
营业收入增长率	11.74%	-4.06%	3.89%	0.9%	14.59%	31.69%	-11.35%	10.29%
营业利润增长率	-93.61%	-13.97%	292.91%	-47.93%	-116.35%	-105.23%	-109.9%	23.78%
净利润增长率	-30.56%	14.02%	285.56%	-43.64%	-113.82%	-99.16%	-93.67%	25.21%
总资产增长率	-4.61%	6.23%	-16.56%	-10.3%	15.87%	-3.91%	-5.13%	13.87%

海胜公司在当地是著名的大型国有企业，但是，近几年来，李宁、安踏等全国大型运动品牌企业吞噬着市场，再加上国外知名品牌耐克和阿迪达斯的冲击，海胜公司运动类用品销售增长较慢，生产的运动服、运动鞋等产品与其他运动产品企业同质化现象严重。此外，随着生活质量的提高，消费者对产品的要求逐步提升，海胜公司缺乏有竞争力的产品。

到底公司亏损的原因何在呢？应该怎样解决呢？在新的市场大环境下，面对激烈的竞争，公司如何发现自身存在的问题，以应对新的挑战呢？

16.2.2　实验要求

（1）请根据表 16—1，分析企业的资产质量状况。

（2）请根据表 16—1，分析企业的负债状况。

（3）请根据表 16—1，分析企业的所有者权益情况。

（4）请对企业的经营成果进行分析。

（5）请对企业的现金流量状况进行分析。

（6）请分析企业的财务指标，并根据这些指标判断企业的财务状况。

（7）请根据实验资料中提供的行业数据，分析该企业在行业中的财务状况。

第 17 章

平衡计分卡

● 17.1 平衡计分卡概述

17.1.1 平衡计分卡的基本概念

平衡计分卡是由哈佛商学院的卡普兰教授和顾问诺顿先生创建的一种经营模式，其目的是对各种经营活动进行全方位多元化分析，进而对战略实施过程中的具体策略加以识别和管理。计分卡，简言之就是"成绩表"或"成绩册"的意思。但是，平衡计分卡不同于普通的成绩表，它用财务、顾客、业务流程和学习与发展这四个维度及其相互关系来表示组织业绩生成中的诸要素。

财务维度探讨经营活动中股东对企业的财务性成果的期待，并将其转换成具体的数值目标。顾客维度探讨研究如何更好地满足顾客需求以实现企业的愿景和战略。业务流程维度是考虑如何完善企业的内部业务流程以更好地满足股东和顾客。学习与发展维度则是为了确保企业不断完善创新的发展能力而考察组织学习的焦点所在。

图 17—1 用图的形式来表示上述流程。图 17—1 中，平衡计分卡的各工作流程被提纲挈领地加以概括，通过制作这样的计分卡，可以对组织的各项战略目标和绩效指标进行系统性的整理。同时，还可以借此团结组织成员，激发其积极性，齐心协力实现组织战略目标。

17.1.2 平衡计分卡的制作流程

1. 战略目标的设定

平衡计分卡由战略性工作部门（战略业务单元）制作而成。各个战略业务单元根据组织的整体愿景和基本战略来设定自己的战略目标。

在制作平衡计分卡时，首先要做的便是明确整个公司的愿景与中长期战略，同时还需要确认战略业务单位特有的使命。也就是说，首先要搞清楚该战略业务单位能为整个公司愿景与战略的实现做出什么样的贡献。因此，战略业务单位既需要明确自己的主体性，又需要确立自己的目标。

财务维度
为取得财务上的成功，
应如何满足股东？
- 战略目标
- 绩效指标
- 目标值
- 先行指标

顾客维度
为实现愿景目标应如
何取悦客户？
- 战略目标
- 绩效指标
- 目标值
- 先行指标

愿景和战略

业务流程维度
为满足股东和顾客，
必须采取怎样的流程
操作？
- 战略目标
- 绩效指标
- 目标值
- 先行指标

学习与发展维度
为实现愿景目标，应
如何保持发展完善的
能力？
- 战略目标
- 绩效指标
- 目标值
- 先行指标

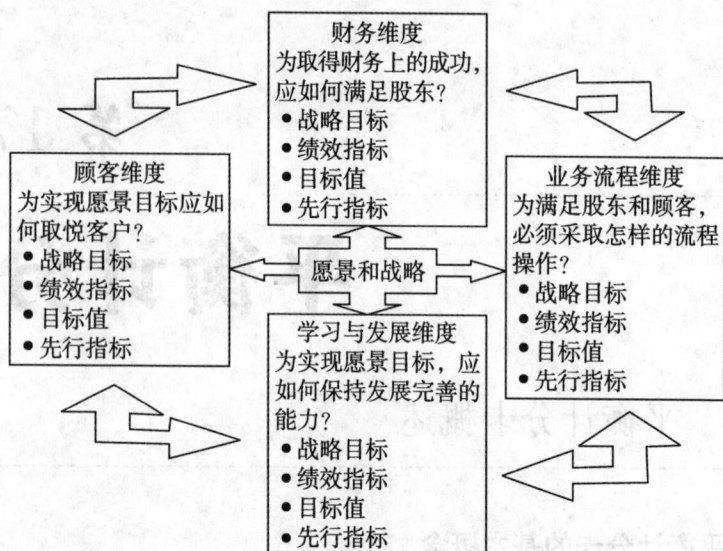

图 17—1　平衡计分卡的四个维度

设定战略业务单位特有目标时的注意事项：

（1）是否与整个公司以及其他战略业务单位的愿景相统一？

（2）方向是否明确？

（3）是否具有影响力？

（4）愿景有无实现的可能？

（5）其他的战略业务单元或组织成员是否也能理解？

（6）是否发挥了主体性（包括核心价值）？

（7）目标是否具有相对性？

具体设定战略目标的时候，需要从识别企业或组织的整体战略实现的关键因素着手，这些关键因素被称为重要成功因素。战略目标按照平衡计分卡上的四个维度进行逐一设定，战略目标的设定可以从任何一个维度开始。

在平衡计分卡上，财务维度虽然与其他三个维度放在同一水平上，但前者与后者是有所差别的。准确地说，财务维度是结果，其他三个维度是产生结果的过程。另外，结果和过程的关系也存在于非财务的三个维度之中。因此，我们在设定战略目标时，必须注意这种多元性的结果与过程的关系，也就是因果关系。

2. 设置成果指标与目标

在平衡计分卡中，要用量化的成果指标来使战略目标名副其实地成为战略业务单元团结一致努力去实现的具体目标。量化的成果指标就是用来评价战略目标实施所带来的预期成果的尺度。各维度的主要成果指标见表 17—1。

3. 制作战略图

战略图可以把平衡计分卡中四种维度的因果关系链整理为从视觉上更容易理解的东西，同时可以更系统地去看整体战略。

表 17—1　　　　　　　　　　　**各维度的主要成果指标**

维度	成果指标示例
财务维度	股东权益回报率、资产收益率、事业利润、使用资本利润率、投资利润率、现金流通量、成本降低率、单位产品利润、销售费用成本率等
顾客维度	顾客满意度、顾客稳定率、新客户获得率、目标顾客层的市场占有率、可信度与性能提高率、退货率、顾客投诉率等
业务流程维度	产品开发的总时程、配货预定达成率、失误率、货物损坏或缺损率、循环周期、改善对策提案采用数（率）等
学习与发展维度	资格拥有者的增长率、资格取得率、函授等教育参加或通过者的比率、每一从业人员提案件数的相对案件采用率、专利申请率、新技术开发数等

通过制作战略图，组织成员可以更加容易地认识自己的工作与整个组织目标之间的关系，也更容易分析出各个维度下战略目标的因果关系链是否有不完善的地方，以利于及早修正。

在绘制战略图时，要把分散的战略目标依据各个主题加以集中，整理其因果关系链，并确认其关联的正当性。在此，将集中在各个主题下的战略目标称为"战略主题"。

4. 战略执行计划的展开

如果仅仅是制作出了平衡计分卡或者是描绘出了战略图，那还称不上是已经完成了具有可行性的战略计划。因为，这一阶段虽然已经明确了重点和目标，但是日常活动中为达到预期目标所应实践的具体内容依然不够明确。因此，作为战略管理系统的平衡计分卡必须包含明确的战略执行计划。

这里的战略执行计划指的是实现战略的具体行动计划，即明确与战略相关的日常业务活动的实践对策，并决定具体的目标水准。前面所说的实践对策即为实施项目，后者则相当于先行指标。

实现战略目标的具体对策即实施项目的识别工作，大致与方针管理中对策展开的过程相同。但是，两者也存在着决定性的差异，即实施项目和战略目标一样会设定评价及确认其达成的指标。该指标便是先行指标，即"引导成果达成"的指标，它是管理日常业务或活动的基准。其设定条件也极其简单，即只要依此指标前进，就一定能取得一定的成果。也正因为如此，先行指标才和成果指标一样，所设定的指标必须可以用量化标准去衡量。

● 17.2　平衡计分卡实验

17.2.1　实验资料

位于海滨城市的海科电子仪器制造公司（以下简称"海科电子"），成立于

1980 年，并于 1995 年 10 月 15 日上市，目前资本额为 45.8 亿元，共有员工 2 540 人，主要生产及销售个人电脑。该公司各事业部是按照生产类别进行生产组织的。

海科电子已成立 30 多年，历经中国经济改革开放起飞蓬勃发展时期，近年来，由于受到产业西进及全球金融危机，经济不景气的影响，产业早已迈入了所谓的微利时代，慢慢地走入了辛苦赚钱到辛苦却也赚不到钱的境地！这些都促使海科电子开始思考提升管理层次的问题，并决定投入资源以求管理上的创新。因为，在竞争激烈的微利时代，企业的获利差异早已从"机会财"转变为"管理财"，必须要借管理上的变革，降低成本、提升产品合格率，才有获利的契机。

该企业的高层管理者了解到平衡计分卡作为一种管理模式，可以对各种经营活动进行全方位多元化的分析，进而对战略实施过程中的具体策略加以识别和管理。目前，平衡计分卡已经在国外许多著名企业成功运用，但是在国内这一方法仍处于介绍阶段。如果该企业能够将平衡计分卡导入企业的话，将会对企业有非常大的帮助。

该公司在制定今年的中期经营计划时提出在今后五年内使收益达到同产业首位的愿景，并把提供业界最低廉的高品质产品、确保高度的现金流动作为整个公司的基本目标。

公司在 2010 年年初决定通过建立平衡计分卡，尝试摆脱公司目前的不利状态。经总经理的批示，成立了以财务部经理为小组负责人的平衡计分卡小组。小组成员包括各个事业部经理在内共 9 人。小组分几个步骤，开始建立平衡计分卡。他们的主要工作程序如下：

1. 准备工作

小组负责人聘请在平衡计分卡研究领域很有建树的当地某高校的知名教授为小组成员普及培训平衡计分卡的知识，包括平衡计分卡在国外运用的情况，平衡计分卡的原理、导入实施和运用等。根据该公司的实际情况，教授着重指明平衡计分卡是要大家结合自己所处的岗位明确目标，寻找能使企业成功的关键因素，并建立相应的指标。

2. 明确企业战略

平衡计分卡是围绕企业的战略来确定内容、目标、指标的，而海科电子的战略是什么呢？这个问题是不少人的疑问。战略是一个企业面对急剧变化的经营环境，为求得长期生存和不断发展而进行的总体性的谋划，它的构成要素包括经营范围、资源配置、竞争优势、协同作用等四个方面。经营范围是指企业从事生产经营活动的领域，资源配置是指企业资源和技能配置的水平和模式，又称为企业的特殊能力，竞争优势是通过资源配置与经营范围的决策在市场上形成的竞争地位；协同作用是企业所能寻求到的各种共同努力的结果，分力之和大于各力简单相加。

在了解了战略的涵义及要素后，平衡计分卡小组成员参考公司的章程及公司目标经过激烈的讨论确定了公司的战略，分别从经营范围、资源配置、竞争优势和协同作用上进行了界定。

3. 确定成功关键因素

就海科电子的现状而言，公司利润微薄，甚至离亏损不远了，因此获得更多的利润是成功的第一步。所以目前阶段成功的关键因素应是能导致利润增长的因素。

目前财务经理认为提高生产量、扩大销量很关键。因为销售的限制导致年产量大大低于设计能力，产量太低导致分配到单位产品的摊销性成本偏高，单位成本有时甚至高于单价。工资项目偏高也与产量低有关。因为公司制定了最低工资标准，生产工人的计件工资与最低工资标准相比较，取其较高者，由于生产任务不足，很多时候是按最低工资标准拿工资的，这增加了单位产品工资成本。显然，要降低生产成本，提高产量，充分利用生产能力将是成功的关键。但在以销定产方针的指导下，提高产量的前提是扩大销售。另外，扭亏为盈需要考虑的是节约开支，严格执行费用审批手续，控制经营管理费用也很重要。

生产部的经理认为生产工人任务不足，生产时有停顿，生产积极性受到伤害，不时有人跳槽，而新招的人员技术又不如老员工。她认为扩大生产是关键性的问题。

业务部经理表明自己对销售萎缩事实的无奈，她觉得公司原先的业务部是虚设的，业务上的联系全部是总经理一手控制的。原先招聘的几名业务员，实质上只是当作送货员，由于缺乏业务提成，待遇上不去，都不干了。她认为目前市场上的客户对电子产品的质量和款式的要求较高，而公司生产的电子产品做工欠精致，且款式并不新颖，相对于国外及国内的潮流品牌来说简直有点陈旧过时了。在向顾客推销时，撇开推销人员技巧不说，产品本身的吸引力不够，这又导致业务上难以开展。要想在业务上有大的拓展，质量、款式上的改进和突破是个前提，而这有赖于生产部门和设计部门的努力。

设计部经理认为业务部的意见不无道理，新颖的款式确实有利于业务的开拓，但一个新的款式的推出需要灵感。设计部现有的两名人员 1998 年刚进公司时推出的几款样式曾大受欢迎，但是现在设计灵感渐趋萎缩。如何激发他们的灵感呢？不断地培训和学习、多渠道的信息交流是激发灵感的有效手段。而这需要公司财务上的支持。比如，从国外购买最新电子产品的样本资料，把设计人员送至国外参加相关电子产品的培训等，这些都需要一笔不小的开支。

小组的其他成员也纷纷发表了自己的意见，把这几条意见放在一起，不难发现其中贯穿着一条因果关系链。要想提高公司的利润率，就要提高产销量；而要提高产销量就必须力图使客户满意；而要使客户满意，内部的学习与成长又必不可少。其因果关系如图 17—2 所示。

| 学习与成长 | → | 顾客满意 | → | 提高产销量 | → | 提高利润率 |

图 17—2 因果关系图

4. 确定平衡计分卡的框架

为了进一步确定平衡计分卡的框架，在以上讨论的基础上在企业内部发放调查表，以问卷的形式进行调查。调查内容为：从长远看，为提高本企业的业绩水平，你所在的事业部门应该做好哪些方面的工作？

平衡计分卡小组对调查的反馈意见进行汇总整理后，总结出公司为提高业绩应该做好以下几项工作：

（1）增加收入，降低成本，提高投资报酬率；

（2）保持现有的客户，并吸引新的客户；

（3）提高产销量；

（4）不断的产品创新；

（5）提高售后服务水平；

（6）提高领导能力，完善奖惩制度；

（7）保持员工满意，激发他们的积极性；

（8）定期对员工进行必要的专业技能培训。

以上 8 项工作就构成了公司的平衡计分卡框架。

5. 确立财务、顾客、业务流程、学习与发展四个方面的目标

为了使企业的战略具体化，明确企业的工作重点，也为了提供评价业绩的准则，平衡计分卡小组成员之间对调查结果进行了沟通交流，从财务、顾客、业务流程和学习与发展四个方面确立了企业今后一段时期的目标。

（1）财务方面的目标

①提高投资报酬率，实现利润增长。投资报酬率反映了公司运用资产创造财富的能力，公司要把资产用于回报率高的活动，增加每项投入的回报。

②降低成本。为了提高利润，公司应该通过提高生产能力利用程度降低单位生产成本，通过严格费用审批制度等措施，减少不产生收入的费用。

③增加收入。为了提高利润，最直接的方法就是增加销售收入，因此公司有必要确定业务重点增加销售收入。公司应在保持原有客户销售收入水平的基础上，扩大对新客户的销售收入，达到增加收入的目的。

（2）客户方面的目标

让客户满意：确立公司的目标客户群，了解其需要，通过为其提供一流的产品服务实现公司对客户的承诺，消除客户服务中的错误，弥补售后服务中的漏洞。

公司的目标客户群确定为商务型客户。过去，公司并未对客户进行分类，在做销售工作时也未分主次。业务部经过分析以后，将公司的客户区分为三类：商务型客户、老年客户、年轻消费者。在公司以往的销售中，这三类客户所占比重大致是70%、20%、10%。年轻消费者在销售比重中所占的比例最低。因为这些年轻人往往以追逐名牌和时尚经典为喜好，对海科电子产品青睐度不高，只有少数人选择使用该产品。而商务型客户所占比重最高，因为这些客户多是 30 岁以上的企业白领，他们已对品牌和时尚关注度下降，更多的是讲究产品的使用功能，在工作中方便快捷，能够有效提高工作效率，而海科电子产品的商务功能更多的体现出来，所以这些白领更愿意使用公司的产品。老年客户更多的是对产品操作简单一目了然的要

求，海科电子产品虽然能够满足其要求，但是同类的竞争产品很多，因此该客户群并不是公司的主要客户群。

业务部在对三种类型客户群做出分析后，决定把力量集中到对企业白领的销售上，其次，做好对老年客户的销售。至于第三个客户群则不去刻意吸引它。三种客户群资料见表17—2。

表 17—2　　　　　　　　　　　　三种客户群

商务型客户（70%）	通常对电子产品的商务使用功能要求很高，款式外形大方得体，有一定的个性化设置，对质量等方面要求也很高，经常购买高档电子产品，有时公司会批量购买，可以享受价格优惠
老年客户（20%）	通常对产品的功能要求不高，但要求操作简单方便，对款式的要求不高，但对质量要求严格，经常是企业的忠实客户，享受价格优惠
年轻客户（10%）	少量的年轻一族，购买量较小，不享受价格优惠，销售价格较高

（3）业务流程方面的目标

①提高创新能力。确定市场目标客户群的需要，理解如何赢得这些客户。不断开发可获利的新款电子产品，迎合客户的需求。

②提高生产和销售能力。定期与客户联系，听取客户的意见，介绍推销我们的产品。

③提高售后服务能力，快速解决产品售后出现的质量问题，免费维修，快速满足售后顾客提出的更换产品等要求。

（4）学习与发展方面的目标

具体的学习与发展指标见表17—3。

表 17—3　　　　　　　　　　　　学习与成长指标

提高信息处理能力	获取和使用信息的能力是竞争中获胜的一个重要方面。要及时搜索获取有用的信息，要及时发布产品的现有信息
培训	要通过培训提高公司设计、生产、销售和为客户服务的能力。首先，专业人员要有熟练的专业技术，其次，每个员工要掌握产品的全面知识来支持产品的推销活动及客户的服务活动
完善奖惩制度	通过奖励和惩罚相联系的手段对员工进行激励。要把平衡计分卡与奖惩措施结合起来，进行业绩管理，促进长远目标的实现
提高员工的满意程度	通过广泛的信息沟通、培训、创造公平的内部环境等来提高员工的满意程度
提高领导能力	通过培训、雇员批评监督等手段来提高领导能力

6. 制定评价指标

根据上述四个方面的具体目标，小组确定了与之相联系的指标见表17—4。

表17—4 评价指标

四个方面	目标	指标
财务方面	提高投资报酬率 提高利润 降低成本 增加收入	投资报酬率 利润 单位生产成本 管理费用 营业收入
顾客方面	使客户完全满意	客户保持率 新客户增长比率 客户满意程度（调查得分）
业务流程方面	提高创新能力 提高生产销售能力 提高售后服务能力	推出每一新款所需的平均时间 合格品率 生产销售主导时间 新客户收入占总收入的比例 售后服务主导时间
学习与发展方面	提高信息处理能力 培训 完善奖惩制度 提高领导能力 提高员工的满意程度	满意度调查（调查得分） 培训次数 完善奖惩制度（调查得分） 领导能力（调查得分） 员工满意程度（调查得分）

7. 确定平衡计分卡四个方面及其对应指标的权重

一个企业不同时期的战略重点有所不同。因此，平衡计分卡的四个方面及其对应指标也有轻重缓急。海科电子的平衡计分卡小组组织了一次问卷调查，以确定平衡计分卡四个方面及其对应指标的权重，再使用 Thomas L. Saaty 提出的权系数层次分析模型，首先通过调查，对各个方面及各个指标的重要性进行两两比较，然后以九级分制对各个指标进行赋值，最后计算出各个指标的权重。海科电子平衡计分卡的各项内容与指标的构成及权重情况见表17—5。

通过平衡计分卡可以发现各项指标权重的重大意义，就是以数量化的形式直观地告诉我们企业工作的重点所在及轻重缓急。比如，上面所列示的各项指标的权重当中，最大的是"推出每一新款所需要的平均时间"所对应的权重25.11%。这一指标是考核企业创新能力的指标，由此可见，企业今后一段时间内的首要工作重点应该放在提高企业的创新能力上。排在第二位的指标权重是"新客户增长比率"，它所对应的权重是12.25%，这表明"赢得新客户、扩大销售"也是本企业今后工作非常重要的一个方面。依此类推，其他指标所对应的权重显示了自己在本企业今后工作中的地位。

经过海科电子平衡计分卡小组的一系列设计，平衡计分卡制作完成，接下来需要做的就是取得最高管理层的认可，准备投入未来的实践工作。

表 17—5　　　　　　　　　　　　指标及权重构成

四个方面	指标	系数合成
财务方面（21%）	投资报酬率（21.6%）	21%×21.6%=4.54%
	利润（29.4%）	21%×29.4%=6.17%
	单位生产成本（14.9%）	21%×14.9%=3.13%
	管理费用（6.3%）	21%×6.3%=1.32%
	营业收入（27.8%）	21%×27.8%=5.84%
顾客方面（28.1%）	客户保持率（23.5%）	28.1%×23.5%=6.6%
	新客户增长比率（43.6%）	28.1%×43.6%=12.25%
	客户满意程度（调查得分）（32.9%）	28.1%×32.9%=9.25%
业务流程方面（41.1%）	推出每一新款所需的平均时间（61.1%）	41.1%×61.1%=25.11%
	合格品率（9.2%）	41.1%×27.6%×1÷3=3.78%
	生产销售主导时间（9.2%）	41.1%×27.6%×1÷3=3.78%
	新客户收入占总收入的比例（9.2%）	41.1%×27.6%×1÷3=3.78%
	售后服务主导时间（11.3%）	41.1%×11.3%=4.65%
学习与发展方面（9.8%）	满意度调查（调查得分）（12.4%）	9.8%×12.4%=1.22%
	培训次数（7.2%）	9.8%×7.2%=0.71%
	完善奖惩制度（调查得分）（26.2%）	9.8%×26.2%=2.57%
	领导能力（调查得分）（32.8%）	9.8%×32.8%=3.21%
	员工满意程度（调查得分）（21.4%）	9.8%×21.4%=2.10%
合计	100%	100%

17.2.2　实验要求

（1）请结合海科电子的实际情况，从经营范围、资源配置、竞争优势和协同作战四个方面为公司制定一个详细的战略目标。

（2）请思考海科电子在制作平衡计分卡时的关键因素应该从哪几方面考虑？这些方面又该如何体现在企业日常活动中？

（3）请试着绘制该公司的战略地图。

（4）请将海科电子为提高业绩而需要进行的工作分别归类到平衡计分卡的四个维度中。

（5）请试着梳理海科电子的平衡计分卡四个维度的因果关系。

第 18 章

财务困境预警

● 18.1 财务困境分析概述

18.1.1 财务困境分析

1. 财务困境的定义

财务困境又称财务危机,国内外学术界并没有给出财务困境的统一定义,通常公认的有两种定义的方法:一是法律对企业破产的定义,企业破产是用来衡量企业财务困境最常用的标准,也是最准确和最极端的标准;二是以证券交易所对持续亏损、有重大潜在损失或者股价持续低于一定水平的上市公司给予特别处理或退市作为标准。

财务困境有轻重之分,轻者可能仅仅是暂时的资金周转困难,而重者已是经营失败或破产清算。而且,财务困境还出现多种表现形态。企业发展过程可能经历各种类型的财务困境而不一定破产。也就是说,财务困境是破产的必要条件,而不是充分条件。

大多数学者认为财务困境是一个过程而不是一个状态,既包括较轻微的财务困难,也包括极端的破产清算以及介于两者之间的各种情况。我们认为,财务困境是企业无力支付到期债务或费用的一种多种财务状态的混合现象,包括从财务管理技术性失败到破产以及处于两者之间的各种状态。由于资金管理技术性失败而引发的支付能力不足,通常是暂时的和比较轻度的困难,一般可以采取一定的措施加以补救,如通过协商求得债权人的让步、延长偿债期限,或通过资产抵押等借新债还旧债。

2. 财务困境分析的作用

(1) 对上市公司

对于上市公司本身来说,及时有效的财务困境分析与预测有利于找出问题症结,制定正确的经营及财务政策,及时扭转不利局面,防止陷入财务困境或遭到退市处理。即使有些上市公司的财务困境不可逆转,公司管理层还可以应用财务困境分析与预测所提供的信息,尽量减少企业破产所带来的成本。

（2）对投资者

对于投资者来说，企业陷入财务困境意味着其投资资本面临无法回收的危险，及时有效的财务困境分析与预测能够为其投资决策提供依据。对于投资于股票的法人和自然人，他们可以使用财务困境预测模型来提供早期预警，及时发现股票价格是否被市场高估或低估，从而提早进行调整，而不是等到在证券市场上出现价格反应后再进行调整。

（3）对政府监管部门

对于政府监管部门来说，可以优化资源配置。企业财务困境分析与预测，能够帮助政府有效评价企业的经营业绩，全面分析与预测企业的发展前景，从而做出使资源优化配置的决策。

18.1.2　财务困境分析常用方法

1. 定性研究方法

（1）专家调查法

专家调查法就是企业组织各领域专家，运用他们专业方面的知识和经验，根据企业的内外环境，通过直观的归纳，对企业的过去和现在的状况、变化发展过程进行综合深入地研究分析，找出企业运动、变化、发展的规律，从而对企业未来的发展趋势做出判断。

（2）"四阶段症状"分析法

"四阶段症状"分析法认为企业财务困境可分为四个阶段，见表18—1。

表 18—1　　　　　　　财务困境预警的"四阶段症状"分析法

阶段	财务危机潜伏期	财务危机发作期	财务危机恶化期	财务危机实现期
特征	1. 盲目扩张 2. 无效市场营销 3. 无效管理制度 4. 企业资源分配不当	1. 自有资本不足 2. 过分依赖外部资金，利息负担过重 3. 缺乏会计预警作用 4. 债务偿付拖延	1. 经营者陷入财务周转困境 2. 资金周转困难 3. 债务到期违约无法支付	1. 负债超过资产，丧失偿付能力 2. 宣布倒闭

（3）坐标图分析法（如图18—1所示）

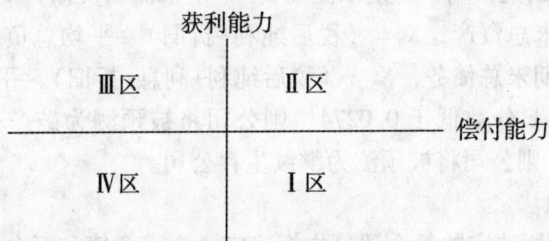

获利能力

Ⅲ区　　　　Ⅱ区

————————————————偿付能力

Ⅳ区　　　　Ⅰ区

图 18—1　坐标分析图

运用坐标图分析法对企业财务状况进行判定时，Ⅰ区的企业，属于经营脆弱型企业，这类企业获利能力虽不及同行业标准值，但资金配置合理、偿付能力较强、发展平稳，因此，应预警企业加强生产经营管理，搞好市场调查，促进产品的更新换代，以尽早提高获利水平。Ⅱ区的企业，属于健壮型企业，这类企业无论是获利能力还是偿付能力，都处于同行业的上游，因此，企业生产经营是安全的，无需进行预警预报。Ⅲ区的企业，属于财务脆弱型企业，这类企业获利水平较高，但由于不注重加强财务管理，在资金运筹方面陷入了困境，在这种情况下，应预警企业加强财务管理，尤其要集中力量提高企业的偿付能力，以维护企业的财务信誉。Ⅳ区的企业，属于危险型企业，这类企业获利能力和偿付能力都很差，应预警企业马上采取有效措施，以摆脱生产经营及财务管理等方面的困境。

2. 定量研究方法

（1）单变量预测模型

单变量预测模型所运用的财务比率按其预测能力分为：债务保障率、资产收益率、资产负债率等。按照单变量预测模型的解释，企业的现金流量、净收入和债务状况不能在短期内改变，并表现为长期的状况，而非短期因素，所以在分析时应给予特别关注。

（2）多变量预测模型

①Z 分数模型

Z 分数模型的判别函数为：

$$Z=1.2X_1+1.4X_2+3.3X_3+0.6X_4+0.999X_5$$

其中：Z 为判别值，X_1＝营运资金÷总资产，X_2＝留存收益÷总资产，X_3＝息税前利润÷总资产，X_4＝权益市值÷债务账面价值，X_5＝销售额÷总资产。其中，X_1、X_4 表示偿债能力，X_2、X_3 表示盈利能力，X_5 表示营运能力。

在这一模型中，若 $Z>2.675$，表明企业为较安全企业；$1.81<Z<2.675$，表明企业存在财务危机；$Z<1.81$，表明企业实际上已经潜在破产。

②F 分数模型

F 分数模型为：

$$F=-0.1774+1.1091X_1+0.1074X_2+1.9271X_3+0.0302X_4+0.4961X_5$$

其中：F 为判别值，X_1＝（期末流动资产－期末流动负债）÷期末总资产，X_2＝期末留存收益÷期末总资产，X_3＝（税后纯利－折旧）÷平均总负债，X_4＝期末股东权益的市场价值÷期末总债务，X_5＝（税后纯利+利息+折旧）÷平均总资产。

若某一特定的 F 分数低于 0.0274，则公司将被预测为破产公司；反之，若 F 分数高于 0.0274，则公司将被预测为继续生存公司。

（3）功效系数法

功效系数法对所选定的每个评价指标确定一个满意值和不允许值，然后设计并计算各类指标的单项功效系数，再根据各评价指标的重要性，运用德尔菲法等方法确定各评价指标的权数，用加权算术平均或加权几何平均得到的平均数，即为该公司的综合功效系数。根据综合功效系数的大小可以进行警情预报。

①功效系数法指标类型的确定

根据功效系数法，首先对所选择的指标分为四种：

一是极大型指标，如净资产收益率、应收账款周转率等；

二是极小型指标，如资产损失率；

三是稳定型指标，如流动比率；

四是区间型指标，如资产负债率等。

②功效系数法各类指标标准值的确定

根据不同类型的指标，需要划分指标值的理想范围、允许范围和不允许范围。对每一个评价指标确定其理想范围的满意值（或上下限）与不允许范围的不允许值（或上下限）。

各类指标临界值划分的参考标准如下（当然，企业可以根据自身情况和行业特点做相应的调整）：

第一，极大型指标。其满意值为该行业的平均值（剔除最大值和最小值）。不允许值在确定的时候有所区别：净资产收益率、总资产收益率、销售利润率、成本费用率的不允许值为零；已获利息倍数的不允许值为1；总资产周转率、流动资产周转率、应收账款周转率和存货周转率的不允许值为满意值的一半。

第二，极小型指标。资产损失率是极小型指标，它的标准值确定方法应该与极大值指标相反，其满意值为零，不允许值可以根据公司的管理目标来定，也可以取零。

第三，稳定型指标。对于流动比率和速动比率而言，满意值可以在平均值之上再增加20%，不允许值的上下限则分别取满意值的一倍和一半。

第四，区间型指标。先求出这类比率的行业平均值，在平均值的基础上增加和减少20%作为满意范围的上下限，在平均值的基础上增加一倍和减少一半作为其不允许范围的上下限。

（4）功效系数法体系的构建

①预警体系的结构

功效系数财务预警模型由获利能力、偿债能力、经济效率和发展潜力四个模块构成。获利能力和偿债能力是公司财务评价指标的两大体系，而经济效率高低又直接体现了公司的经营管理水平。在预警指标的选取方面，考虑到各指标间既能相互补充，又不重复，尽可能全面综合地反映公司运营状况，故每个预警模块各取两个最具代表性的指标，共八个评价指标构成预警评价模型，其结构如图18—2所示。

②预警指标的说明

获利能力：一般用总资产报酬率和成本费用利润率两项指标加以分析。

偿债能力：一般用流动比率和资产负债率两项指标加以分析。

经济效率：一般用应收账款周转率和产销平衡率两项指标加以分析。

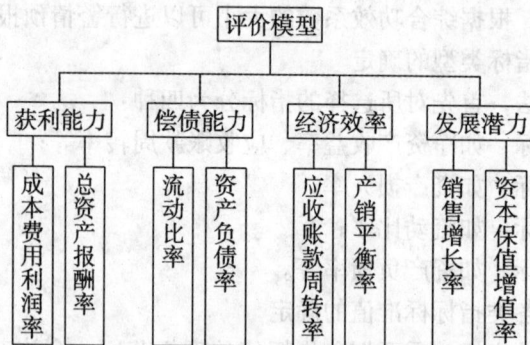

图 18—2 功效系数法财务预警体系结构

发展潜力：一般用销售增长率和资本保值增值率两项指标加以分析。

（5）满意值与不允许值的确定

满意值与不允许值的确定分别按照前面四类指标的参考值临界值，同时应遵循以下原则：

有标准值的财务指标应尽可能使用指标的标准值作为满意值；若无标准值，可按同行业的平均或者最高水平为满意值。不允许值可按同行业的最低水平或本企业历史上最低水平来确定，当企业间横向比较时采用前者，当进行本企业纵向比较时采用后者。满意值与不允许值应具有相对稳定性。

（6）单项功效系数的设计

根据上述四类指标分别设计单项功效系数如下：

极大型指标单项功效系数：

$$\begin{cases} [（实际值-不允许值）÷（满意值-不允许值）]×40+60 & （实际值<满意值） \\ 100 & （实际值≥满意值） \end{cases}$$

稳定型指标单项功效系数：

$$\begin{cases} [（上限的不允许值-实际值）÷（上限的不允许值-满意值）]×40+60 & （实际值>满意值） \\ [（实际值-下限的不允许值）÷（满意值-下限的不允许值）]×40+60 & （实际值≤满意值） \end{cases}$$

极小型指标单项功效系数：

$$\begin{cases} [（不允许值-实际值）÷（不允许值-满意值）]×40+60 & （实际值>满意值） \\ 100 & （实际值≤满意值） \end{cases}$$

区间型指标单项功效系数：

$$\begin{cases} [（上限的不允许值-实际值）÷（上限的不允许值-上限值）]×40+60 & （实际值>上限值） \\ 100 & （下限值≤实际值≤上限值） \\ [（实际值-下限的不允许值）÷（下限值-下限的不允许值）]×40+60 & （实际值<下限值） \end{cases}$$

（7）综合功效系数的确定

根据上述单项功效系数可计算综合功效系数如下：

综合功效系数 $=\sum$ 各指标的单项功效系数 × 该指标的权数

然后根据综合功效系数的数值大小，可将警情划分为相应的警限区间（见表

18—2）。

表 18—2 　　　　　　　　　　功效系数与警限区间的划分

综合功效系数	财务状况	警限
≤60	恶化期	巨警
60 ~ 70	恶化期	重警
70 ~ 80	发作期	中警
80 ~ 90	潜伏期	轻警
≥90	财务状况良好	无警

一般情况下，综合功效系数得分大于等于 90，就说明企业财务状况良好，没有警情；综合功效系数得分处于 70 ~ 80，则需引起注意了，这是处于风险的"潜伏期"；如果得分小于 70 分，则比较危险了，处于"恶化期"，应采取切实措施化解财务风险。针对不同的行业情况，相应的警限区间可能有所不同。

● 18.2　财务困境预警实验

18.2.1　实验资料

盛达实业发展股份有限公司是一家上市公司，它是以农业产业化为龙头，以发展高效特色农业为主导的现代农业企业，属农业产业化国家重点龙头企业、甘肃工业百强企业之一。

公司成立于 1999 年 12 月 29 日，位于兰州高新技术产业开发区一号园区，注册资本为 32 112 万元，主要产品为"盛达"牌系列葡萄酒、啤酒大麦芽、甘草系列产品和苜蓿草产品。公司下设六个分公司和三个控股子公司，现有员工 1 544 人。目前，公司总资产 11 亿元，净资产 10 亿元。

盛达葡萄酒生产基地位于中国葡萄酒的发祥地——甘肃武威，这里是我国酿造葡萄酒的最佳种植区之一，1988 年第一瓶"盛达"干红葡萄酒诞生。经过 30 多年的发展，现已建成万亩酿造葡萄种植基地，并拥有年产 2.5 万吨干型葡萄酒的生产能力，拥有干红、干白、甜型酒、特种酒、冰酒、白兰地等系列 130 多个品种，是名副其实的庄园式葡萄酒生产企业。

公司 2010 年的财务报表见表 18—3、表 18—4，请分析一下该公司的财务处境。

表 18—3

资产负债表

2010 年 12 月 31 日

编制单位：甘肃盛达实业发展股份有限公司 单位：元 币种：人民币

项目	合并		母公司	
	期末数	期初数	期末数	期初数
流动资产：				
货币资金	293 734 118.25	231 765 441.49	263 008 127.83	202 609 824.89
短期投资				
应收票据		3 862 449.90		3 862 449.90
应收股利				
应收利息				
应收账款	70 529 066.60	73 249 644.85	67 973 458.69	70 099 032.76
其他应收款	10 375 701.10	11 117 308.43	16 073 051.23	13 426 382.72
预付款项	43 492 855.10	122 018 287.39	43 434 490.96	122 727 769.61
存货	273 531 613.62	264 115 847.11	268 255 448.91	258 330 993.99
一年内到期的非流动负债				
其他流动资产				
流动资产合计	691 663 354.67	706 128 979.17	658 744 577.62	671 056 453.87
长期投资：				
长期股权投资			30 147 632.22	31 279 050.10
长期投资合计			30 147 632.22	31 279 050.10
其中：合并价差（贷差以"-"号表示，合并报表填列）				
其中：股权投资差额（贷差以"-"号表示，合并报表填列）				
固定资产：				
固定资产原价	231 992 904.39	231 740 824.50	222 369 568.03	219 745 938.46
减：累计折旧	86 729 896.99	72 396 842.69	85 249 400.14	71 570 977.17
固定资产净值	145 263 007.40	159 343 981.81	137 120 167.89	148 174 961.29
减：固定资产减值准备				
固定资产净额	145 263 007.40	159 343 981.81	137 120 167.89	148 174 961.29
工程物资	827 844.25		827 844.25	
在建工程	75 123 260.59	24 409 773.56	74 700 864.94	24 030 371.91
固定资产清理				
固定资产合计	221 214 112.24	183 753 755.37	212 648 877.08	172 205 333.20
无形资产及其他资产：				
无形资产				
长期待摊费用	1 460 297.15	1 696 185.39	1 460 297.15	1 684 525.39
其他长期资产				
无形资产及其他资产合计	1 460 297.15	1 696 185.39	1 460 297.15	1 684 525.39
递延税项：				
递延税款借项				
资产总计	914 337 764.06	891 578 919.93	903 001 384.07	876 225 362.56

续表

项目	合并		母公司	
	期末数	期初数	期末数	期初数
流动负债：				
短期借款	344 400 000.00	312 300 000.00	344 400 000.00	312 300 000.00
应付票据				
应付账款	28 359 102.30	29 236 282.96	27 331 488.00	27 188 272.11
预收款项	9 602 656.44	14 987 864.71	9 079 532.44	14 825 796.91
应付职工薪酬	2 972 823.50	2 740 472.54	2 959 060.50	2 731 637.13
应付股利				
应交税费	−15 755 469.85	−909 371.48	−15 758 903.76	−909 371.48
其他应交款	45 583.93	48 306.97	45 583.93	48 306.97
其他应付款	20 768 037.74	10 450 556.46	19 797 578.54	10 088 053.44
其他应付款				
预计负债				
一年内到期的长期负债				
其他流动负债				
流动负债合计	390 392 734.06	368 854 112.16	387 854 339.65	366 272 695.08
长期负债：				
长期借款	14 379 037.73	12 000 000.00	6 379 037.73	
应付债券				
长期应付款	2 276 000.00		2 276 000.00	
专项应付款				
预计负债				
长期负债合计	16 655 037.73	12 000 000.00	8 655 037.73	
递延税项：				
递延所得税负债				
负债合计	407 047 771.79	380 854 112.16	396 509 377.38	366 272 695.08
少数股东权益（合并报表填列）	289 206.04	575 379.02		
所有者权益（或股东权益）：				
实收资本（或股本）	138 400 000.00	138 400 000.00	138 400 000.00	138 400 000.00
减：已归还投资				
实收资本（或股本）净额	138 400 000.00	138 400 000.00	138 400 000.00	138 400 000.00
资本公积	266 936 731.17	266 936 731.17	266 936 731.17	266 936 731.17
盈余公积	39 273 870.97	37 820 869.21	39 273 870.97	37 820 869.21
未分配利润	62 390 184.09	58 687 828.37	61 881 404.55	58 491 067.10
拟分配现金股利		8 304 000.00		8 304 000.00
外币报表折算差额（合并报表填列）				
减：未确认投资损失（合并报表填列）				
所有者权益（或股东权益）合计	507 000 786.23	510 149 428.75	506 492 006.69	509 952 667.48
负债和所有者权益（或股东权益）总计	914 337 764.06	891 578 919.93	903 001 384.07	876 225 362.56

表 18—4 **利润表**

2010 年度

编制单位：甘肃盛达实业发展股份有限公司　　　　　　　　　单位：元　币种：人民币

项目	合并		母公司	
	本期金额	上期金额	本期金额	上期金额
一、营业收入	246 963 101.2	268 769 196.7	240 535 673.8	263 450 866.4
减：营业成本	166 313 109.1	170 298 868.4	161 482 168.1	166 929 596.7
营业税金及附加	3 593 985.83	3 799 891.39	3 593 985.83	3 799 891.39
销售费用	44 534 362.35	56 564 310.08	42 911 433.48	54 917 404.97
管理费用	22 877 956.33	13 358 658.93	21 851 003.21	12 487 781.81
财务费用	7 583 138.01	7 541 403.09	7 665 004.32	6 862 455.47
其中：利息支出	89 080.15			
加：公允价值变动收益（损失以"负号"号填列）	2 894 505.83	564 133.84	3 019 569.67	175 622.92
投资收益（损失以"负号"号填列）		1 133 401.17	-1 131 417.88	75 631.92
三、营业利润（亏损以"负号"号填列）	4 955 055.43	18 903 599.74	4 920 230.68	18 704 990.96
加：营业外收入	180 154.9	101 808.06	175 520.45	101 608.06
减：营业外支出	77 427.93	84 913.56	67 077.93	74 040.23
四、利润总额（亏损总额以"负号"号填列）	5 057 782.4	18 920 494.24	5 028 673.2	18 732 558.79
减：所得税费用	188 597.9	226 341.25	185 333.99	226 341.25
减：少数股东损益	-286 172.98	-8 825.82		
五、净利润（亏损以"负号"号填列）	5 155 357.48	18 702 978.81	4 843 339.21	18 506 217.54

18.2.2　实验要求

采用功效系数法对盛达公司的财务情况进行预警。

（1）选取预警指标并对指标进行权重分配。

（2）根据实验资料中的报表数据计算各指标。

（3）确定各类指标标准值。

（4）计算盛达公司单项功效系数和综合功效系数。

（5）根据计算出的综合功效系数判断盛达公司的财务警情。